Magnus Malm

IN FREIHEIT DIENEN

Leiten auf den Spuren Jesu

Aus dem Schwedischen von Constanze Budde

SCM
R.Brockhaus

SCM

Stiftung Christliche Medien

SCM R. Brockhaus ist ein Imprint der SCM Verlagsgruppe, die zur Stiftung Christliche Medien gehört, einer gemeinnützigen Stiftung, die sich für die Förderung und Verbreitung christlicher Bücher, Zeitschriften, Filme und Musik einsetzt.

MIX
Papier aus verantwortungsvollen Quellen
FSC® C014496

2. Auflage 2021

SCM Verlagsgruppe GmbH · Bodenborn 43 · 58452 Witten
Internet: www.scm-brockhaus.de; E-Mail: info@scm-brockhaus.de

Originally published in Swedish under the title: Fri att tjäna

Umschlaggestaltung und Titelillustration: Erik Pabst, www.erikpabst.de
Satz: typoscript GmbH, Walddorfhäslach
Druck und Bindung: GGP Media GmbH, Pößneck
Gedruckt in Deutschland
ISBN 978-3-417-26948-2
Bestell-Nr. 226.948

Inhalt

Geleitwort von Thomas Härry

»Das ist Unsinn! Und theologisch falsch«, schoss es mir durch den Kopf, als ich vor vielen Jahren die Zeitschrift AUFATMEN durchblätterte und die Überschrift eines Artikels las: »Gott braucht keine Helden«. Wer konnte so etwas schreiben? Die Bibel ist doch voller Geschichten von Menschen, die für Gott Großes wagten: Mose, David, Gideon, Petrus, Paulus. Wenn das keine Helden Gottes sind! Ich las den Artikel schließlich doch. Der Autor: Magnus Malm. Noch nie gehört. Zeile um Zeile wich mein Widerstand einer tiefen Betroffenheit. »Es gefällt mir zwar nicht, aber der Mann hat recht!«, dachte ich.

Als fast zeitgleich ein Buch mit demselben Titel auf Deutsch erschien, ließ ich mich erneut auf diesen knorrigen Schweden ein, der mein Gottes- und Selbstbild zerpflückte. Die Botschaft dieses Buchs traf mich in einer der verletzlichsten Phasen meines Lebens. Eine Mischung aus unreflektierter Ambition und Überforderung inmitten der »Zuvielfalt« meines Alltags (Familie, Lebensgemeinschaft, theologisches Aufbaustudium, Dozententätigkeit und Gemeindereferent) trieb mich über den Rand meiner Kräfte hinaus. Ich stemmte mich verzweifelt gegen das Eingeständnis, meine Misere selbst produziert zu haben. Und ich las bei Magnus Malm, dass eines meiner Probleme darin bestehen würde, dass ich zwei Dinge miteinander verwechselte: meine Berufung und meine Sendung. Dass meine Berufung nicht darin bestehen würde, etwas für Jesus zu *tun*, sondern der Beziehung zu ihm den ersten Platz einzuräumen. Ein für mich neues Verständnis, denn meine Berufung hatte ich bisher mit dem mir aufgetragenen Dienst gleichgesetzt. Dienst aber ist nicht Berufung, sondern Sendung: das Tun und Gestalten auf der Grundlage einer vitalen Christusbeziehung und Spiritualität. Malm argumentierte biblisch, mit theologischer Tiefe und Sorgfalt und ich konnte nicht anders, als ihm recht zu geben. Es war Zeit für eine Kurskorrektur …

Dieses Buch hatte damals eine ebenso wichtige Bedeutung wie die darauf folgenden gesundheitlichen Maßnahmen, die nötig wurden. Und so wurde dieser unbekannte schwedische Autor für mich zu einem Seelsorger, Ermahner und Ermutiger. Er gehört zum Kreis einiger weniger Autoren, denen ich Entscheidendes verdanke.

Nicht alle seiner später erschienenen Bücher hatten dieselbe Wirkung auf mich. Nun aber legt der mittlerweile älter und reifer gewordene Schwede mit *In Freiheit dienen* noch einmal ein Buch vor, das mich in seinen Bann zieht. Schon nach wenigen Seiten packt mich die Lektüre. Ich werde in tiefen Seelenschichten angesprochen; werde aufgerüttelt, ermutigt und erneut gehörig gegen den Strich gebürstet. Malm beschreibt das Wesen guter christlicher Leitung und er beginnt wieder dort, wo es beginnen muss: in der Tiefe der Seele. Er benennt die vielleicht größte Not heutiger Führung: unreflektierte innere Mankos, Lebenswunden, die unser Tun vergiften. Größenwahn, Geltungsbedürfnis. Und Angst. Angst vor Versagen, Angst, es nicht zu schaffen. Doch Malm deckt nicht bloß auf – er gibt uns Balsam. Er schöpft aus dem Reichtum biblischer Texte und aus der reichen Tradition der Kirche, besonders der ignatianischen Spiritualität. Geschickt verbindet er erneut nahrhafte Theologie mit handfester Alltagsrealität.

Man muss und kann auch als Leseratte nicht jedes Buch lesen. Dies aber ist eines, das alle, die Verantwortung tragen, unbedingt lesen sollten. Allen voran Leitungspersonen, Verantwortungsträger, Macher und Gestalter. Es gibt nur wenig Literatur, welch die innere Seite des Leitens so mutig und kristallklar beleuchtet. Die so pointiert benennt, was wir am meisten brauchen, um als reife, gefestigte Persönlichkeiten unser Bestes für Gott und die Welt zu geben.

Malm ist nicht einfach ein begabter Autor. Er ist ein Mann, der durch Tiefen ging und geht. Ein Gebeutelter, ein Ringender, einer, der die Tiefen von Schmerz und Gebrochenheit durchschritten hat. Deshalb hat er uns so viel zu geben. Denn früher oder später stehen wir alle an diesem Punkt, auch die großen und erfolgreichen Führungspersonen unter uns: an dem Punkt, an dem uns unsere Sicherheiten geraubt werden. An dem uns ungeahnte Verunsicherungen den Boden unter den Füßen wegziehen und unsere Erfolge zerrinnen. Dann sind wir dort, wo Gott sein vielleicht schönstes Werk an uns tut: Dort, in der Tiefe, umfasst er uns mit unendlicher Liebe und Gnade und steigt heilend in unsere Wunden hinab. Ich kann mir für diese Sternstunden der Erneuerung keinen besseren literarischen Begleiter vorstellen als Magnus Malms neuestes Buch.

Thomas Härry
Rombach, Ende Januar 2020

Vorwort

1990 veröffentlichte ich ein Buch zum Thema Führung mit dem Titel *Gott braucht keine Helden.* Seitdem wurde es immer wieder aufgelegt und von vielen Christen mit Führungsverantwortung gelesen.

Auch auf mich selbst hatte das Buch großen Einfluss, weil es zur Grundlage der ABC-Einkehrtage für Gemeindemitarbeiter wurde. Die Leitung dieser Einkehrtage ist seit etlichen Jahren meine Hauptaufgabe. Davon ausgehend habe ich meine Schulungsarbeit zum Thema geistliche Führung für Gemeindemitarbeiter entwickelt.

Nun besteht diese Arbeit seit fast 30 Jahren. Durch die Leitung Hunderter Einkehrtage und Gespräche mit Tausenden Priestern, Pastoren, Diakonen und anderen Gemeindemitarbeitern aus den verschiedensten Kirchen und Gemeinden aus ganz Skandinavien habe ich eine Menge gelernt.

Mit diesem Buch versuche ich nun, etwas von dem zusammenzufassen, was ich aus dieser Zeit mitgenommen habe – in der Hoffnung, dass ich damit meinen heldenhaften Brüdern und Schwestern, die in unterschiedlichen christlichen Bereichen arbeiten, etwas von dem Reichtum zurückgeben kann, den ich selbst empfangen durfte. Dieses Buch ist für euch!

Neben meiner eigenen Lebenserfahrung und den Begegnungen mit all diesen wunderbaren Menschen ist vor allem die Bibel meine Quelle. Warum erst den Fluss überqueren, wenn wir Wasser holen wollen? Wenn wir uns mit unseren Fragen an die Bibel wenden, merken wir schnell, wie erstaunlich relevant sie in allem Wesentlichen ist, was mit dem Thema Führung zu tun hat – nicht zuletzt durch ihre unsentimentale Sachlichkeit.

Außerdem schöpfe ich mit Freude aus dem ungeteilten Quellstrom der Kirche. Ich schreibe bewusst »ungeteilt«, denn so sehe ich die geistlichen Wegbegleiter, die die Kirche im Lauf der Geschichte geprägt haben. Einer von ihnen ist der freikirchliche Prediger Frank Mangs, der am Ende seines Lebens in seiner Autobiografie schreibt: »Die Gemeinde des lebendigen Gottes wird weder in der Zeit noch in der Ewigkeit mehr als eine sein.«[1]

Der gleichen Perspektive begegnen wir bei einem anderen meiner ständigen Begleiter, dem katholischen Mönch Thomas Merton. In einem Brief an den protestantischen Theologen Paul Tillich schreibt er 1959:

> Seit geraumer Zeit ist in mir der Gedanke immer stärker geworden; da das Christentum ein einfaches Leben in Christus ist, ein Leben, das wir alle teilen, so folgt, dass, je bewusster wir uns dessen sind und uns darüber freuen, desto mehr werden wir Christen eins in Ihm. Und ich fühle, dass alles, was wir gemeinsam haben, so viel größer und wichtiger ist als all das, wir nicht gemeinsam haben, zumindest in der Lehre und juristisch. Es gibt einen Christus auf der Welt, wenn die Christen wirklich ein Herz und eine Seele in Ihm sein wollen. Die institutionellen Unterschiede sind da, leider, aber sie sind nicht stärker als die Liebe. Dies ist die beste Formel für die Einheit der Christen, die ich mir vorstellen kann, und ich habe den starken Verdacht, dass dies etwas mit den Evangelien zu tun hat.[2]

Mein Prinzip, in all meinen Büchern immer von »der Kirche« zu schreiben, ohne mich an eine Konfession zu binden, und darüber hinaus oft katholische Autoren zu zitieren, hat zwei unterschiedliche Reaktionen hervorgerufen. In den Freikirchen kam der Verdacht auf, dass ich heimlich katholisch missionieren und eigentlich konvertieren wolle. Aus der katholischen Richtung wurde Irritation darüber laut, dass ich nicht klar aussprach, welche Kirche ich genau meine. Lassen Sie mich deutlich sagen:

Nach dieser Logik sollte der, der Martin Luther King zitiert, eigentlich Baptist werden, wer Bachs Musik spielt, sich den lutherischen Christen anschließen, und wer sich die Dreifaltigkeitsikone von Rubljow über den Schreibtisch hängt, müsste orthodox werden. Wer C. S. Lewis mag, sollte seine anglikanischen Neigungen erkennen – und so weiter. Diese Art Schubladendenken ist weltlich und in Gottes Reich fremd. Das schreibt auch Paulus der notorisch zersplitterten Gemeinde in Korinth:

> Deshalb bildet euch auf einen anderen Menschen nichts ein. Denn alles gehört euch: Paulus und Apollos und Petrus; die ganze Welt und Leben und Tod; die Gegenwart wie die Zukunft. Alles gehört euch, und ihr gehört Christus, und Christus gehört Gott.
> *1. Korinther 3,21-23*

Ich zähle es zu den größten Segnungen meines Lebens, dass ich die ignatianische Spiritualität kennenlernen durfte. Die Jesuiten, vor allem jene aus Irland und England, die mich in meinen Exerzitien angeleitet haben, und die Literatur, die mit Ignatius von Loyolas eigenen Schriften beginnt und sich durch die Jahrhunderte fortsetzt, hat mich tief geprägt – sowohl persönlich als auch in meiner Art und Weise, zu denken und zu arbeiten. Aber ich habe deshalb keinen Moment lang daraus geschlussfolgert, dass ich zur katholischen Kirche konvertieren müsste.

Ich respektiere jeden, der dies tut, aber meiner Meinung nach ist eine Konversion keine Lösung, weder für mich persönlich noch für die gespaltene Kirche. Manchmal wird die Frage aber doch gestellt. Dann gestaltet sich das Gespräch ungefähr so:

»Nein, ich möchte nicht konvertieren, wegen der Heiligen.«

»Dann glaubst du nicht an die Heiligen?«

»Doch, das tue ich. Sie lehren mich, dass man seine Kirche nicht im Stich lässt, wenn sie in der tiefsten Krise steckt.«

Ich bin unendlich dankbar für meine katholischen Brüder und Schwestern, aber ich glaube aufrichtig, dass ich ihnen und der ganzen Kirche am besten diene, wenn ich dortbleibe, wo ich bin, und dort grabe, wo ich stehe. Der Glaube der Heiligen ist wie Grundwasser, das unter all unseren Grenzmarkierungen verläuft. Nicht zuletzt für Führungspersonen ist das, was ich in diesem Buch schreibe, überlebenswichtig: Wir müssen unser Wurzelsystem in der ganzen christlichen Kirche gründen und erweitern.

Zum Schluss ein ganz besonderer Dank an meine geliebte Lisa, mit der ich nun 44 Jahre verheiratet bin. All die Krisen und Freuden, die wir durchgemacht haben – wo wäre ich ohne dich? Danke, dass du es in all diesen Jahren mit mir ausgehalten hast, mir so unendlich viel beigebracht hast und meine ständige Gesprächspartnerin in allem warst, worüber ich schreibe. Durch deine Arbeit als Psychotherapeutin sind sogar unsere Berufsleben mehr und mehr zusammengewachsen, nicht zuletzt in unserem Einsatz für junge christliche Leiter. *It's such a privilege*, wie man in dem Land sagt, in dem wir uns verlobt haben.

Magnus Malm

Asklanda, Schweden – an einem Frühsommerabend 2018, während die Mönchsgrasmücke vor meinem Fenster singt

Gebet eines Jüngers

Herr Jesus Christus

Du bist die Ausstrahlung der Herrlichkeit des Vaters. Lass

Dein Angesicht leuchten über mir

Dein Wort mich tragen

Deinen Namen mich schützen

Deinen Körper mich sättigen

Dein Blut mich reinigen

Deinen Geist mich leiten

Dein Wesen sich spiegeln in allem, was ich bin und tue.

1

FÜHRUNG ÜBERNEHMEN

Warum es bei der inneren Freiheit beginnen muss

»Was eine christliche Gemeinschaft am dringendsten braucht, sind Menschen, die wissen, dass sie von Gott geliebt sind.«

Dieser Satz ist die zusammenfassende Erkenntnis aus acht Jahren Kommunenleben zu Beginn unserer Ehe. Es waren fantastische, aufwühlende, lustige, anstrengende und lehrreiche Jahre. Mit einer wechselnden Schar aus Singles und verheirateten Paaren wohnten Lisa und ich mit unseren beiden ältesten Kindern in einem großen dreistöckigen Haus in Mölndal. »Das Haus«, wie wir es originellerweise nannten, war Dreh- und Angelpunkt einer christlichen Gemeinschaft, die sich in der ganzen Gegend ausgebreitet hatte. Außerdem befand sich dort auch die Redaktion der Zeitschrift »Nytt Liv« (Neues Leben), für die ich arbeitete und deren monatliche Ausgaben das intensive Hausleben noch etwas spannender machten.

Ich könnte tausend Geschichten davon erzählen, was wir im »Haus« gelernt haben. Natürlich hat diese Zeit uns für unser gesamtes Leben geprägt und uns einen Schatz an gemeinsamen Erfahrungen geschenkt, für die wir sehr dankbar sind. Sie hat tiefe Spuren in unserer Sicht auf Gott und die christliche Gemeinde hinterlassen. Und sie hat uns ganz praktisch gezeigt, was es bedeutet, Jesus in alle Bereiche des Alltagslebens hineinzulassen. Wie oft mussten wir unser eigenes Selbstbild revidieren! Wenn man so nah beieinanderlebt, lösen sich nach und nach bestimmte Vorstellungen in Luft auf; all diese Bilder, die wir so selbstverständlich von uns und anderen haben – bis eben jemand dagegenstößt und sie zerplatzen.

»Was eine christliche Gemeinschaft am dringendsten braucht, sind Menschen, die wissen, dass sie von Gott geliebt sind.« Irgendwo in diesem Zusammenhang nahm der Satz Gestalt an. Über andere bilden wir uns immer schneller eine Meinung als über uns selbst. Das war auch bei uns »Haus«-Bewohnern so. Es waren natürlich die Defizite anderer, die die Probleme in der Gemeinschaft verursachten. Dass ich selbst ähnliche Defizite haben könnte, erkannte ich erst viel später. Nämlich dann, als Gott sich auch in mir eine Werkstatt einrichtete und mich durch Ehekrisen, Seelsorge und stille Rückzugszeiten formte.

Während der Jahre in der Lebensgemeinschaft habe ich beobachtet, wie Menschen, die nicht die Erfahrung gemacht haben, von Gott geliebt zu sein, dazu neigen, sich auf unterschiedlichste Weise an ihrer Umwelt zu reiben: mal beanspruchen sie zu viel Platz, mal zu wenig. Sie verlangen ständig nach Aufmerksamkeit. Sie verstummen immer in gewissen Situationen. Sie lassen sich von jeder Form von Autorität provozieren. Sie suchen unterwürfig die Nähe von Autoritäten. Solchen völlig gegensätzlichen Verhaltensweisen kann oft das gleiche Grundproblem zugrunde liegen. Und sie zeigen sich nicht selten in ein und derselben Person.

> WAS EINE CHRISTLICHE GEMEINSCHAFT AM DRINGENDSTEN BRAUCHT, SIND MENSCHEN, DIE WISSEN, DASS SIE VON GOTT GELIEBT SIND.

Im Gegensatz dazu sind Menschen, die sich sicher sind, geliebt zu sein, immer ein Glück für ihre Umgebung. Nicht unbedingt durch das, was sie tun, sondern vor allem durch ihre bloße Anwesenheit. Wo sie sind, können andere zur Ruhe kommen und sie selbst sein. Wo sie sind, können Masken fallen und tiefste Wahrheiten ausgesprochen werden. Gedanken können formuliert und Entscheidungen getroffen werden, ohne dass sich diese in Prestige, Projekten oder Protesten niederschlagen müssen.

Je mehr Führungsverantwortung ein Mensch hat, desto deutlicher wird dieses Prinzip. Nicht etwa deshalb, weil Führungskräfte größere Defizite in ihrem Selbstwertgefühl hätten oder weniger Erfahrungen mit der bedingungslosen Liebe Gottes. Sondern deshalb, weil die Defizite eines Leiters größere Auswirkungen auf andere haben. Ein verblüffender, aber nicht unterzukriegender Mythos in der Leiterausbildung lautet, dass wir ein schwaches Selbstwertgefühl durch die Ausbildung von Kompetenzen ausgleichen und dadurch stabile Führungskräfte hervorbringen könnten. Haben wir Erfahrungswerte, die das bestätigen?

DIE ENTSCHEIDENDE FRAGE IST, WAS FÜHRUNG BEDEUTET.

Natürlich ist es möglich, dass eine Führungspersönlichkeit ihre Position trotz eines schwachen Selbstwertgefühls gut erfüllt und wichtige Aufgaben für andere übernimmt. Aber das Risiko zu scheitern wächst, wenn zwischen professionellem Selbstbewusstsein und persönlichem Selbstwert eine Lücke klafft.

Die entscheidende Frage ist, was Führung bedeutet. Man kann ein guter Chef werden, selbst wenn man ein geringes Selbstwertgefühl hat, weil man sein Handwerk gelernt hat und in den meisten Situationen angemessen handelt. Aber es ist sehr schwer, Vorbild und Richtungsweiser zu sein, wenn einem die sichere Verankerung in dem fehlt, was man ist.

Das Ende der Flucht vor sich selbst

Benedikt begründete im 6. Jahrhundert das westliche Klosterwesen. Als ein Ziel des klösterlichen Lebens beschrieb er, dass die Mönche sich im *habitare secum*, dem Wohnen bei sich selbst, üben sollten. Zur Hochzeit der großen durch die Völkerwanderung verursachten Umwälzungen in Europa bildeten die Klöster Inseln der Stabilität. So lautete auch das erste Versprechen eines jeden Mönchs: »Ich bleibe hier.«

Im Lauf der Zeit lernten die Brüder, auch innerlich anzukommen. Das gemeinsame Leben in Gebet und Arbeit verschaffte ihnen Zugang zu ihrem innersten Ich – dort, wo Gott nur darauf wartete, sie zu umarmen.

Aus ebendiesem Milieu kamen einige der wichtigsten Kirchenväter des Mittelalters. In vielen Erzählungen wird davon berichtet, wie die Mönche sich versteckten, wenn man sie zu Bischöfen machen wollte. Manchmal durften sie für eine gewisse Zeit ins Kloster zurückkehren, um sich von Machtrausch und falscher Prioritätensetzung zu erholen und zu sich selbst zurückzufinden.

Heute haben Exerzitien die gleiche Funktion für Gemeindemitarbeiter. Eine jährliche Woche der Stille, weitab von allen Aufgaben, wird für immer mehr Menschen eine unentbehrliche Gelegenheit zu Gebet und Reflexion. Dort kann man geborgen und ohne erhobenen Zeigefinger anderer einen Blick auf sich selbst und die eigenen Beziehungen werfen: zu Gott, zur Arbeit, zu anderen Menschen. Die Geborgenheit ist ausschlaggebend, damit man sich den eigenen Schwachpunkten und Verletzungen nähern kann. Mitten unter Menschen, die voller Kritik sind und einen mit ihren Anforderungen bedrängen, wird oft Verteidigung zur Überlebensstrategie: »Ich leugne und fliehe vor Problemen, die ich vielleicht ahne und auf die die Umgebung reagiert.«

In unserer Gesellschaft ist diese unentbehrliche Zurückgezogenheit von allen Seiten bedroht. Es geht hier nicht um aufgezwungene Einsamkeit und Mangel an engen Beziehungen, sondern um die Abgeschiedenheit, die notwendig ist, um überhaupt in guten Beziehungen leben zu können. Wenn Rückzug also eine Überlebensvoraussetzung für alle Menschen ist, gilt dies erst recht für diejenigen, die als Führungspersonen agieren sollen. Thomas Merton schrieb schon 1957:

> Nicht alle sind zum Eremiten berufen, aber alle Menschen brauchen ausreichend Stille und Einsamkeit in ihrem Leben, damit sie wenigstens manchmal die tiefe innere Stimme ihres eigenen Ichs hören können. Wenn die innere Stimme nicht

> vernommen wird, wenn der Mensch nicht den geistlichen Frieden erreichen kann, den die vollständige Vereinigung mit dem inneren Selbst mit sich bringt, wird sein Leben immer unglücklich und erschöpfend sein. Niemand kann lange harmonisch leben, wenn er keinen Kontakt zu den Quellen des geistlichen Lebens am Grund der eigenen Seele hat.
> Wenn der Mensch ständig aus seinem eigenen Zuhause ins Exil vertrieben wird, ausgeschlossen von seiner eigenen geistlichen Einsamkeit, hört er auf, wahrer Mensch zu sein. Er lebt nicht länger wie ein Mensch. Er ist nicht einmal ein gesundes Tier. Er wird zu einer Art Maschine ohne Freude, da er alle Spontaneität verloren hat. Er wird nicht länger von innen, sondern von außen gelenkt. Er fasst keine eigenen Beschlüsse mehr, sondern lässt für sich bestimmen. Er bewältigt nicht mehr seine Umgebung, sondern lässt sich von ihr bewältigen. Er wird von Kollisionen mit Kräften der Umgebung durchs Leben getrieben. Sein Leben ist dann kein menschliches Leben mehr, sondern wie eine Billardkugel, ein Wesen ohne Ziel und ohne tiefere sinnhafte Reaktion auf die Wirklichkeit.[3]

In unserer Flucht vor uns selbst ähneln wir in gewisser Weise politischen Flüchtlingen. Man spricht im Fluchtkontext von Push- und Pull-Faktoren. Push-Faktoren sind die Umstände in der Heimat, die einen Menschen zur Flucht treiben, Pull-Faktoren diejenigen, die ihn in ein anderes Land locken. Ich kann vor mir selbst fliehen, weil ich es aus irgendeinem Grund (der mir manchmal mehr, manchmal weniger bewusst ist) mit mir selbst nicht mehr aushalte. Das können zum Beispiel Schamgefühle und Verletzungen unterschiedlicher Art sein. Zu diesem inneren Chaos gesellen sich die ständigen Verlockungen der Umgebung, die mich zu Spannenderem oder Wichtigerem als der Beschäftigung mit mir selbst ziehen wollen.

So überlasse ich mein eigenes Haus dem Verfall. Vielleicht sogar im Namen Gottes: Ich wende mich von meinen eigenen Problemen ab, um stattdessen »Gott zu suchen«. Als ob ich ihn irgendwo anders finden könnte als dort, wo ich selbst bin. Augustinus sagte nach bitterer Erfahrung im Gebet: »Du warst im Inneren, und ich war draußen und suchte dich dort.«

Die Flucht vor unserem Inneren ist die Ursache für eine Reihe verschiedener Führungsprobleme. Natürlich spielen immer mehrere Gründe zusammen, aber ich wage dennoch zu behaupten: Eine tief greifende Erfahrung von Gottes Liebe würde einen großen Unterschied machen. Wenn sich ein Mensch nicht länger vor den eigenen inneren Abgründen in die Führungsetage flüchtet, dann findet eine tief greifende Heilung der ganzen Art und Weise statt, wie er andere führt. In der ältesten Biografie über Benedikt heißt es, er habe bei sich selbst wohnen können, da er »nur unter Gottes Augen lebte«.[4]

DIE FLUCHT VOR UNSEREM INNEREN IST DIE URSACHE FÜR EINE REIHE VERSCHIEDENER FÜHRUNGSPROBLEME.

Vielleicht hilft es, ein paar der Probleme aufzulisten, denen wir gegenüberstehen, wenn wir vor uns selbst flüchten. Hinter vielen Problemen, die auf den ersten Blick nichts miteinander zu tun haben, versteckt sich ein Mangel, dem in der Tiefe nur mit Quellen jenseits unserer menschlichen Ressourcen begegnet werden kann. Es kann hier um eine Führungsperson gehen, die:

- dominant ist – weil sie auf Grund ihrer Unsicherheit vorsichtshalber zu groß macht und damit alle anderen unterdrückt;
- kontrollierend ist – weil ihr die sichere Erfahrung fehlt, dass jemand anderes die Kontrolle hat, und deshalb alle Fäden selbst in der Hand hält;

- schwach und konfliktscheu ist und abweisend wird, sobald sie auf Widerstand stößt;
- ständig auf der Jagd nach Bestätigung ist, indem sie sich »interessant« macht;
- ergebnisfixiert ist und die ganze Zeit Belege darüber sammelt, dass »ich ein guter Leiter bin«;
- einsam und isoliert ist, gefangen in der Lüge, dass »ich nicht wert bin, in Gemeinschaft zu sein«;
- anhänglich und aufdringlich ist – weil sie Angst hat, mit ihrem schwarzen Loch aus Selbstverachtung allein zu sein;
- wie ein Fähnchen im Wind ist – weil sie ihren Mangel an Selbstwertgefühl mit den »richtigen« Ansichten und politisch korrekten Referenzen kompensiert;
- rigide ist – weil bei ihr das schwache Selbstwertgefühl ins Gegenteil umschlägt und in einem festen System aus Ansichten und Verhaltensmustern Schutz sucht;
- eifersüchtig ist und sich von der Stärke und dem Erfolg anderer bedroht fühlt (»Er hat alles, was mir fehlt«);
- arbeitssüchtig ist – weil sie durch ihre Arbeit ihr Selbstwertgefühl hochzuhalten versucht und es sich »nicht leisten kann«, Nein zu sagen;
- im Team und in der Führung cholerisch ist und Widerstand und Hinterfragen sofort als Angriff auf die eigene Person wertet (und damit die Sachfrage verdeckt);
- abhängig von einem Fanklub ist, Bewunderer und Ja-Sager sammelt, die sie bestätigen, während sie sich gleichzeitig von anderen distanziert;
- Kompetenzen hinterherjagt – weil sie das mangelnde Selbstwertgefühl und Vertrauen in die eigenen Erfahrungen mit der ständigen Teilnahme an neuen Kursen und Zeugnissen kompensiert;

- zu religiös ist – weil ihr brüchiger Selbstwert sich ständig nach einem Gott ausstreckt, vor dem man nie religiös genug ist;
- nicht religiös genug ist, denn jeder Schritt zu einem deutlicheren Bekenntnis würde zu viel Bestätigungsverlust von der Umwelt bedeuten;
- fordernd ist – weil das geringe Selbstwertgefühl von Gottesbildern und Theologien angezogen wird, die immer mehr fordern und damit die eigene Armseligkeit bestätigen.

Und so weiter. Der gleiche grundlegende Mangel an Liebe kann sich also in ganz gegensätzlichem Verhalten ausdrücken und in allen Biotopen der christlichen Landschaft auftauchen. Hier erweisen sich Stempel wie »konservativ« und »liberal« einmal mehr als unzureichend und irreführend. Wenn das Ich friert, zeigt sich, wie dünn das Feigenblatt ist, hinter dem wir uns als Führungspersonen so gern verstecken: die prestigevolle Ausbildung. Die Position, um die sich so viele beworben haben. Das Netzwerk mit all den »wichtigen« Führungskräften. Die neuste geistliche Bewegung. Die Statistik, die man lässig und diskret vor den Kollegen in einem Nebensatz erwähnen kann. Die richtigen Bücher, aus denen man bei passenden Situationen zitiert.

Der Hunger des inneren Menschen

Nichts davon kann den inneren Hunger stillen. Wie können Sie als Führungsperson also mit Ihrem Ich umgehen? Folgende drei häufige Irrwege sollten Sie vermeiden:

Der erste und vielleicht üblichste ist, den Schrei des inneren Menschen ganz einfach zu ignorieren und so weiterzumachen wie bisher. Das erlaubt dem Ich, sich ungehemmt und unreflektiert in

Arbeit und Führungsposition auszubreiten. Es gibt viele und deutliche Beispiele für diese Art von Führung, sowohl in der Politik als auch in der Kirche. Das unstillbare Bedürfnis des Ichs nach Trost und Bestätigung ist Antrieb und Agenda bei dieser Art von Führung, die sich selten oder nie mit den Bedürfnissen anderer Menschen deckt.

Der zweite Irrweg stellt sich deutlich geistlicher dar. Hier ist der Mensch so erschrocken über die eigenen Neigungen zu Macht, Ehrgeiz und Bestätigung, dass er ganz einfach die Flucht ergreift. Er wagt es nicht, sich oder andere diesen gefährlichen Tendenzen auszusetzen, und sucht sich deshalb eine andere Arbeit als die in der Kirche. Er entscheidet sich für eine Umgebung, in der er hofft, andere weniger zu gefährden.

Ignatius von Loyola greift dieses heimtückische Gedankenmuster am Schluss seiner *Geistlichen Übungen* auf. Er rät dem, der sich in solchen Gedanken wiederfindet, »den Verstand zu seinem Schöpfer und Herrn zu erheben.« Von diesem beständigen Ausgangspunkt her solle die Person »im diametralen Gegensatz zu dieser Versuchung handeln«.[5]

Des Weiteren zitiert Ignatius den Mönch Bernhard von Clairvaux aus dem 12. Jahrhundert. Dieser begnadete Prediger, der die Massen wirklich entflammen konnte, hörte während einer seiner Predigten, wie der Teufel ihm zuflüsterte: »Du bist wirklich ein großer Prediger«, um ihn dadurch mit seinem eigenen Ehrgeiz zu erschrecken. Bernhard durchschaute den Trick, unterbrach seine Predigt und sagte zum Teufel: »Ich habe nicht deinetwegen angefangen zu predigen und ich werde auch nicht deinetwegen aufhören.«

Eine dritte falsche Methode, den Anforderungen des hungrigen und unzufriedenen Ichs zu begegnen, ist, ihm den Krieg zu erklären. Durch die Kirchengeschichte hinweg sind zu diesem Thema

Unmengen an sogenannter »asketischer Literatur« verfasst worden. Natürlich findet man dort viele gute Ratschläge und Erfahrungen, die helfen können. Gleichzeitig birgt dieser Ansatz jedoch das Risiko, dass sich der Fokus verschiebt: weg von Christus und der eigenen Reaktion auf ihn hin zur Bekämpfung des eigenen Ichs als Feind. Das Ich behindert dann eher in der Nachfolge, als dass man aus seinem tiefsten Wesen heraus Ja zu Christus sagt.

Das, was nicht sein darf, neigt dazu, alles auszufüllen. Das gilt für fast alles, dem wir in unserem Leben den Krieg erklären. Eine Person, die nie ihre Sexualität akzeptiert hat, wird vermutlich umso mehr davon geplagt werden. Wer die Wut nicht als natürlichen Teil des Lebens angenommen hat, der wird (ebenso wie seine Umgebung) von unkontrollierten Wutausbrüchen überrascht werden oder mit der Zeit von Depressionen (als Folge von unterdrückter Wut) betroffen sein. Wer keine Art gefunden hat, den Tod zuzulassen und als Teil des Lebens zu akzeptieren, wird vermutlich größere Probleme mit Todesangst bekommen.

> ERST WENN SIE SICH MIT DEM EIGENEN ICH VERSÖHNT HABEN, KÖNNEN SIE SICH DER QUELLE ZUWENDEN.

So wird das Ich, das Sie ständig als Feind bekämpfen, massenweise Energie schlucken und Sie von der Liebe zu Gott entfernen. Tausende freudsche Versprecher zeigen, dass man all das keinesfalls »hinter sich gelassen« oder »unter das Kreuz gelegt« hat oder wie man es auch ausdrücken möchte. Dieses Ich wird auf tausendfache Weise seine Existenz durchzusetzen versuchen – bis Sie es in Ihre Arme nehmen und dem Vater übergeben. Erst wenn Sie sich mit dem eigenen Ich versöhnt haben und auf das hören, wonach es ruft, kann es seinen harten Griff lösen, und Sie können sich der Quelle zuwenden. Schon C. G. Jung ahnte diesen Zusammenhang, als er sagte: »Man kann nichts ändern, das man nicht annimmt.«

Die Grundlage guter Führung

Wie kommen Sie als Führungspersönlichkeit zu Gott? Was ist Ihr persönlicher Zugang zu ihm? Drei übliche Zugänge sind das theologische Interesse, die eigene Religiosität und der Wille, etwas für andere zu tun – in unterschiedlichen Ausprägungen. Allerdings berührt keiner dieser Zugänge unser tiefstes Ich, das Herz, das mehr als alles andere unsere Führungsrolle formt. Oftmals helfen uns Krisen, unser Feigenblatt der Verteidigung fallen zu lassen und die innerste Nacktheit offenzulegen, die in die Unendlichkeit des Alls hinausruft:

»Ist da jemand, der mich sieht? Ist da jemand, der meine Geschichte hören will, ohne zu unterbrechen, zu belehren oder Druck zu machen? Ist da jemand, der Interesse an mir als Mensch hat und nicht nur an Einsatz und Ergebnis? Ist da jemand, der mich versteht, ohne dass ich mich die ganze Zeit erklären oder verteidigen muss? Ist da jemand, der mich annimmt?«

Solange dieser Ruf unbeantwortet bleibt, neigen wir dazu, den Halt für unsere Existenz eher in dem zu suchen, was wir tun, als in dem, was wir sind. Wenn wir auf der Beziehungsebene Ablehnung erfahren, bleibt die Leistung. Und wenn die Arbeit auf diese Weise existenziell bedeutsam für die ganze Identität wird, dann setzt sie Kräfte frei, die keine Verhandlungen über das Bedürfnis nach Grenzen, Ruhe und einem tieferen Zuhören zulassen. Das alles schmeckt dann nach Leere; eine Erinnerung an eine Richtung, die man eingeschlagen hat, die sich aber als stumm und abgewandt herausgestellt hat.

Erst wenn wir uns den innersten Nerven unseres Ichs annähern, können wir etwas von der immensen Bedeutung der beiden Begebenheiten ahnen, die den Beginn von Jesu öffentlichem Wirken markieren. Die theologischen Deutungen seiner Taufe und Wüstenzeit übertönen mitunter die psychologische Relevanz dieser beiden Erfahrungen. Doch untrennbar und gleichzeitig unvermischt bilden sie die Grundlage für jedwede christliche Führung – für Jesus und für uns. Markus berichtet:

> Eines Tages kam Jesus aus Nazareth in Galiläa und ließ sich von Johannes im Jordan taufen. Als er aus dem Wasser stieg, sah er, wie der Himmel sich öffnete und der Heilige Geist wie eine Taube auf ihn herabkam. Und aus dem Himmel sprach eine Stimme: »Du bist mein geliebter Sohn, an dir habe ich große Freude.« Gleich darauf drängte der Heilige Geist Jesus, in die Wüste zu gehen. Vierzig Tage lang wurde er dort vom Satan versucht. Er lebte mitten unter den wilden Tieren, und Engel sorgten für ihn.
> *Markus 1,9-13*

Der Heilige Geist macht zwei Dinge mit Jesus. Zuerst bestätigt er Jesu Identität als geliebter Sohn des Vaters. Dann bedrängt er Jesus, um seine Identität in der Konfrontation mit seinem Gegenspieler auf die Probe zu stellen. Zuerst wird Jesus in seinem Innersten verankert. Dann werden seine Grenzen befestigt. Zuerst alles, wozu Jesus Ja sagt. Dann alles, wozu er Nein sagt. Grenzen sind die Konturen des Ichs. In der Begegnung mit Satan wird deutlich, wer Jesus ist – und wer er nicht ist. Diese beiden Erfahrungen sind unerlässlich für seine folgende Führungsrolle.

Es beginnt damit, dass er der geliebte Sohn des Vaters ist. Alles, was Jesus ist und tut, ist Frucht dieser Beziehung. Jesus ist bereits alles, was er in seiner Beziehung zum Vater werden kann. Aus dieser Quelle schöpft Jesus seine Existenz, in diesem Angesicht spiegelt sich sein Wesen. Das heißt, dass Jesus nicht seine eigenen Bedürfnisse in die Begegnungen mit uns Menschen bringt. Er begegnet uns nicht mit einem Bedürfnis nach Bestätigung, das ständig unsere Reaktionen abliest, und muss deshalb nichts vermeiden, was von uns keine Bestätigung erfahren würde.

Wenn Jesus etwas tut, womit er die Aufmerksamkeit der Massen erregt, dann bereichert es nicht sein Prestige oder seinen Wert. Wenn er etwas tut, das unseren Widerstand weckt, so beraubt es ihn keines Teils seiner Identität oder seines Werts. Daher ist er frei, sich voll und ganz unseren Bedürfnissen zu widmen und entsprechend zu handeln.

Das lässt uns etwas ahnen von dem Geheimnis hinter seiner Integrität und seiner prophetischen Führung. Die Versuchung, mit den einzigartigen Gaben Karriere zu machen, sich strategisch massentauglichen Ansichten anzupassen, Konflikte, Leid und Tod zu vermeiden – nichts davon findet Halt in einem Menschen, der weiß, wer er ist und vor wem er verantwortlich ist.

Wie sieht es mit uns aus? Paulus sagt, wir sind »auf Christus getauft« und »gehören nun zu Christus«. Unsere Identifikation mit Christus ist so tief, dass der Vater uns »den Geist seines Sohnes« ins Herz gegeben hat, dass wir zu Gott nun »Abba, lieber Vater« sagen können (vgl. Galater 3,27–4,7).

Es ist das gleiche Gebet, das Jesus in Gethsemane betet. In der bittersten Einsamkeit und Verletzlichkeit, als die Freunde ihn im Stich lassen und der Vater schweigt, da ruft Jesus in seinem intimsten und vertrauensvollsten Gebet: »Papa!«

So tief begibt sich der Geist in unsere innerste Dunkelheit, um uns an den Vater zu heften.

Worte versus Erfahrungen

Was eine christliche Gemeinschaft am dringendsten braucht, sind Menschen, die wissen, dass sie von Gott geliebt sind. Nur: Wie kommt man zu diesem Wissen?

In der westlichen Welt leben wir in einem Spannungsfeld zwischen zwei Magneten. Der eine ist eine starke kognitive Tradition. Hier kommt besonders der akademische Einfluss zum Tragen, der über Jahrhunderte die Vorstellung genährt hat, dass wir uns Wissen und Verhalten antrainieren, indem uns Gedanken aus Büchern, Vorlesungen und durch andere verbale Botschaften vermittelt werden. Wir glauben, eine Botschaft müsse nur oft genug wiederholt werden, damit wir sie uns zu Herzen nehmen und in unser Alltagsleben integrieren.

Stimmt das? Wenn dem so wäre, müsste ein Großteil der westlichen Christen mittlerweile der tiefen Überzeugung sein, dass sie von Gott geliebt sind, und aus dieser Überzeugung heraus leben. Das dürfte jedenfalls in diesem Teil der Welt die am häufigsten verkündete Botschaft in den Predigten und Liedern der letzten fünfzig Jahre sein. »Gott liebt uns, in seinen Augen ist jeder Mensch wertvoll.« Das Problem mit dieser Botschaft ist nicht, dass sie nicht wahr ist. Das Problem ist vielmehr, dass wir sie nicht in dieser Form annehmen können.

Wenn ein Kind im Kindergarten unruhig ist, andere Kinder angreift und nicht auf die Erzieher hört, liegt das nicht daran, dass dieses Kind ausgerechnet an dem Tag nicht da war, als besprochen wurde, wie man Konflikte im Kindergarten löst, und deshalb nicht weiß, wie es sich verhalten soll. Es liegt eher daran, dass im Leben dieses Kindes Dinge vorgefallen sind, die eine innere Unsicherheit geschaffen haben, die nun dafür sorgt, dass es ständig sein Umfeld testet und herausfordert: »Erträgst du mich? Ist hier jemand, der mich versteht?« Dem Verhalten liegt eine Erfahrung zugrunde, durch die alle Beziehungen gefiltert und interpretiert werden.

Erfahrungen werden nur sehr geringfügig von Gedanken und Worten beeinflusst. Das Naivste und Wirkungsloseste, was ein Prediger sagen kann, ist ein Satz wie: »Es ist so einfach mit Gottes Liebe. Sie ist ein Geschenk an uns und jeder von uns kann sie annehmen.«

ERFAHRUNGEN WERDEN NUR SEHR GERINGFÜGIG VON GEDANKEN UND WORTEN BEEINFLUSST.

Viel einfacher wäre es, wenn der Prediger stattdessen sagen würde: »So, nun ziehen wir Schuhe und Strümpfe aus und gehen barfuß durch den Schnee zehn Runden um die Kirche.« Jeder wüsste direkt, was zu tun ist. Aber wie nimmt man Liebe an, die man vielleicht noch nie erfahren hat? Besonders dann, wenn man während der gesamten Kindheit auf die harte Tour lernen musste, dass es einen eigentlich gar nicht hätte geben sollen, man immer im Weg ist, ein seltsamer Außenseiter, den niemand versteht. Das Wort stößt auf jahrzehntelange Erfahrung, die unendlich viel schwerer wiegt.

Der andere Magnet in unserer Gesellschaft ist die Jagd nach dem gefühlsmäßigen Kick. Konsum, Medien, Vergnügen, Werbung, Zusammenleben, Restaurants und immer mehr auch die Politik werden von emotionalen Reiz-Reaktionen getrieben. In dieser Strömung wird die Botschaft von Gottes Liebe eher zu einer Einladung oder eher noch einer Bedingung: Öffne dein Inneres und fühle mit deinem ganzen Wesen, wie Gott dich liebt. Lobpreis und andere Musik sind zusammen mit visuellen Effekten und Stimmlagen genau darauf ausgerichtet, dass wir spüren können, wie sehr wir heute Abend geliebt werden.

Dies hat zwei mögliche Folgen:

1. Sie kommen für einen Moment in eine Wohlfühl-Stimmung, die am nächsten Morgen im Büro wie weggeblasen ist.
2. Das Gefühl will sich einfach nicht einstellen. Stattdessen werden Sie (in unterschiedlichem Ausmaß) von Frust gegenüber Gott, der Situation und sich selbst erfüllt.

Wie gesagt: Eine tief gehende Erfahrung kann nicht nur von Worten und Gedanken hervorgerufen werde. Auch nicht von einem zeitweiligen Gefühl. Das Einzige, das eine nachhaltige Wirkung haben kann, ist eine Erfahrung. Dabei ist es wichtig, den Unterschied zwischen Erlebnis und Erfahrung zu kennen. Ein Erlebnis ist kurzfristig, wird meist positiv gesehen und berührt nur die Gefühlswelt. Eine Erfahrung berührt den ganzen Menschen und erstreckt sich über die ganze Bandbreite zwischen Schmerz und Freude und hat eine langfristige Wirkung.

In seinen *Geistlichen Übungen* führt Ignatius von Loyola uns in Meditationen über Gottes Liebe ein und agiert dabei ganz anders, als wir von anderen Meditationen über Bibelstellen gewohnt sind. Würde Glaube kognitiv funktionieren, wäre es denkbar einfach; man liest ein paar Bibelstellen, in denen steht, dass Gott uns liebt, und dann setzt sich diese Erkenntnis fest. Ignatius beginnt hingegen mit einer Reflexion, die bei näherer Betrachtung jeder selbstverständlich aus seiner eigenen Erfahrung kennt: »Die Liebe muss mehr in die Werke als in die Worte gelegt werden.«[6]

Von diesem Ausgangspunkt her sind wir aufgefordert, darüber nachzudenken, wie Gott ganz praktisch seine Liebe gezeigt hat. In den Wundern der Schöpfung, in der Geschichte, in Jesus Christus, im eigenen Leben. Ignatius von Loyola folgt hier der gleichen Pädagogik, die auch Paulus in seiner kurzen und improvisierten Predigt in der griechischen Stadt Lystra verfolgte. Dort hatte niemand einen anderen Anhaltspunkt für Gottes Liebe als seine eigenen alltäglichen Erfahrungen: »Doch nie hat es eine Zeit gegeben, in der keine Zeugen für ihn lebten. Immer gab es etwas, das an ihn erinnern sollte; so schenkte er euch Regen und gute Ernten, Nahrung und fröhliche Herzen« (Apostelgeschichte 14,17). Also: Lasst uns den Spuren von Gottes Güte zurück zur Quelle folgen.

Ein irischer Jesuit, Brendan Comerforth, erzählte einmal, wie er einen Mann durch diese Art von Meditation geführt hat. Dieser Mann war unter schwierigen Verhältnissen aufgewachsen, bekam aber dennoch die gleiche Aufgabe wie alle anderen: Geh in deiner Geschichte zurück und versuche, Hinweise darauf zu finden, dass Gott sich zu erkennen gegeben und gezeigt hat, dass er dich liebt.

LASST UNS DEN SPUREN VON GOTTES GÜTE ZURÜCK ZUR QUELLE FOLGEN.

Am Tag darauf kam der Mann zurück und erklärte ziemlich mürrisch, dass er nie auch nur die kleinste Spur von Gottes Liebe während seiner Jugend entdeckt hatte. Ein unsicherer Mentor hätte vielleicht die Spur gewechselt und dem Mann in dieser Situation eine andere Übung aufgegeben. Aber Brendan wusste, was er tat, und gab dem Mann am nächsten Tag die gleiche Aufgabe.

Da kam der Mann mit Tränen in den Augen zurück und erklärte, er habe es ehrlich versucht, aber in seiner Vergangenheit nichts anderes als Dunkelheit und Beklommenheit sehen können. Nur äußerst widerwillig ließ er sich auf Brendans geduldige Aufforderung ein, die Übung nicht aufzugeben und sie noch einmal zu wiederholen.

Als er am nächsten Tag zurückkehrte, hatte der Mann wieder Tränen in den Augen, diesmal jedoch aus einem anderen Grund. Er erzählte, dass er etwas gesehen habe, was er nie zuvor gesehen hatte. Über die Details schweigt sich die Geschichte aus, aber der Mann hatte gesehen, wie Gott ein ums andere Mal sein Leben berührt hatte, wenn es ihm am dunkelsten erschien. Das hatte er nie zuvor bemerkt.

Und er hätte es auch nie sehen können, wäre er nicht mit offenen Augen zielgerichtet in seine schwärzesten Dunkelheiten gegangen. Nur in der Wahrheit können wir Gott begegnen. Wie bei den Einwohnern von Lystra wartete Gottes Liebe in den persönlichen Erfahrungen des Mannes.

Ein Ja zum Genug finden

Es ist ein großes Wunder, wenn sich das Gottesbild eines Menschen verändert. Ein noch größeres Wunder ist es, wenn sich das Selbstbild eines Menschen verändert. Das Selbstbild ist das Persönlichste, was ein Mensch hat. Es gleicht einem Filter, durch den alles gesiebt und interpretiert wird. Erst durch eigene solide Gottesbegegnungen sickert eine stärkere Kraft in dieses Selbstbild ein und verändert es von Grund auf. Und so gewinnt in der Konfrontation mit all den bekannten und als selbstverständlich vorausgesetzten Mantras darüber, wie einsam, unverstanden und ungeliebt man ist, langsam eine größere Kraft an Boden.

ES IST EIN GROSSES WUNDER, WENN SICH DAS GOTTESBILD EINES MENSCHEN VERÄNDERT, UND EIN NOCH GRÖSSERES, WENN SICH DAS SELBSTBILD EINES MENSCHEN VERÄNDERT.

Diese Art, hinter und in das Selbstbild hineinzuschauen, hat eine zutiefst heilende Wirkung. Jesus sah Zachäus, als alle anderen nur einen Ausbeuter und römischen Kollaborateur sahen. Kein Wort darüber, wie er so reich geworden war, kein Wort darüber, wie er sein Leben verändern sollte. Einzig, dass Jesus freiwillig zu ihm nach Hause kam und mit ihm aß, löste eine Lawine in seiner mühsam aufgebauten Egozentrik aus. So öffnete er sein Herz und sein Portemonnaie für Gott und andere Menschen (Lukas 19,1-10).

Der Großkonzern *Tetra Pak* produziert Verpackungen auf der ganzen Welt und wirbt mit einem einfachen Slogan: Schützt, was gut ist. Und so ist es. Erst, wenn etwas wertvoll ist, schützen wir es. Ein Mensch mit geringem Selbstwert hat eine geringere Hemmschwelle, sich für das zu entscheiden, wovon er weiß, dass es schlecht ist. »Schließlich bin ich ja sowieso so schlecht, dann spielt das keine Rolle.« Vielmehr bestätigen seine Entscheidungen sein niedriges Selbstbild noch.

Wenn die eigene innere Wertschätzung niedrig ist, ist es auch schwierig, der Arbeit Grenzen zu setzen. Jeder Extraauftrag wird unwiderstehlich, denn dadurch bekommt der Selbstwert die Chance, ein bisschen zu wachsen. In einem solchen Fall kämpfen Ehefrau, Mann, Kind und andere vergeblich darum, das Tempo eines Menschen zu bremsen. Eigentlich ist es nicht der Job, den man vor dem Hinterfragen der anderen verteidigt, sondern die eigene Existenz. Und diese ist nun einmal nicht verhandelbar. Einmal mehr prallen alle Worte darüber, wie wichtig man als Person ist, an der viel schwerwiegenderen Erfahrung ab, dass man überhaupt nicht wichtig ist.

Nötig ist eine Erfahrung aus einem anderen Lebensbereich als der Arbeit, um den krampfartigen Griff um diese lösen zu können. Die Jagd nach mehr Kompetenz und mehr geistlichen Gaben hört erst auf, wenn Sie sich ernsthaft dafür entscheiden, die erste und entscheidende Gabe aus Gottes Hand entgegenzunehmen: sich selbst. Das kann mit einem ganz hypothetischen Gedanken, noch weit weg von einer wirklichen Überzeugung, beginnen:

»Angenommen, ich bin kein misslungenes halb fertiges Wesen, das erst durch eine lange Ausbildung und ein erfolgreiches Berufsleben einen Wert erhält. Angenommen, Gott hat mich genau als die Person geschaffen, die er sich gedacht hat. Angenommen, ich bin ein Abbild Gottes, das Gott widerspiegelt, indem ich bin, nicht indem ich etwas tue.« Dann können Sie sich direkt an Gott wenden und sagen:

> »Vater, ich nehme mich selbst als Gabe aus deiner Hand an. Ab jetzt werde ich nicht mehr schlecht über das reden, was du geschaffen hast. Ab jetzt werde ich dein Abbild mit größerem Respekt behandeln und meine Grenzen schützen.«

Wenn Sie das einige Wochen oder einige Monate lang durchziehen, können Sie eines Tages vielleicht nackt vor dem Spiegel stehen und ehrlich zu Gott und sich selbst sagen: »Völlig okay. Völlig okay.« Dann ist etwas sehr Wichtiges passiert. Dann müssen nicht länger Ausbildung, Geistlichkeit, Amtskleidung oder Erfolge wie ein Feigenblatt Ihr dürftiges Selbstbild bedecken. Dann muss die glitzernde Weihnachtsdekoration keinen grauen und struppigen Baum mehr verdecken. Dann kann man von innen heraus wachsen, wie Früchte aus einem Weinstock.

Wie weit können wir auf diesem Weg kommen? Manche Menschen haben schließlich so tiefe Wunden, dass sie das ganze Leben damit kämpfen, den Kopf über Wasser zu halten und nicht in Selbstverachtung zu versinken. Man kann einen Schimmer von Gottes Güte und Barmherzigkeit ahnen, nur um am nächsten Tag wieder von Dunkelheit und Zweifel überwältigt zu werden. Ist es für solche Menschen zu spät? Ist ihnen der Weg zu christlicher Führung versperrt?

Es gibt ein segensreiches unscheinbares Wort, das heutzutage äußerst selten gebraucht wird: genug. Die ganze Marktwirtschaft fußt darauf, dass dieses Wort nie genannt wird. Der wirkliche oder eingebildete Mangel fördert das Wachstum, das unnachgiebig und immer stärker den weltlichen Ressourcen und uns selbst die Luft abschnürt. Eine ähnliche Fixierung auf eigene Unzulänglichkeiten kann uns auch auf tieferer Ebene lähmen. Wir kommen nie vorwärts. Wir sind nie zufrieden. Wir haben nie genug.

Genug geheilt sein – diese Erfahrung bleibt dem verwehrt, der vor seinem Leben davonläuft. Aber sie ist allen zugänglich, die sich ernsthaft ihrem eigenen Leben zuwenden, um dort Christus zu treffen. Selbst wenn dieses Leben zerrissen ist von schwierigen Erfahrungen, die einen womöglich niemals völlig loslassen werden.

ES GIBT EIN SEGENSREICHES UNSCHEINBARES WORT, DAS HEUTZUTAGE ÄUSSERST SELTEN GEBRAUCHT WIRD: GENUG.

»Wir leben«, pflegte Frère Roger aus Taizé zu sagen, »in der Dynamik des Vorläufigen.« Wenn wir den Traum vom perfekten inneren Leben losgelassen und begonnen haben, Gottes Gnade in dem Leben anzunehmen, das wir tatsächlich leben, wird sich vermutlich zeigen, dass Gottes Gnade so viel mehr bewirkt, als wir selbst ahnen. Sowohl in uns selbst als auch durch uns selbst. So schreibt Paulus, nachdem er davon berichtet hat, wie er mit dem Dunkel in seinem Leben gebrochen hat:

> Das alles ist zu eurem Besten. Und wenn Gottes Gnade immer mehr Menschen zu Christus führt, wird auch der Chor derer, die ihm danken, immer lauter, und Gott wird immer mehr Ehre erwiesen.
> *2. Korinther 4,15*

Grenzen abstecken

Grenzen sind, wie gesagt, die Konturen des Ichs. Als Jesus vom Geist in die Wüste geführt wird, greift der Teufel seine tiefste Identität an (vgl. Matthäus 4,1-11). Wieder und wieder kommt der heimtückische Satz: »Wenn du Gottes Sohn bist ...« Wie alles, was der Teufel tut, zielen auch seine Worte in verschiedene Richtungen (Diabolos bedeutet »Durcheinanderbringer«). Auf der einen Seite ist da ein heimliches Infragestellen: »Wenn du nun wirklich Gottes Sohn bist ...« Auf der anderen Seite die schillernde Option, diese Identität für spannendere Projekte einzusetzen: »Du könntest ...«

Jeder Gemeindemitarbeiter kann sich in dieser Situation wiedererkennen. Auf der einen Seite die tiefen Zweifel an sich selbst und der Beziehung zu Gott. Auf der anderen Seite die nagende Versuchung, Position und Einfluss mehr zur Befriedigung eigener Bedürfnisse als der anderer zu nutzen.

Jesus könnte mit dem Teufel darüber diskutieren. Er könnte sich einer eleganten Argumentation hingeben und mit seiner blendenden Intelligenz und theologischen Kenntnis den Teufel in seine Schranken weisen. Stattdessen zitiert er schlicht und ergreifend eine Bibelstelle aus dem 5. Buch Mose. Jedes Mal. Wie unkreativ! Wie langweilig! Wie traditionell!

Wie effektiv! Seine Absicht ist ganz einfach: seine Grenzen abzustecken. Oder anders gesagt: der zu sein, der er ist. Jesus braucht dem Teufel nichts zu beweisen. Er konzentriert sich allein darauf, die Identität zu bewahren, die in seiner Taufe bestätigt wurde: Er ist der geliebte Sohn des Vaters.

Ausgehend von dieser Identität begegnet er den Versuchungen in drei entscheidenden Feldern, die jede Führungsperson kennt: 1. Wovon lebe ich? 2. Was soll ich tun? 3. Wessen Ehre suche ich? Versorgung. Dienst. Zielsetzung.

In jedem Punkt versucht der Teufel, Jesus auf seine Seite und das Spielfeld der Welt zu locken. Natürlich beginnt er, als Jesus hungrig ist, und appelliert an die persönlichen Bedürfnisse: »Du könntest diese Steine in Brot verwandeln.« Vielleicht hat er auch andere spannende Dinge vorgeschlagen, die Jesus hätte hervorzaubern können. Die Logik ist einfach und nur schwer zu widerlegen: Du bist hungrig. Du bist mächtig. Was hindert dich …?

Als er Jesus mit sich hoch auf die Tempelmauer nimmt, folgt er der gleichen Logik: Alle würden es sehen, wenn er sich hinunterstürzen und die Engel ihn auffangen und retten würden. Was für ein Durchbruch! Du willst doch, dass die Menschen sehen, wer du bist!

Schließlich geht er zum Äußersten und nimmt Jesus vom Jordan, einem der tiefsten Punkte der Erde, mit auf einen »sehr hohen Berg«. Er lockt Jesus, statt aus Gottes Perspektive (vom tiefsten Punkt, den Kleinsten und Ärmsten) vom Aussichtspunkt des Teufels auf die Erde zu schauen (von Macht, Reichtum und Hochmut).

Hier folgt das vielleicht Heimtückischste – er will Anbetung als Mittel zum Erreichen eigener Ziele benutzen: »All das will ich dir geben, wenn du niederfällst und mich anbetest.« Wenn Geistlichkeit und Anbetung zu Mitteln werden, mit denen wir unsere eigenen Ziele erreichen wollen, egal, ob es sich nun um persönlichen Erfolg, Gemeindewachstum, heilende oder politische Ziele handelt – dann haben wir schon die Grenze überschritten und bewegen uns auf dem Niveau des Teufels. Der Fluch der Instrumentalisierung, die sein Atem ist, verwandelt alles Lebendige in Dinge, alle Beziehungen in Mittel, Gottes Schöpfung in Asche.

Erst als Jesus diese instrumentalisierende Sicht auf sein geistliches Leben abweist, zieht sich der Teufel zurück: »›Du sollst den Herrn, deinen Gott, anbeten und nur ihm allein dienen.‹ Da verließ ihn der Teufel.«

Dies sagt viel darüber aus, was Anbetung ist: ein geschütztes Umfeld vor allem, was Instrumentalisierung heißt. Hier können Gott, Menschen und die ganze Schöpfung sicher sein vor aller Kosten-Nutzen-Rechnung, Ergebnisorientierung und jeder Form der Ausbeutung. Ein befreiendes Umfeld für alle müden und gestressten Führungspersonen.

Jesu vierzig Tage in der Wüste sind eine Schule und Vorbereitung für seinen öffentlichen Dienst. Sie sind auch eine Generalprobe vor seinem Tod. Er steht vor exakt der gleichen Verführung, seine Macht für die eigenen Ziele zu nutzen, als er am Kreuz hängt: »Nun, wenn du der Sohn Gottes bist, dann rette dich doch selbst und steig vom Kreuz herab!« (Matthäus 27,40). Jesu stumme Antwort zeugt vom gleichen Geheimnis: Er besiegt den Teufel nicht durch das, was er tut, sondern durch das, was er nicht tut.

SEINE GRENZEN ABZUSTECKEN, HEISST, DEN TEUFEL IN SEINE SCHRANKEN ZU WEISEN.

Dies war möglicherweise noch nie revolutionärer als in unserer leistungsgeplagten Welt. Über allem, was mit Führung zu tun hat, pfeift die unsichtbare Peitsche: Erweitere deine Kompetenzen! Erhöhe die Statistiken! Zeig Resultate! Du kannst mehr! Reduziere die Defizite! Erweitere dein Netzwerk! Lies mehr Bücher! Es muss mehr in der Gemeinde passieren! Liefere!

Seine Grenzen abzustecken, heißt, den Teufel in seine Schranken zu weisen. Ihn, der sich seit Anbeginn der Zeit weigert, sich in die Schranken zu fügen, die der Schöpfer ihm zugedacht hat. Ihn, der seinen kosmischen Aufstand gegen alles führt, was Grenzen heißt. In unserem Leben heißt das konkret, sich gegen alle Anforderungen, Einflüsse und invadierende Menschen zu schützen, die unsere Kräfte aussaugen und letztlich zu Zynismus und Burn-out führen.

Schon im 17. Jahrhundert schrieb Vincenz von Paul: »Es ist eine List des Teufels, um die guten Seelen zu betrügen, dass er sie antreibt, mehr zu tun, als sie können, damit sie hernach nichts mehr tun können, weil sie zu sehr überladen sind.«

Wovon sollen Sie sich als Leiter *nicht* ernähren? Welche Aufgaben sollen Sie *nicht* übernehmen? Welche Form von geistlichem Leben ist für Sie *nicht* interessant und bereichernd?

Sich davon abzugrenzen ist genauso wichtig, wie zu wissen, was Sie tun sollen. Sonst kann es passieren, dass Ihre Identität von Kräften manipuliert wird, die Sie in eine Richtung ziehen, in die Sie gar nicht wollen. Denken Sie an *Herr der Ringe*: Frodos Auftrag hängt davon ab, ob er der Versuchung widerstehen kann, die Macht des Rings für seine eigenen Ziele zu missbrauchen.

Dies ist auch eine wichtige Erkenntnis über das Wesen der Kirche. Oft hört man, die Kirche würde nicht von ihren Grenzen, sondern von ihrem Zentrum zusammengehalten. Das klingt ja auch ganz gut. Bis wir durch mehr oder weniger schmerzhafte Erfahrungen begreifen, dass die Identität der Kirche genauso funktioniert wie unsere eigene: Identität wird an den Grenzen deutlich – oder ausradiert. Wie Jesus in der Wüste wird die Kirche erkennbar in der Auseinandersetzung mit allem, was sie nicht ist.

Wahre Autorität

In diesem Zusammenhang zeigt sich, was Autorität ist. Für die Mächte dieser Welt ist Autorität immer rohe Stärke. Kraftvoll agieren zu können, sodass andere sich vor dem eigenen Willen beugen. Am deutlichsten wird das in der Art Autorität, die Dwight Eisenhower den »militärindustriellen Komplex« nennt – die Verflechtung von Politik, Militär und Waffenindustrie. Diese Logik beginnt schon im Sandkasten und zieht sich durch alle Konferenzräume des Lebens: Der Stärkste gewinnt.

Dag Hammarskjöld, der als Generalsekretär der Vereinten Nationen dieses Muster nur zu gut kannte, beschreibt, wohin es führt:

»Indem wir auf Nummer sicher gehen, schaffen wir eine Welt äußerster Unsicherheit.«

Paradoxerweise finden wir beim größten Kriegshelden des Alten Testaments Beispiele für eine ganz andere Form der Autorität. Bevor er König wurde, wurde David von seinem Vorgänger Saul gejagt, der aus gutem Grund seine Position durch den jungen Hirten bedroht sah. Zwei Mal gelingt es David, seinem Verfolger in dramatischen Momenten so nahe zu kommen, dass er ihn töten könnte. Genau das erwarten auch seine engsten Vertrauten. Doch beide Male verzichtet David auf den Mord und zeigt dem erschrockenen Saul, was er hätte tun können: »Als Saul sich umdrehte, verneigte David sich tief und warf sich vor ihm nieder.« Und er erklärt: »Ein paar meiner Männer verlangten von mir, dass ich dich töte. Doch ich habe dich verschont [...] Der Herr wird zwischen uns entscheiden. Er wird dich für das strafen, was du mir anzutun versuchst« (1. Samuel 24; vgl. 1. Samuel 26).

JESUS BEHÄLT DIE MACHT, INDEM ER AUF SIE VERZICHTET. DADURCH HAT ER DIE MACHT, ANDEREN UND HÖHEREM FREI ZU DIENEN.

Indem er auf seine Rache verzichtet, gewinnt David eine andere und stärkere Autorität. Dabei geht es nicht um Passivität oder Nachgiebigkeit, sondern um eine aktive Entscheidung. Indem Jesus in der Wüste Nein zu den Vorschlägen des Teufels sagt, sagt er Ja zu der Autorität, die am Kreuz alle Macht dieser Welt demaskiert und entwaffnet.

Dass jemand Macht besitzt, sie aber nicht anwendet, erscheint der Welt unfassbar. So erklärt auch Paulus: »Die Weisheit, von der wir sprechen, ist die Weisheit Gottes [...] Doch die Mächtigen dieser Welt haben sie nicht verstanden, denn hätten sie das getan, dann hätten sie den Herrn der Herrlichkeit niemals gekreuzigt« (1. Korinther 2,7-8).

Hier wird der Zusammenhang zwischen dem Zentrum und den Grenzen offensichtlich. Wenn in der Mitte ein geringes Selbstwertgefühl steht, wird es schwer, die Grenzen zu sichern. Man kann es sich nicht leisten, auf etwas zu verzichten, was für den Moment die eigene Position stärken könnte. So wird das eigene Handeln von der Umgebung diktiert und man überlässt ihr die Macht.

Jesus behält die Macht, indem er auf sie verzichtet. Dadurch hat er die Macht, anderen und Höherem frei zu dienen, anstatt seine eigene Position stärken zu müssen.

Wie Thomas Merton sagt: »Demut ist das sicherste Zeichen von Stärke.«[7]

2

WAS UNS WIRKLICH ANTREIBT

Zwischen Begabung, Berufung
und dem Drang nach Anerkennung

»Kommt mit und folgt mir nach. Ich will euch zeigen, wie man Menschen fischt« (Markus 1,17). – Mit diesem Ruf Jesu hat die Nachfolge begonnen. Aber viele gehen in eine falsche Richtung, wenn sich der Ruf zur Nachfolge mit Arbeit, Dienst, Betrieb und Karriere verflicht. Wir sind oft blind für die einfache und deutliche Verantwortungsverteilung in Jesu Worten. Wir folgen ihm nach. Er wird uns zu Menschenfischern machen. Was wir tun sollen – was er tun will. Wie befreiend!

Aber wie schwer, wenn wir beides vermischen! Wenn der Auftrag die Nachfolge überschattet, die Arbeit die Beziehung verdunkelt, wenn wir versuchen, seine Verantwortung zu übernehmen. Wenn das, was wir tun, wichtiger wird als das, was wir sind. Die tragische Instrumentalisierung, die jedes Du in ein Das verwandelt, vergiftet persönliche Beziehungen. »Dich kann ich gut brauchen.« Auf diese Weise werden Gott, wir selbst und andere Menschen auf ein Mittel zum Zweck, dem Dienst, reduziert. Kein Wunder, dass wir dessen müde werden und die Orientierung verlieren.

In ihrer armseligsten Form ist dann die Arbeit in der Gemeinde nämlich nur noch das: eine Arbeit. Eine Möglichkeit, sich zu versorgen, mit dem Bonus, dass wir dabei ja sogar Gott und den Mitmenschen dienen. Der Horizont des täglichen Einsatzes wird begrenzt von Lohnverhandlungen, dem Arbeitsklima, Arbeitsplanung, verschiedenen Amtshandlungen und Tätigkeiten, Kursen zur Kompetenzerweiterung, dem Schielen auf neue Dienstbereiche, innerkirchlichen Debatten und Tratsch, Konflikten mit anstrengenden Menschen, Leitfäden und allem anderen, was den Kalender füllt.

In solchen Situationen sagen wir: »Wenn Gott seinen Heiligen Geist wegnähme, würde alles so weiterlaufen, als wäre gar nichts passiert.«

Was würde passieren, wenn wir anfangen würden, den Heiligen Geist ernst zu nehmen? Die charismatische Bewegung hat seit Beginn der 1970er-Jahre einen großen Teil der Christenheit berührt. Vielen Menschen brachte sie sogar die lebenswichtige Erfahrung von Gottes Nähe in ihrem Leben. Ich bin einer davon. Das Tauwetter, das damals in all meinen Beziehungen einsetzte, war um einiges tiefgehender als viele Therapien (die wirklich viel bewirken können). Ich weiß, dass ich diese Erfahrung mit Hunderttausenden Menschen auf der ganzen Welt teile.

Aber der Hang zur Instrumentalisierung sitzt so tief in uns. Vielleicht lässt sich so die Grundsünde beschreiben: dass wir alles zu Mitteln für eigene Interessen machen. In den glücklichen Eifer um die Geistesgaben, die unsere Herzen und Sinne für Gottes Güte und die Bedürfnisse anderer weiten, hat sich heimlich, still und leise ein wohlbekanntes Denken eingeschlichen. Könnten diese Gaben nicht auch unsere Gottesdienste attraktiver und unsere Führung effektiver machen? Es wurden »Glaubensziele« aufgestellt für alles, was in der Kirche passieren sollte. Und wir fingen an, unsere Gaben zu inventarisieren, um bessere Führungspersönlichkeiten zu werden.

VIELLEICHT LÄSST SICH SO DIE GRUNDSÜNDE BESCHREIBEN: DASS WIR ALLES ZU MITTELN FÜR EIGENE INTERESSEN MACHEN.

Die ämter- und ausbildungsbasierte Führung wurde ersetzt durch die gabenbasierte Führung. Führungsperson ist nun, wer gewisse geistliche Gaben bekommen hat. Oder andersherum: Hat man gewisse Geistesgaben, ist man offenbar Leiter. Der Ausdruck in Wort, Musik und Verhalten ist anders als in traditionellen Gemeinden. Aber die instrumentelle Denkweise ist definitiv ähnlich. Im traditionellen Bereich sind es Ausbildung, Weihe und Anstellung, die für die Führung qualifizieren. Im charismatischen Bereich sind es die geistlichen Gaben und der Dienst. In beiden Fällen liegen der Schlüssel und die treibende Kraft für die Führung bei mir selbst: Ich habe das Einzigartige, das mich zum Leiter macht.

Ein bitterer Nachgeschmack

Wo liegt das Problem? Wie immer braucht es Zeit, bis die Saat Früchte trägt und man den Nachgeschmack erkennt. Aber wie Jesus sagt, ist es jenes langsame und bleibende Werk, das in allem Geistlichen den Unterschied macht (vgl. Matthäus 7,15-23). Was die gabenbasierte Führung betrifft, tritt in aller Regel früher oder später der bittere Nachgeschmack zutage:

- **Exklusivität:** Dieses Führungsverständnis basiert auf der Sichtweise, dass die Führungsperson anders ist. Der Schwerpunkt in meinem Selbstbild als Leiter liegt eher in meinem Unterschied zu den anderen als in meiner Zugehörigkeit zu ihnen. Damit bestätige ich das Bild des christlichen Dienstes als etwas Exklusives für einige wenige Auserwählte, was letztendlich dazu führt, dass sowohl die Auserwählten als auch die, die es nicht sind, verarmen.
- **Willkür:** Weil meine Gottesbeziehung dermaßen von der Überzeugung geprägt ist, dass ich diese Geistesgaben von Gott erhalten habe, hängt sie davon ab, dass ich diese Gaben richtig verwalte und entwickle. Was passiert sonst?
- **Resultatdenken:** Man sucht ständig nach dem Beleg dafür, dass die Gaben funktionieren und sichtbare Resultate liefern. Wenn man Ergebnisse findet, verführen diese zu Hochmut. Wenn man keine Resultate sieht, verführt das zu Missmut.
- **Gottesbild:** Was Gott gibt, wird wichtiger als das, was er ist. Die Tendenz geht deutlich in Richtung eines fordernden Gottes, ähnlich wie in Jesu Gleichnis vom Verwalter: »Herr, ich weiß, du bist ein strenger Mann, der erntet, was er nicht gepflanzt hat, und sammelt, was er nicht angebaut hat. Ich

hatte Angst, dein Geld zu verlieren, also vergrub ich es in der Erde« (Matthäus 25,14-30).

- **Selbstbild:** Man reduziert sich auf ein Bündel Gnadengaben auf zwei Beinen, eine »Ressourcenperson« in der Kirche. Wer man wirklich ist, ist weder für Gott noch für andere Menschen interessant. Es zählt nur das, was man tut.
- **Einsamkeit:** Die eigene exklusive Geistlichkeit wird mehr und mehr zu einem Gefängnis, das einen daran hindert, normale Freundschaftsbeziehungen zu anderen Menschen aufzubauen. Sogar die Beziehung zu Gott scheint eher in die Einsamkeit als in die Gemeinschaft zu führen. Wenn der Job gut läuft, wird Gott zum Arbeitgeber oder Kollegen degradiert, von dem man sich am liebsten erholt, wenn man freihat. Wenn Ergebnisse ausbleiben, stellt sich dagegen die Frage: Bei wem kann ich mich ausweinen, wenn Gott so eng mit den Gaben verknüpft ist?

Eine Stimme aus den 1930er-Jahren aus Deutschland hat hier zweifellos ein gewisses Gewicht. Der lutherische Theologe Dietrich Bonhoeffer war reich an Erfahrungen mit der »charismatischen Führung«. als er schrieb:

> Jeglicher Personenkult, der sich auf bedeutende Eigenschaften, auf hervorragende Fähigkeiten, Kräfte, Begabungen eines Andern – und seien sie durchaus geistlicher Art – erstreckt, ist weltlich und hat in der christlichen Gemeinde keinen Raum, ja er vergiftet sie. Das heute so oft gehörte Verlangen nach den »bischöflichen Menschen«, nach »vollmächtigen Persönlichkeiten« entspricht oft genug dem geistlich kranken Bedürfnis nach Bewunderung von Menschen,

nach Aufrichtung sichtbarer Menschenautorität, weil die echte Autorität des Dienens zu gering erscheint.
Nichts widerspricht solchem Verlangen schärfer als das Neue Testament selbst in seiner Schilderung des Bischofs (1. Tim 3,1ff). Hier ist nichts von dem Zauber menschlicher Begabungen, von den glänzenden Eigenschaften einer geistlichen Persönlichkeit zu finden. Der Bischof ist der schlichte, in Glauben und Leben gesunde treue Mann, der seinen Dienst an der Gemeinde recht versieht. Seine Autorität liegt in der Ausrichtung seines Dienstes. Am Menschen selbst ist nichts zu bewundern.
Die Sucht nach unechter Autorität will zuletzt doch wieder irgendeine Unmittelbarkeit, eine Menschenbindung, in der Kirche aufrichten. Echte Autorität weiß sich im strengsten Sinne gebunden an das Wort Jesu: »Einer ist euer Meister, Christus; ihr aber seid alle Brüder« (Mt 23,8). Die Gemeinde braucht nicht glänzende Persönlichkeiten, sondern treue Diener Jesu und der Brüder.[8]

Der Antrieb christlicher Führung

Christliche Führung dreht sich im Kern nicht um persönliche Qualifikationen. Den Fokus darauf zu legen würde eher verstärken, was Augustinus als das Grundproblem des Menschen beschrieben hat: Er ist *incurvatus in se*, in sich selbst gekrümmt. Schließlich besteht unser Auftrag als Leiter darin, anderen aus ihrer Selbsteingenommenheit zu helfen, damit diese sich Gott und der Umgebung zuwenden können; deshalb dürfen wir nicht riskieren, in unserer eigenen Selbsteingenommenheit und geistlichen Selbstausrüstung stecken zu bleiben. Das gilt für diejenigen, die mit ihren Qualifikationen zufrieden sind (Selbstzufriedenheit), und für jene, die es nicht sind (Selbstverachtung). Ob sich die Stärke nun in der theologischen Ausbildung, sozialen Kompetenz oder Geistesgaben ausdrückt, bildet sie dennoch einen allzu zerbrechlichen Grund und einen irreführenden Fokus für die Leitung.

Auch die Bedürfnisse der Welt können Grund und Antrieb für die Arbeit in der Kirche sein. Ganz gleich, ob es sich um geistliche Not oder soziale oder wirtschaftliche Ungerechtigkeiten dreht: Nöte können das Gewissen wecken und dazu antreiben, die Richtung im Leben zu ändern, aber sie taugen nicht als Grundlage für ein langfristiges Werk. Was vom Mangel angestoßen wird, wird früher oder später die Früchte des Mangels tragen. Wenn sich unser Augenmerk auf die Not richtet, werden wir uns unweigerlich in Zynismus, Bitterkeit und Verzweiflung verlaufen, sobald wir erkennen, wie gering der Unterschied ist, den wir mit unserem Handeln erreicht haben, und wie viel noch zu tun ist.

CHRISTLICHE FÜHRUNG DREHT SICH WEDER UM PERSÖNLICHE QUALIFIKATIONEN NOCH UM DIE NÖTE DER WELT, SONDERN UM JESUS CHRISTUS.

Christliche Führung handelt von Jesus Christus. Wer er ist, was er in der Welt tut, was er mit dem Leben jedes Einzelnen anfangen will. Alles andere ist sein Widerhall. Nur auf diesem schmalen Weg kann man vermeiden, in der eigenen Führungsposition zu ersticken oder in den Bedürfnissen der Menschen zu ertrinken.

1653 saß ein französischer Jesuit, Paul Le Jeune, mitten in der nordamerikanischen Wildnis am Lagerfeuer und schrieb in sein Tagebuch:

> Drei starke Gedanken trösten ein gutes Herz, das sich in den unendlichen Wäldern Neufrankreichs oder unter den Huron-Indianern befindet. Der erste ist: »Ich bin an dem Platz, an

den Gott mich geschickt hat. Dort, wohin mich seine Hand geführt hat, wo er mit mir ist und wo ich ihn in meiner Einsamkeit suchen kann.« Der zweite Gedanke sind Davids Worte: »Wenn mein Herz voll Kummer ist, so macht deine Stimme mich froh.« Der dritte ist, dass wir nie Kreuz, Nägel und Dornen finden, ohne bei genauem Hinsehen in ihrer Mitte Jesus Christus zu finden. Kann es jemandem schlecht gehen, wenn er sich in Gesellschaft des Sohnes des lebendigen Gottes befindet? Ich weiß nicht, wie das Land der Huron beschaffen ist, wohin Gott mich in seiner unendlichen Gnade gesendet hat. Aber ich weiß, dass ich lieber dorthin gehe als in jedes mögliche irdische Paradies, denn es ist Gottes Wille.[9]

Was treibt einen Menschen dazu, alles zu verlassen, was er besitzt, aus seiner Heimat aufzubrechen und sich auf die andere Seite der Welt zu begeben, um dort unter offensichtlicher Gefahr Menschen, die er nicht kennt, von Jesus Christus zu erzählen? Es muss der gleiche Grund sein, der andere Menschen dazu antreibt, unter Menschen, die sie kennen, ausdauernde Gemeindearbeit zu leisten, ohne einen anderen Lohn zu erhalten als die Gewissheit, dass sie Gottes Willen tun.

Der Grund ist die Begegnung mit Jesus Christus. In seiner göttlichen Herrlichkeit besaß er die Freiheit, die der Mensch so heiß begehrt: sich frei im ganzen Universum zu bewegen, quer durch Leben und Tod, im Besitz aller Macht und Weisheit. Aber er hat auf all das verzichtet und sich den Menschen unterworfen, als er als Diener zu uns kam (vgl. Philipper 2,5-11). Er kam in unsere Häuser und teilte unser Leben, unsere Freude und unser Leid. Seine Liebe hatte keine Grenzen, sondern ging den ganzen Weg bis zum Kreuz, an dem er sein Leben für uns gab.

Deshalb wurde ihm die Macht gegeben, die alle anderen für eigene Zwecke missbrauchen würden, die er aber einsetzte, um zu befreien und die gesamte Schöpfung zu heilen. Daher kommen wir nicht um die eine Frage herum, die er uns stellt.

So hat Jesus seine Freiheit genutzt. Wie nutze ich meine Freiheit?

»Folge mit nach!«

Zwei Personen der frühen Kirche verkörpern die menschliche Reaktion auf Jesus Christus derart, dass sie heute noch als Prototypen für christliche Führung gelten: Petrus und Paulus. Beide haben ganz verschiedene Hintergründe. Heute würde man Petrus einen Arbeiter und Paulus einen Akademiker nennen. Fischer und Rabbi mit verschiedenen Sprachen und Voraussetzungen treffen Jesus. So stellen die beiden das breite Feld der christlichen Führung dar.

Für Petrus beginnt die Geschichte an einem gewöhnlichen Arbeitstag beziehungsweise in einer Arbeitsnacht. Erschöpft von Dunkelheit und Kälte hat er draußen auf dem See nichts fangen können und ist, als er anlegt, vermutlich nur mäßig an dem Fremden am Strand interessiert. Doch dann passiert alles sehr schnell und unerwartet und endet mit so viel Fisch, dass die Boote beinahe sinken. Da wirft Simon Petrus sich Jesus zu Füßen und sagt: »Herr, kümmere dich nicht weiter um mich – ich bin ein zu großer Sünder, um bei dir zu sein« (Lukas 5,1-11).

Warum sagt er das? Jesus hat kein Wort von Sünde gesagt. Zu diesem Zeitpunkt hat er überhaupt noch nicht gepredigt, sondern Petrus nur das gegeben, was dieser die ganze Nacht versucht hatte zu bekommen: Fisch. Es muss das Treffen mit dem konkret Göttlichen gewesen sein, das eine Selbsterkenntnis hervorgebracht hat, wie sie keine Predigt der Welt je erreichen kann. Es war nicht das Treffen mit einer Furcht einflößenden Heiligkeit, sondern das Treffen mit jemandem, der ihm nur Gutes wollte. Das erleuchtete all das, was Petrus am liebsten nicht sehen wollte.

Die doppelte Belichtung, als Petrus gleichzeitig Gottes und sein eigenes Angesicht sieht, hat sein Leben verändert. Die Gnade beinhaltet nicht nur Vergebung, sondern zieht Petrus mit sich in einen Auftrag, den er sich in seinen wildesten Träumen nicht vorgestellt hätte: »Jesus sagte zu Simon: ›Hab keine Angst. Von jetzt an wirst du Menschen fischen.‹« Er vergibt jemandem wie ihm nicht nur, sondern will mit ihm zusammenarbeiten!

Drei Jahre später ist unfassbar viel passiert und Petrus und Jesus sind wieder am gleichen Strand (Johannes 21). Die dunklen Seiten, die Petrus schon beim ersten Mal in seinem Innern gespürt hatte, haben ihn in Betrug und Erniedrigung gestürzt. Er hat völlig den Boden unter den Füßen verloren und getan, was er niemals von sich selbst erwartet hätte. All seine theologischen Einsichten und geistlichen Erfahrungen sind unter einfachem Gruppenzwang wie Eierschalen zerbrochen. Und er sollte doch »der Fels« sein, auf dem Christus seine Kirche aufbauen wollte.

JESUS FRAGT NACH DER BEZIEHUNG. AUF DIESER GRUNDLAGE BEKOMMT PETRUS SEINEN AUFTRAG.

Doch so abgrundtief seine Sünde auch war – Jesu Güte ist noch tiefer. Petrus erwartet, dass Jesus auf das zu sprechen kommt, was passiert ist, als sie nach seiner Auferstehung einen Spaziergang am Wasser entlang machen. Wann wird er etwas sagen? Aber er sagt nichts. Kein einziges Wort über das, was geschehen ist. Nur eine Frage, die Jesus dreimal wiederholt: »Liebst du mich?«

Jesus fragt nicht nach Petrus' Sünde. Er fragt auch nicht nach seinen Führungsqualitäten. Er fragt nicht einmal nach seinem

Glauben. Er fragt nach der Beziehung. Auf dieser Grundlage bekommt Petrus seinen erneuerten Auftrag: »Weide meine Lämmer.« – »Hüte meine Schafe.« – »Weide meine Schafe.« Am Ende des Gesprächs fasst Jesus die ganze Sache in drei wohlbekannten Worten zusammen: »Folge mir nach.«

Eine Reaktion auf Gottes Güte

Auch Paulus hat eine unerwartete Begegnung an einem gewöhnlichen Arbeitstag (Apostelgeschichte 9,1-25). Die Religionswächter fordern Opfer und ihr gewissenhafter Anführer ist auf dem Weg, um noch mehr Mitglieder der neuen Sekte aufzuspüren, als er plötzlich von einem hellen Lichtschein vom Himmel geblendet wird. Er fällt zu Boden und hört eine Stimme, die zu ihm sagt: »Saul, Saul, warum verfolgst du mich?« Er fragt: »Wer bist du, Herr?« – »Ich bin Jesus, den du verfolgst ...«

Und Paulus, der bislang klar sehen konnte, erblindet für drei Tage. In dieser Zeit isst und trinkt er nichts. Erst als ein Mitglied der gefürchteten Sekte ihn aufsucht, ihm die Hände auflegt und die unerhörten Worte »Saul, Bruder« spricht, lässt die Lähmung nach, und Paulus kann wieder sehen.

Auf so dramatische Art relativiert Gott seine große theologische Kompetenz und geistliche Klarsicht. Auf null gesetzt, buchstäblich am Boden, muss Paulus sich einem Gott beugen, der sich nicht kontrollieren oder imponieren lässt. Paulus ist derart entblößt und abhängig, dass er die geistliche Wegbegleitung von *einem von denen* annimmt.

Als Paulus einige Jahre später seinen Lebenslauf für seinen Schüler und Kollegen Timotheus zusammenfasst, klingt das so:

> Wie dankbar bin ich Christus Jesus, unserem Herrn, der mich stark gemacht, als vertrauenswürdig erachtet und zu seinem Dienst berufen hat, obwohl ich ihn früher verachtet habe! Ich habe die Gläubigen verfolgt und ihnen geschadet, wo ich nur konnte. Doch Gott hatte Erbarmen mit mir, weil ich unwissend und im Unglauben handelte. Aber der Herr war freundlich und gnädig! Er hat mich erfüllt mit Glauben und mit der Liebe von Christus Jesus. Was ich sage, ist wahr und glaubwürdig: Christus Jesus kam in die Welt, um Sünder zu retten – und ich bin der Schlimmste von allen. Aber Gott hatte Erbarmen mit mir, damit Jesus Christus mich als leuchtendes Beispiel für seine unendliche Geduld gebrauchen konnte. So bin ich ein Vorbild für alle, die an ihn glauben und das ewige Leben erhalten werden.
>
> *1. Timotheus 1,12-17*

Man achte darauf, was er sagt – und was er nicht sagt. Was ist Grundlage und Antrieb seiner Arbeit und Führung? Kein Wort von seinen theologischen Kenntnissen (obwohl er die Rabbiner-Ausbildung absolviert hat). Kein Wort von seinen geistlichen Gaben (die in der Apostelgeschichte dokumentiert sind). So wenig sie bei Petrus im Mittelpunkt stehen, tun sie es bei Paulus. Beide Leiter kannten sich selbst viel zu genau und waren viel zu stark von der Liebe Jesu geprägt, um sich von ihrer eigenen Spiritualität beeindrucken zu lassen.

Ihre Führung gründete in etwas ganz anderem: Sie war eine Reaktion auf Gottes Güte. Paulus beschreibt sich selbst als ein »Vorbild für alle« (vgl. 1. Timotheus 1,16), die zum Glauben finden sollen. Was macht ihn zum Vorbild? Seine Klugheit? Seine große Geistlichkeit? Nein, seine Sünde – und seine Erfahrung einer noch viel größeren Barmherzigkeit. Anstatt von Paulus imponiert zu sein, hat Jesus »all seine Geduld« auf ihn gesetzt. Zweimal wiederholt Paulus das Unerhörte, das schlussendlich den Unterschied macht: »Gott hatte Erbarmen mit mir.«

Das ist nicht nur ein kurzer frommer Exkurs aus Paulus' erfolgreicher Führungsgeschichte, wie sich im wiederholten Ausdruck in seinem Brief zeigt: »Da Gott uns in seiner Gnade diese Aufgabe anvertraut hat…« (2. Korinther 4,1). Dies also ist das ganze Fundament seines Lebens, seiner Arbeit und seiner Führung. Es ist die Beziehung zu Jesus, die für Paulus Herz, Feuer und Quelle ist. Dass Gott der große Wiederverwerter ist, zeigt sich, als das theologische Wissen und die Geistesgaben, die Paulus dauerhaft hätten verblenden können, stattdessen zum Augenöffner für die ganze christliche Kirche werden.

Das Ich hinter der Leistung

Vergleicht man die beziehungsbasierte Führung mit der gabenbasierten, zeigen sich die Unterschiede Stück für Stück:

- **Inklusion.** Paulus macht deutlich, dass er eher schlechter denn besser ist als alle anderen. Die »Exklusivität« ist eine Einladung zur Teilhabe statt eine Elite-Markierung: »Es gibt auch für dich einen Platz!« Wenn Führung darauf aufbaut, dass Gott seine Barmherzigkeit gezeigt hat, und nicht darauf, dass man selbst gezeigt hat, was man alles kann, wird der Dienst in der Gemeinde eine natürliche Reaktion für alle, die Gottes Güte erfahren haben, und nicht ein exklusives Revier für ein paar Auserwählte.
- **Freiheit.** Meine Beziehung zu Gott ruht in Gottes Güte mir gegenüber, nicht darin, wie gut ich die Gaben verwalte, die

er mir gegeben hat. Ein entscheidender Wendepunkt in den *Geistlichen Übungen* von Ignatius ist erreicht, wenn die Meditation über Gottes Liebe mir gegenüber Dankbarkeit im Herzen erweckt.[10] Nur diese freie Antwort aus dem Herzen kann einen ausreichend nachhaltigen Antrieb zu dem geben, was Ignatius in seiner Sprache *todo amar y servir* nennt: in allem zu lieben und zu dienen.

- **Treue.** Es ist die Treue zu Gott, die zählt, nicht das Ergebnis. Als die Verwalter in Jesu Gleichnis ihre unterschiedlichen Ergebnisse präsentieren, bekommen sie alle genau die gleiche Antwort: »Komm, nimm Teil am Freudenfest deines Herrn« (vgl. Matthäus 25,14-30). Nicht die Bilanz steht im Mittelpunkt, sondern die Beziehung zu Jesus. Deshalb macht man weiter, wenn andere aufgeben, weil sie keine Ergebnisse sehen. Die Treue zeigt auf Gott, nicht auf die eigenen Gaben oder Resultate.
- **Gottesbild.** Als Mose Gott am brennenden Dornbusch fragt, von wem er dem Volk berichten soll, erfährt er Gottes Namen: »Ich bin, der ich immer bin« (2. Mose 3). Die Druckwelle dieser Offenbarung ist so stark, dass sie das Joch der Sklaverei (der Instrumentalisten) zerbricht und das Volk aus Ägypten befreit. Gott ist kein Gott, den man für etwas benutzen kann, sei es für den christlichen Dienst oder andere Projekte. Er sieht auch den Menschen nicht als Ressource, den er für seine Zwecke missbrauchen kann. Er ist, der er ist – und er ruft die Menschen, so zu sein, wie sie wirklich sind! Abbilder Gottes.
- **Selbstbild.** Der Mensch ist also nicht ein Bündel Gnadengaben auf zwei Beinen, das für Gott und andere nur wegen seiner Leistungen interessant ist, ansonsten aber unbedeutend. Hinter all diesen Masken der Hochleistung tritt mit der

Zeit das eigene Gesicht hervor, ein Ich, das in Reaktion auf ein größeres Du zum Leben erweckt wurde. Und weil dieses Ich wertvoll ist, schütze ich es.

- **Gemeinschaft.** Wenn die Arbeit alles ist, werden alle Beziehungen nach ihrer Nützlichkeit beurteilt, egal ob es sich um zwischenmenschliche Beziehungen oder die Verbindung zu Gott handelt. Die entscheidende Frage lautet: »Bin ich es wert, dass man mit mir zusammen ist?« Erst wenn man diese Frage aus tiefstem Herzen mit Ja beantwortet, wird Freundschaft im eigentlichen Sinn möglich – zu Gott und den Menschen. Die beziehungsbasierte Führung zeigt sich nicht zuletzt darin, dass Beziehungen einen Eigenwert erhalten und nicht vorzeigbare Vorteile abverlangen. Denn dann ist es auch nicht sonderlich verlockend, »von Gott abzuschalten«, wenn man Urlaub hat. Warum sollte man das auch tun, wenn er sich als Quelle der Liebe und aller Güte gezeigt hat?

HINTER DEN MASKEN DER HOCHLEISTUNG TRITT DAS ICH HERVOR, DAS IN REAKTION AUF EIN GRÖSSERES DU ZUM LEBEN ERWECKT WURDE.

Wahre Berufung

Natürlich gibt es auch in der Tradition der Großkirchen, wo sich Leitung durch Amt und Weihe definiert, die gleichen Versuchungen zur Selbstgefälligkeit wie überall. Die Rolle und die äußeren Insignien des Bischofs, Priesters oder Diakons können buchstäblich zur Halskrause für ein brüchiges Selbstwertgefühl werden. Einmal unterhielt ich mich mit dem Direktor eines katholischen Priesterseminars in England. Er erzählte mit berechtigter Sorge, dass einige

Schüler protestiert hatten, als sie auf dem Jahrgangsfoto keine spezielle Kluft tragen sollten, »vielleicht aus Angst, dann niemand zu sein«. Man muss nicht extra herausstellen, dass ein solcher Priester seiner Gemeinde den Zugang zu Gott nicht unbedingt erleichtert.

Andererseits muss beziehungsbasierte Führung natürlich nicht zwangsläufig im Gegensatz zu einem kirchlichen Amt stehen. Das bestätigt nicht zuletzt die jesuitische Tradition. Es dürfte ziemlich schwer sein, sich während der mehrjährigen Priesterausbildung zweier 30-Tage-Exerzitien zu unterziehen, ohne sich mit seinem tiefsten Innern auseinanderzusetzen und dadurch eine tragfähige Beziehung zu Christus aufzubauen. So kann das Amt zu einem Ausdruck der Beziehung werden, statt den Mangel an Beziehung zu verbergen.

Ein Schlüsselbegriff in diesem Zusammenhang ist *Berufung*. Dieses Wort klingt für jeden anders. Für manche klingt es nach Trauer, Gram und Bitterkeit: »Ich habe mich einmal berufen gefühlt und Nein gesagt. Seitdem habe ich die Beziehung zu Gott nicht mehr in Ordnung bringen können.« Für andere schwingt eine gewisse Unfreiheit mit: »Eigentlich gefällt es mir nicht, in der Kirche zu arbeiten, aber man muss seine Berufung ja erfüllen.« Für wieder andere ist Berufung ein schwebendes Gefühl der Unsicherheit, das sie nie loslässt: »Ich weiß nicht, ob ich wirklich berufen bin. Manchmal glaube ich daran, aber oft zweifle ich.« Und für die überwältigende Mehrheit bezieht sich Berufung immer noch vornehmlich auf die Arbeit, nicht auf die Beziehung.

Bei einem kurzen Blick in die Bibel wird man schnell Lunte riechen: Berufung bedeutet durchweg, dass Gott Leute aus dem, was bindet und klein macht, herausruft und stattdessen in eine tiefere Beziehung zu ihm führt, wo sie in Freiheit zu seinen Abbildern heranwachsen können. Einige Eindrücke aus der Geschichte:

- Die **Schöpfung** ist das erste Beispiel. Im Römerbrief steht, wie Gott »ins Dasein ruft, was vorher nicht war« (Römer 4,17). Ein Hinweis darauf, dass Gottes Berufung weit mehr ist als eine Herausforderung. Sie ist schöpferisches Wort, das aus dem Nichts hervorruft, was seinen Willen formt und seine Herrlichkeit zeigt.
- **Abraham** war im Glauben gehorsam, »als Gott ihn aufforderte, seine Heimat zu verlassen und in ein anderes Land zu ziehen, das Gott ihm als Erbe geben würde. Er ging, ohne zu wissen, wohin ihn sein Weg führen würde« (Hebräer 11,8). Durch sein schwindelerregendes Abenteuer wurde er zum Glaubensvater für Juden, Christen und Muslime und zeigt Gottes Treue weit über den ursprünglichen Kontext hinaus.
- **Israels** Befreiung aus der Sklaverei in Ägypten wird vom Propheten Hosea als Antwort auf Gottes Ruf beschrieben: »Als Israel jung war, habe ich es in mein Herz geschlossen, und ich habe meinen Sohn aus Ägypten gerufen. Immer, wenn ich ihn rief, lief er vor mir davon.« Warum ziehen wir uns zurück, wenn Gott ruft? Vielleicht aus dem gleichen Grund, wie Hosea vermutet: »Sie waren sich aber gar nicht bewusst, dass ich es war, der sie geheilt hatte« (Hosea 11,1-3).
- Die **Umkehr** zu Jesus wird durch alle Evangelien hinweg als Berufung beschrieben. Beispielsweise als Jesus den Zöllner Matthäus trifft und ihn nach einem Fest gegen die Kritik der Frommen verteidigt: »Die Gesunden brauchen keinen Arzt – wohl aber die Kranken. Nun geht und denkt einmal darüber nach, was mit dem Wort in der Schrift gemeint ist: *›Ich will, dass ihr barmherzig seid; eure Opfer will ich nicht.‹* Denn ich bin für die Sünder gekommen und nicht für die, die meinen, sie seien schon gut genug« (Matthäus 9,9-13).

Auch hier wird wieder betont, dass Berufung mit Heilung einhergeht.

- Der **Tod** ist nach Auffassung dieser Welt die unwiderrufliche Endstation. Doch Jesus öffnet auch diese Tür. Und auch hier zeigt sich die befreiende Kraft in Jesu Ruf: »... wie Jesus Lazarus aus dem Grab ins Leben zurückgerufen hatte« (Johannes 12,17).

Es gibt also in der Berufung immer ein *Woher* und ein *Wohin*. Aus dem grundlegenden Angerührtsein hin zu größerer Nähe zu Jesus und größerer Freiheit, man selbst zu sein. In diesem Muster werden viele Motive offenbar: Aus der Dunkelheit zum Licht. Aus der Abhängigkeit zur Freiheit. Von der Lüge zur Wahrheit. Vom Tod zum Leben. Von der Sünde zur Gerechtigkeit. Aus der Einsamkeit zur Gemeinschaft. Vom Bild zur Wirklichkeit. Aus der Zersplitterung zum Zusammenhang. Vom Produzieren zum Empfangen. Vom Stress zur Präsenz. Und so weiter.

BERUFUNG HAT IMMER EIN *WOHER* UND *WOHIN*: AUS DEM GRUNDLEGENDEN ANGERÜHRTSEIN HIN ZU GRÖSSERER NÄHE ZU JESUS UND GRÖSSERER FREIHEIT.

Man kann also an seinem Bauchgefühl erkennen, ob man Gottes Ruf richtig verstanden hat. Wenn man sich gezwungen, beengt und unecht fühlt, kann man *sicher sein*, dass das nicht von Gott kommt. Dann bewirkt es schon eine gewisse innere Freiheit, wenn man beginnt, die eigene Situation infrage zu stellen und andere Türen zu öffnen. Gott beruft einen Menschen nicht einfach auf solche Weise. Das stellt auch Paulus kategorisch fest: »Der Herr aber ist der Geist, und wo immer der Geist des Herrn ist, ist Freiheit« (2. Korinther 3,17).

Das bedeutet auch, dass die biblische Sicht auf Berufung eher das Gegenteil jener Berufung ist, die Menschen in einen eisernen

Griff von »Gottes Willen« einschließt und jene ausgrenzt, die den Ruf nicht erfahren haben.

Ein Spinnennetz aus Illusionen

Für manche ist der Ruf Jesu eher eine Einladung, der Spiritualität zu entkommen. Und zwar dann, wenn er in jene spezielle religiöse Verdrehung der Wirklichkeit hineinspricht, die den Philosophen Martin Buber ausrufen ließ: *»In der Tat ist nichts so geeignet, dem Menschen das Angesicht Gottes zu verdecken, wie Religion!«* Dabei kann es, wie gesagt, um eine Führungsfunktion gehen, die uns unbemerkt uns selbst und anderen entfremdet hat. Es kann auch um innerkirchliche Debatten und Verhaltensmuster gehen, die die Macht über uns gewonnen haben und uns nun daran hindern, das Wesentliche zu sehen.

Es kann sogar so sein, dass wir tiefgründige geistliche Bücher lesen und viel über »das innere Leben« lernen – aber eigentlich fliehen wir damit nur vor der eigentlichen Konfrontation mit dem eigenen Innern. Thomas Merton schreibt über die besondere Herausforderung, in einem geistlichen Umfeld geistlich zu leiten:

> Manchmal scheint es, als sei »das innere Leben« nur wenig mehr als ein Spinnennetz aus Illusionen. Gesponnen aus Jargon und frommen Sätzen, die wir in Büchern und Predigten gefunden haben und mit denen wir unser Inneres eher verstecken als offenbaren. Wie oft ist der Wegbegleiter betrübt und niedergeschlagen, wenn er jenen zuhört, die achtenswerte religiöse Seelen zu sein scheinen […] und dann merkt, dass er es mit prachtvoller und unbewusster Selbstgefälligkeit zu tun hat, die sich mit Klischees frommer Autoren aus-

gerüstet hat und nun bereit ist, jedem Erfolg von Demut und Wahrheit zu widerstehen.

Sein Herz zieht sich in einer Art Hoffnungslosigkeit zusammen. Einem Gefühl, dass es keine Möglichkeit gibt, durchzubrechen und den echten Menschen zu befreien, der unter der falschen Fassade, die sich bedauerlicherweise als Ergebnis religiöser Missbildung entwickelt hat, lebendig begraben liegt.[11]

Mit Selbstironie lässt sich leicht testen, ob die Diagnose »Überspiritualität« zutrifft. Kann die Person über sich selbst lachen? Ein chronisch ichbezogener Mensch hat viel zu viel zu tun, um sich solchen Trivialitäten zu widmen. Merton schreibt: »Ein kontemplativer Mensch ist nicht jemand, der seine Gebete ernst nimmt, sondern jemand, der Gott ernst nimmt.«[12]

Die Pharisäer und Schriftgelehrten in den Evangelien spiegeln auf zeitlose Weise die Risiken, die eine »professionelle Spiritualität« mit sich bringt. Die Führungsrolle mit all ihren Attributen wie Kleidung, Gesten, Attitüde, Sprache und so weiter wird allzu leicht ein Fluchtweg aus dem eigenen Leben. Dabei schrumpft die Kontaktfläche sowohl zu Gott als auch zu den Menschen und die Beziehung bekommt immer weniger Luft.

Das Wesentliche

Es muss ein Erstickungsgefühl gewesen sein, das einen der Schriftgelehrten dazu trieb, Jesus eine Frage zu stellen. Zumindest im Markusevangelium wird diese Frage nicht als Falle aufgefasst, sondern ist verzweifelte und aufrichtige Frage darüber, was das Wesentliche in all der Religiosität ist.

> Einer der Schriftgelehrten stand dabei und hörte dem Gespräch zu. Er merkte, wie gut Jesus geantwortet hatte; deshalb fragte er ihn: »Welches von allen Geboten ist das wichtigste?« Jesus antwortete: »Das wichtigste Gebot ist dies: ›Höre, o Israel! Der Herr, unser Gott, ist der einzige Herr. Und du sollst den Herrn, deinen Gott, von ganzem Herzen, von ganzer Seele, mit all deinen Gedanken und all deiner Kraft lieben.‹ Das zweite ist ebenso wichtig: ›Liebe deinen Nächsten wie dich selbst.‹ Kein anderes Gebot ist wichtiger als diese beiden.« Der Schriftgelehrte erwiderte: »Das hast du sehr gut gesagt, Lehrer.«
> *Markus 12,30-32*

Es sind zwei Gebote, nicht eins. Zwei gegensätzliche Kräfte versuchen ständig, jeweils eines der Gebote auszulöschen. Die Säkularisierung tut sich schwer mit Gott und meint, einander zu lieben sei ausreichend. Die übergroße Spiritualität ist nicht am Menschen interessiert und glaubt, allein Gott sei genug. Aber Jesus macht sehr deutlich, dass einerseits beide Gebote zusammengehalten werden müssen, sie aber andererseits nicht vermischt werden dürfen. Denn er selbst ist die Inkarnation beider Gebote, wie es im Konzil von Chalcedon 451 formuliert wurde:

> Jesus Christus [...] ist wirklich Gott und wirklich Mensch aus einer vernünftigen Seele und einem Körper. Er ist dem Vater wesensgleich nach der Gottheit und derselbe uns wesensgleich nach der Menschheit [...], der in zwei Naturen, unvermischt, ungewandelt, ungetrennt, ungesondert, geoffenbart ist.

Auch die Liebe ist dreifaltig. Eine einzige Liebe äußert sich in drei Richtungen: die Liebe zu Gott, die Liebe zu mir selbst und die Liebe zum Mitmenschen. Auch hier gilt es, sie nicht zu trennen, aber auch nicht zu vermischen. Wir neigen oft dazu, die Liebe zu uns selbst zu überspringen und uns allein den anderen beiden Arten der Liebe zuzuwenden. Doch ein Mensch, der sich selbst nicht lieben kann, wird es auch schwer haben, andere zu lieben. Wen erleben wir als den großen Egoisten, der den Raum ausfüllt und allen anderen die Luft zum Atmen nimmt? Ist es jener, der sich selbst gegenüber zu viel Liebe empfindet und deshalb alle anderen vergisst?

Nein, viel eher jener, der sich selbst zutiefst verachtet und deshalb ein unstillbares Bedürfnis nach der Aufmerksamkeit und Bestätigung anderer hat. Nur die, die sich selbst akzeptieren und wertschätzen, benötigen diese Projektion nicht und können andere auf gleiche Weise wie sich selbst willkommen heißen.

ECHTE LIEBE ÄUSSERT SICH IN DREI RICHTUNGEN: DIE LIEBE ZU GOTT, DIE LIEBE ZU MIR SELBST UND DIE LIEBE ZUM MITMENSCHEN.

Dazu sind wir berufen. Dies ist der Mittelpunkt, der alles andere zusammenhält. Das ist die Quelle, die all unserer Arbeit Leben schenkt. Dies ist auch der Kompass, mit dessen Hilfe wir im Wirrwarr aller theologischen Ansichten und alles religiösen Funktionierens navigieren können. Vor jedem Entschluss, sowohl im privaten Bereich als auch in der Gemeindearbeit, können wir uns ausgehend von diesen beiden Geboten drei wegweisende Fragen stellen:

1. Hilft uns das, Gott besser kennenzulernen und zu lieben?
2. Hilft uns das, uns selbst und unsere Bedürfnisse ernst zu nehmen?
3. Hilft uns das, andere Menschen mehr zu lieben und besser zu dienen?

Vorsichtig geschätzt dürfte sich sowohl unser eigenes Leben als auch das der Gemeinde ziemlich verändern, wenn wir an jeder Wegkreuzung diesen Kompass ablesen und entsprechende Beschlüsse fassen würden. Weiterhin vermute ich, dass wir recht oft gezwungen sein würden, unsere Lieblinge zu opfern, wenn Projekte und Ideen, die großartig erscheinen, uns bei näherer Betrachtung doch eher an unserer Berufung hindern würden.

Wer hat uns zu dem Irrglauben verführt, dass Gott unser Leben verkompliziert?

3

FREI, ARM UND DIENSTBEREIT

Das Wie geistlicher Führung

Gegen Ende des ersten Jahrtausends nach Christus war die christliche Kirche in Westeuropa in bedauernswertem Zustand. Politische Unruhen hatten die Kirche in die Arme von Fürsten und Königen getrieben, nur um überleben zu können. Und wie immer hing am Schutz der Obrigkeit ein großes Preisschild. Für die Machthaber waren Kirchen und Klöster Quellen ökonomischer Einnahmen und geistlicher Legitimation. Priester und Bischöfe wurden politisch eingesetzt.

Theologische Kenntnisse und dementsprechend auch die Predigtinhalte waren in den Gemeinden äußerst dürftig, da es für kirchliche Diener keine richtige Ausbildung gab. Die Gottesdienste dienten in erster Linie dem rituellen Segnen von Menschen und Äckern, mit geringer bis überhaupt keiner geistlichen Führung im christlichen Leben. Wäre die Kirche ein rein menschliches Projekt gewesen, wäre sie im Laufe der Zeit langsam verwittert und untergegangen.

Der Kirchenhistoriker Kevin Madigan schreibt:

> Überall war das kanonische Gesetz der Kirche unbekannt oder man scherte sich nicht darum. Kirchenämter wurden gekauft und verkauft. Die Priester lebten ohne sexuelle Moral. Säkulare Herrscher setzten Bischöfe und Äbte ein. Sie bauten sogar Privatkapellen ohne Aufsicht von Bischöfen oder geweihten Priestern. Unter diesen Bedingungen war es unmöglich zu sehen, dass die Christenheit auf der Schwelle zu einer epochalen Erneuerung stand.[13]

In allen Bereichen der Kirche, vom kleinen Kloster in der Peripherie bis hin zur Kurie in Rom, begann man davon zu sprechen, dass es dringend notwendig sei, sich aus dieser babylonischen Gefangenschaft unter den politischen Mächten zu befreien. Ein großer Schritt war die Gründung des Klosters von Cluny in der französischen Bourgogne im Jahr 909. Das Kloster wurde zu einem wichtigen Zufluchtsort vor politischen Übergriffen. Im Laufe der Zeit baute es ein Netzwerk mit 500 bis 2000 Tochterklöstern (es liegen unterschiedliche Zahlen vor) auf, die sich über große Teile Europas verteilten.

Wichtige Antriebskraft dieser Bewegung war die Rückkehr zum Neuen Testament. Sowohl die rituellen Gottesdienste als auch die theokratische Geistlichkeitskirche hatten sich lange Zeit vor allem auf das Alte Testament berufen. Nun kehrten immer mehr Menschen zu den Evangelien und dem Bild einer Kirche zurück, die sich durch Freiheit, Armut und Dienstbereitschaft auszeichnet. *Vita apostolica* war ein Ausdruck, der in den unterschiedlichsten Zusammenhängen gebraucht wurde. Ausgehend von Jesu Lehre über Besitzlosigkeit, Zölibat um des Himmelreichs willen und Gehorsam hatte man lange geglaubt, die Apostel seien Mönche gewesen. Aber hatten die Apostel wirklich in Klöstern gelebt?

An vielen Stellen und zu unterschiedlichen Zeiten begannen die Menschen, christliche Führung neu zu interpretieren – nicht mehr wie zuvor an lokale Klöster gebunden. 1173 brachte Jesu Wort einen jungen und erfolgreichen Kaufmann aus Lyon dazu, alles zu verkaufen und den Armen zu geben. Waldes, so hieß er, gab seiner Frau genug, um davon leben zu können, und seinen Töchtern eine Mitgift, die diese bald darauf mit ins Kloster nahmen. Den Rest seines Vermögens verteilte er auf den Straßen von Lyon. In der Nachfolge der Apostel begann er anschließend umherzuwandern und zu predigen. Als große Neuerung besorgte Waldes sich Übersetzungen der Evangelien in die Volkssprache und predigte daraus.

Von Beginn an unterstützte der Papst Waldes in seiner radikalen Armut. Problematisch wurde es allerdings, als er nicht aufhören wollte zu predigen. Die Angst vor den damaligen »Katharern« (daraus abgeleitet der Begriff Ketzer) in Südfrankreich führte dazu, dass die Kirche allen Laienpredigern als potenziellen Irrlehrern entgegenarbeitete. Der Konflikt eskalierte und schließlich wurden Waldes und seine Mitstreiter aus der Kirche ausgeschlossen, die sie überhaupt nicht verlassen wollten.

Einige Jahrzehnte später beschritt der junge Sohn eines italienischen Kaufmanns den gleichen Weg. Wie Waldes wollte auch Franziskus ein apostolisches Leben führen. Aus verschiedenen Gründen wurde er von der Kirche akzeptiert. Das Treffen zwischen diesem bettelarmen Apostel der Gewaltfreiheit und Papst Innozenz III, der eine eigene Armee besaß, die an den Katharern Völkermord beging, gehört zu den unglaublichsten Ereignissen der Kirchengeschichte. Nachdem er anfänglich beschlossen hatte, Franziskus abzuweisen, hatte der Papst einen Traum, in dem er die Lateranbasilika einstürzen sah und eine einsame zerlumpte Gestalt ihr zur Hilfe eilte.

DIE BETTELORDEN GESTALTETEN EINE KIRCHE, DIE VON FREIHEIT, ARMUT UND DIENSTBEREITSCHAFT GEPRÄGT WAR.

Der Rest ist Geschichte. Die Franziskaner und ihr spanischer Schwesternorden der Dominikaner revolutionierten die Sicht auf Kirche und Mönche im 13. Jahrhundert. Sie predigten auf den Straßen, sie lehrten die Menschen in ihrer eigenen Sprache, was es heißt, Christus im täglichen Leben nachzufolgen, und sie hielten sich nicht mit der Verwaltung von Ländereien und großen Klosteranlagen auf. Wie ein Lauffeuer breiteten sich die Bettelorden in Europas aufstrebenden Städten aus.

Und so wie vorher vielerorts die Mönche und Klöster die Kirche verkörpert hatten, bekam die Kirche nun ein anderes Gesicht. Die Leitung prägt die DNA der Kirche. Wie die Leitung, so die Kirche. Trotz all ihrer Fehler und internen Konflikte gestalteten die Bettelorden eine Kirche, die von Freiheit, Armut und Dienstbereitschaft geprägt war.

Verwirrendes Bibelverständnis

In seiner Kurzfassung im Markusevangelium lautet der zentrale und grundlegende Text dieser Bewegung so:

> Er rief seine zwölf Jünger zu sich, sandte sie jeweils zu zweit aus und gab ihnen die Vollmacht, böse Geister auszutreiben. Er befahl ihnen, nichts mitzunehmen außer einem Wanderstab – keine Nahrung, keine Tasche, kein Geld. Sie sollten Sandalen anziehen, aber kein zweites Hemd bei sich tragen. »Wenn ihr in ein Dorf kommt, seid immer nur in einem Haus zu Gast«, sagte er. »Und wenn ihr in einem Dorf nicht willkommen seid oder man nicht auf euch hören will, dann schüttelt den Staub von euren Füßen, wenn ihr geht. Das ist das Zeichen, dass ihr dieses Dorf sich selbst überlasst.« Dann zogen die Jünger los und forderten die Menschen auf, sich von ihren Sünden abzukehren. Sie trieben viele Dämonen aus und salbten viele Kranke mit Öl und heilten sie.
> *Markus 6,7-13*

Dieser Text ist ein Paradebeispiel dafür, wie ein buchstabentreues Bibelverständnis eine ganze Welt für uns verschließen und eine unglaublich wichtige Anweisung zum Thema Kirchenführung in die Randnotizen der Geschichte abschieben kann. Die Anleitung, die Jesus hier gibt, wurde zu lange von viel zu kleinen und begrenzten Bildern und Interpretationen blockiert. Deshalb verstehen wir nicht, dass Jesus hier von uns spricht.

Dämonenaustreibung wird entweder mit dem sagenumwobenen Amt des Exorzisten in der katholischen Kirche oder mit besonders charismatischen Predigern in Verbindung gebracht. Also nichts, was zu unseren Erfahrungen im Alltag als Christen gehört. Der Verzicht auf Besitz gilt nur für Mönche und Nonnen, also nicht für Otto Normalbürger. Beim Thema Heilung denken wir auch gleich an charismatische Zusammenhänge oder sind generell skeptisch. Auch mit einem umherziehenden Lebensstil können wir uns nicht identifizieren. Also lesen wir den Text wie eine interessante Beschreibung der ersten Apostel, der uns heute aber nichts mehr zu sagen hat.

Aber Jesus überreicht uns einen Schlüssel zu dieser verschlossenen Schatzkammer und liest zu Beginn seines öffentlichen Auftretens ein Manifest für seinen Auftrag in dieser Welt. In der Synagoge seiner Kindheit erweckt er den uralten Text des Propheten Jesaja zum Leben:

> Der Geist des Herrn ruht auf mir, denn er hat mich gesalbt, um den Armen die gute Botschaft zu verkünden. Er hat mich gesandt, Gefangenen zu verkünden, dass sie freigelassen werden, Blinden, dass sie sehen werden, Unterdrückten, dass sie befreit werden und dass die Zeit der Gnade des Herrn gekommen ist.
> *Lukas 4,18-19*

Alles, was Jesus danach tut und sagt, muss von diesem Manifest her verstanden werden. Jesu Spuren lassen sich in den Erfahrungen der Menschen erkennen: Freiheit, Heilung und eine neue Lebensausrichtung. Das Erkennungszeichen des Reiches Gottes ist also nicht, dass Menschen komisch und weltfremd in ihrer Spiritualität werden, sondern dass sie sich in ihrer Menschlichkeit aufrichten und beginnen das widerzuspiegeln, was Gott sich bei seiner Schöpfung gedacht hat.

In diese Bewegung bezieht Jesus uns mit ein. Der norwegische Autor und Exerzitienleiter Edin Lövås definiert, was es bedeutet, Christ zu werden: »sich mit Jesus Christus und seinen Interessen in der Welt vereinen«. Das macht Jesus deutlich, als er seine zwölf Apostel aussendet. Gemeindeleiter zu sein bedeutet, anderen den Weg zu weisen. Wie Martin Lönnebo sagt: »Jesus ist der Anführer der Gemeinde. Wer ihm folgt, führt andere richtig.«

Das heißt auch, dass Geister- und Heilungslehren, die zur Verwundung von Menschen und Zersplitterung von Gemeinden führen, diesem Text nicht gerecht werden, egal wie buchstäblich man ihn auslegt. So sagt Jesus in der Bergpredigt: »Ihr seht, man erkennt sie an ihren Früchten« (Matthäus 7,20). Wenn man spürt, wie sich die Schultern entspannen und man ruhiger atmet, wenn man erfährt, wie Wunden und Beziehungen heilen, und wenn man merkt, wie man langsam frei wird von den Mächten, die man vergeblich zu vertreiben versucht hat – dann weiß man, dass man es mit dem lebendigen Jesus von Nazareth zu tun hat. Wenn diese Kennzeichen fehlen, steht man wahrscheinlich unter anderen Einflüssen und sollte weiteren Kontakt vermeiden.

Heilung und Befreiung

Alles beginnt mit dem ersten Satz: »Er rief seine zwölf Jünger zu sich …« Sie werden zu Jesus, nicht zur Arbeit gerufen. Wir sind in eine tiefe, persönliche »Ich-Du«-Beziehung zu Jesus gerufen. So tief, dass Paulus den Ausdruck »*in Christus*« dafür verwendet.[14] Dieser Weg beginnt immer damit, dass wir mit unseren Fragen und Problemen zu Jesus kommen und erfahren, dass er unsere tiefste Sehnsucht beantwortet. Der Anfang besteht nicht darin, dass wir unser Ich verstecken und uns einer Art »Spiritualität« zuwenden. Wir kommen mit unseren Wunden, unserem Sehnen, unserer Sünde, unserer Stärke und unserer Schwäche zu ihm. Und wir erfahren, dass Jesus in unser Leben einzieht.

Auf dem Weg ergibt sich dann eine Schwerpunktverschiebung, die sich sowohl beim Lesen der Evangelien als auch in den eigenen Erfahrungen erahnen lässt. Es ist nicht so, dass das eigene Ich ausradiert wird oder die eigenen Fragen zum Verstummen gebracht werden. Stattdessen richtet sich die Aufmerksamkeit mehr und mehr auf den Meister: Was will er? Wohin geht er? Was tut er? Wofür brennt er? Wie kann ich daran teilhaben?

Diese Schwerpunktverschiebung wird auch in der Fortsetzung jenes ersten Satzes deutlich: »Er sandte sie jeweils zu zweit aus und gab ihnen die Vollmacht, böse Geister auszutreiben.« »Wie der Vater mich gesandt hat, so sende ich euch« (Johannes 20,21). Das ist keine Kreditkarte, mit der wir uns davonmachen und über die wir frei verfügen können, als wäre Jesus der Schlüssel zu unserem persönlichen Führungsimperium. Es ist eine Vereinigung mit Jesus selbst, untrennbar verbunden mit ihm selbst und seiner Agenda aus Nazareths Synagoge.

WIR SIND NICHT GESANDT, UM UNS MACHT ÜBER ANDERE MENSCHEN ANZUEIGNEN, SONDERN UM MENSCHEN VON DEN MÄCHTEN ZU BEFREIEN, DIE SIE FESSELN.

Er gab ihnen Macht über die Dämonen – nicht über die Menschen. Dieser kleine Unterschied bedingt den himmelweiten Unterschied zwischen religiösem Machtmissbrauch und Teilhabe an Jesu Sendung in der Welt. Der Mensch ist nicht gesandt, um sich Macht über andere Menschen anzueignen. Der Mensch ist gesandt, um Menschen von den Mächten zu befreien, die sie fesseln.

Das setzt voraus, dass wir selbst als Erste diese Freiheit gekostet haben. Allzu oft wurde die Autorität von Leitern als Werkzeug missverstanden, das unabhängig vom Leben des jeweiligen Leiters eingesetzt werden kann. Deshalb gibt es so viele tragische Beispiele von mehr oder weniger dramatischen Doppelleben, weil derjenige, der eigentlich anderen die Befreiung verkündigen sollte, selbst von

Mächten und Missbrauch geplagt war, sich aber weigerte, Seelsorge und andere Hilfe in Anspruch zu nehmen. Bis die Fassade schließlich bröckelte … und wiederum zu einem Hindernis für das Hören auf Jesu Wort wurde.

Dass Jesus ihnen Macht über die Dämonen gab, muss zuallererst bedeuten, dass sie selbst auf gewisse Art befreit wurden, bevor sie andere befreien konnten. Doch damit stechen wir oft in ein Wespennest kultureller Missverständnisse, wie das folgende Beispiel veranschaulicht:

Pastor X war zu Besuch bei einer befreundeten Gemeinde in Afrika und traf auf Menschen, die von Dämonen besessen waren. Diese wurden von den Priestern der Gemeinde mit einfachen und deutlichen Exorzismen behandelt, in denen den Geistern befohlen wurde, die jeweilige Person zu verlassen, die daraufhin frei wurde. Nach seiner Heimkehr in die ruhige und gut etablierte Gemeinde im Norden erlebt der Priester eine Glaubenskrise. Gibt es hier keine Dämonen? Oder sind wir hier nur zu feige? Was ist in der heutigen säkularen und postmodernen Gesellschaft eigentlich mit Befreiung gemeint?

Im Neuen Testament finden sich verschiedene Ausdrücke für die bösen Mächte: »Herrscher«, »Mächte«, »Kräfte«, »Herrschaften« und so weiter. Einige Vorschläge der schwedischen Bibelkommission können weiteren Aufschluss geben: »Das Wort bezieht sich auf die hochrangigen Engelfürsten, aber gleichzeitig auch auf das, was sie in der sichtbaren Welt bewachen: Himmelskörper, Elemente, Naturkräfte und politische Mächte. Es gibt keine klare Unterscheidung zwischen geistlichen Wesen und materiellen Kräften.«

Jesus sendet die Menschen aus, um in seinem Namen die destruktiven Mächte in der Form zu konfrontieren, in der sie sich manifestieren. Doch in unserem gut aufgeräumten Dasein, aus dem wir, wie aus dem Haus in Jesu Gleichnis, alle Dämonen vertrieben haben, kehren die Mächte natürlich in Gestalten zurück, die wir nicht bereit sind als Dämonen zu erkennen.[15] Einige Schlagworte: Arbeit. Geld. Internet. Betrieb. Partei. Soziale Medien. Konsum. Dazu zwei einfache Fragen:

1. Gibt es etwas, das mich zu etwas verleitet, was ich gar nicht will?
2. Gibt es etwas, das mich daran hindert, das zu tun, was ich zutiefst möchte?

Langsam erkennen wir, dass Mächte nicht nur exotische Wesen in irgendwelchen afrikanischen Dörfern sind, sondern ganz konkrete Einflussfaktoren in unserem eigenen Leben. Jesusnachfolge bedeutet also stets eine Mobilisierung aufseiten der Befreiung, wo nur jene, die selbst auf irgendeine Art frei geworden sind, denen helfen können, die sich nicht losreißen können. Statt nach einer Möglichkeit zu suchen, um die eigene geistliche Führungsposition zu stärken, geht es darum, wie der blinde Bartimäus die niedrigste Position absoluter Abhängigkeit von Jesus einzunehmen und zu rufen: »Jesus, Sohn Davids, hab Erbarmen mit mir!« (Markus 10,48).

In ähnlicher Weise ist auch Heilung etwas Exklusives und Spektakuläres geworden, womit nur wenige Erfahrung haben, statt einfach der heilsame Einfluss zu sein, der von einer Person ausgeht, die nahe bei Jesus lebt. Es ist wie mit den Dämonen: Sobald man den Blick nicht mehr von der buchstabentreuen Eingrenzung einschränken lässt, eröffnet sich ein so viel größeres Feld von Jesu Einfluss auf die persönliche Befreiung und Heilung. Es geht nicht darum, Gottes befreiende oder heilende Kraft zu entmythologisieren oder zu säkularisieren. Es geht darum, das Sichtfeld zu erweitern, um auch jene Bereiche zu sehen, in denen Mächte und Wunden viel zu lange ungestört die Kontrolle übernehmen konnten, weil man überzeugt war, dass es dabei einfach nicht um so alltägliche Dinge gehen könne.

Dynamisches Zusammenspiel

Vielleicht lassen sich die beiden Seiten christlicher Führung so zusammenfassen:

- **Berufung**: sich mit Jesus Christus und seinen Interessen in der Welt vereinen.
- **Sendung**: Menschen von allem befreien, was sie an einer Antwort auf ihre Berufung hindert.

Diese beiden Aspekte spielen dynamisch zusammen. Die Gefahr bei einer scharfen Trennung zwischen Berufung und Sendung besteht darin, dass das geistliche Leben in die Berufung verlagert und so zum Arbeitsmittel degradiert und letztlich säkularisiert wird. Wir sind mit Jesus Christus in der Berufung und in der Sendung vereint, sowohl im Gebet als auch in der Arbeit. Ziel ist nicht eine einseitige Hinwendung von der Berufung hinaus in die Welt, sondern ein dynamisches Zusammenspiel, in dem sich alles auf die Berufung zu Jesus Christus bezieht und alle Energie von dieser Beziehung ausgeht.

WIR SIND MIT JESUS CHRISTUS IN DER BERUFUNG UND IN DER SENDUNG VEREINT, SOWOHL IM GEBET ALS AUCH IN DER ARBEIT.

Dieses Zusammenspiel wird besonders deutlich bei Ignatius von Loyola und der 1540 von ihm gegründeten Bewegung, der Gesellschaft Jesu (Jesuiten). In einer Zeit großer Veränderungen, 300 Jahre nach Franziskus, war es wieder an der Zeit, der Kirche ein neues Gesicht zu geben. Das europäische

Weltbild war buchstäblich explodiert, als gänzlich neue Kontinente auf der Landkarte aufgetaucht waren. Der Humanismus hatte die mittelalterliche Gedankenwelt aufgemischt und die Renaissance stellte das Individuum auf neue Weise heraus. Der Buchdruck hatte die Kommunikation revolutioniert und neue Ideen verbreiteten sich so weit und breit wie nie zuvor.

Die Gesellschaft Jesu war ein apostolischer Orden und ließ die Vision der *vita apostolica* wieder aufleben: eine Gemeinschaft in Bewegung, die in Armut und Gehorsam den Menschen auf der ganzen Welt dienen sollte. So formulierte Ignatius es in der ursprünglichen Zielsetzung von 1540: »… die Gesellschaft wurde vor allem zu diesem Zweck gegründet: besonders nach dem Fortschritt der Seelen im christlichen Leben zu streben und den Glauben durch des Wortes Dienst, geistliche Übungen und Taten der Liebe zu verbreiten, und besonders durch die Unterweisung der Kinder und Menschen, die vom Christentum nichts wissen.«[16]

Um dies praktisch umzusetzen, strich Ignatius drei Elemente, die jahrhundertelang für Mönche selbstverständlich gewesen waren: Kloster, Stundengebet und Ornat. Die Inkulturation, die zum Merkmal der Diakonie und Missionsarbeit der Jesuiten wurde, setzte eine hohe Sensibilität für die umgebende Kultur und ein entsprechendes Anpassungsvermögen voraus. Hier zeigte Ignatius einen beinahe sakramentalen Respekt für die geistliche Bedeutung der Arbeit. Sowohl er als auch nachfolgende Leiter kamen oft in Konflikt mit Brüdern, die fanden, dass sie viel zu wenig Zeit zum Beten und viel zu viel zu tun hatten. Sein Sekretär Juan de Polanco schreibt in einem Brief 1551:

> Mir ist aufgefallen, dass [Ignatius] lieber dazu ermutigt, Gott in allem zu finden, als lange Zeit im Gebet zu verbringen. Diesen Geist will er auch bei den Mitgliedern der Gesellschaft sehen:

> Wenn möglich, soll in jeder Liebeshandlung oder jedem Gehorsamsschritt genauso viel Andacht liegen wie in Gebet und Meditation. Die Brüder sollen nichts aus einem anderen Grund tun als aus Liebe und Dienst an Gott unserm Herrn.[17]

Erst wenn der Ruf zu Christus alles durchdringt, kann die Arbeit ein genauso guter Treffpunkt mit Gott sein wie das Gebet. Wenn dieser Fokus fehlt, wird die Arbeit eher zur Flucht vor dem Gebet und wir landen auf abschüssigem Boden Richtung Säkularisierung. Deshalb müssen wir ständig zum Gebet zurückkehren, um Christus auch in der Arbeit mit offenem Herzen begegnen zu können.

Die verderbliche Tyrannei der Augen

Jesus sandte die Apostel ohne eine Habe aus. Heute wandern die Blicke ängstlich zum Auto, dem Bankkonto, der Büchersammlung und der teuren Garderobe und wir fragen uns, was der Text mit uns zu tun hat. Wieder gilt es, den Blick zu weiten, ohne ihm gleichzeitig die Deutlichkeit in Bezug auf all das, was wir eigentlich nicht benötigen, zu nehmen.

Possessiveness ist ein schwer zu übersetzender Begriff aus dem Englischen. Er beschreibt die Neigung, sich an Besitztümern festzuklammern, sich selbst und dem Eigentum ein Monument zu errichten. – Oder auch Gottes Gaben als Selbstverständlichkeit zu erachten, auf die wir ein Anrecht haben und über die wir verfügen können. Es spielt keine Rolle, ob es dabei um die Ausbildung, die spirituelle Begabung, Erfolge und Positionen oder um Besitz und Geld geht. Oftmals fällt es viel schwerer, sich von unsichtbarem Reichtum zu befreien. Dabei kann dieser in der Nachfolge Jesu ebenso hinderlich sein.

Prestige ist ein weiterer Begriff, der die heimtückische Versuchung beschreiben kann, die eigene Identität aus all unseren Qualifikationen, Diensten und der Resonanz unserer Umgebung zusammenzusetzen. Jesus hebt in der Bergpredigt zwei Mächte hervor, die mit Gott um die Herrschaft in unserem Leben konkurrieren: Geld und die Meinung der Mitmenschen. Er sagt deutlich, dass Mächte dieser Art niemals gleichberechtigt zusammenarbeiten können. Die Frage ist immer, wer die Macht hat und wer sich unterordnen muss:

> Niemand kann zwei Herren dienen. Immer wird er den einen hassen und den anderen lieben oder dem einen treu ergeben sein und den anderen verabscheuen. Ihr könnt nicht gleichzeitig Gott und dem Geld dienen.
> *Matthäus 6,24*

Dass dieses Prinzip nicht nur für das Thema Geld gilt, ergibt sich aus dem Gedankengang des Textes. Jesus empfiehlt all jenen, die sich von der »verderblichen Tyrannei der Augen« loslösen wollen, die klassischen geistlichen Übungen: Almosen, Gebet und Fasten. Was die Mitmenschen von uns denken, kann bekanntermaßen ebenso viel Druck ausüben wie Geld und ebenso verheerende Auswirkungen auf geistliche Führung haben, sodass diese schließlich nur noch auf uns selbst und nicht mehr auf Christus deutet. Die Frage nach unserem Prestige stellt uns vor die gleiche radikale Wahl wie Geld: Entweder definiert der Vater, wer ich bin, oder andere Menschen.

ENTWEDER DEFINIERT DER VATER, WER ICH BIN, ODER ANDERE MENSCHEN.

Jesus zeigt den Weg zur Freiheit: der ständigen Jagd nach Bestätigung den Rücken zuzukehren und stattdessen das Antlitz des Vaters im Verborgenen zu suchen. Dies ist der einzige Spiegel, in dem wir in den richtigen Proportionen erscheinen.

Wenn Jesus von Besitzlosigkeit spricht, ist dies also keine Bürde, sondern Freiheit. Wer sich mit Jesus unter seinem Freiheitsmanifest aus der Synagoge von Nazareth vereint, kann nicht selbst vom Reichtum verblendet sein, sei dieser nun materieller oder geistlicher Art. »Selig sind, die da geistlich arm sind; denn ihrer ist das Himmelreich«(Matthäus 5,3; LUT). Das ist nicht nur der Schlüssel zur Bergpredigt, sondern auch zu allem christlichen Leben und aller Führung.

Nur der Arme kann empfangen. Solange wir noch in der Illusion von eigenem Reichtum und Selbstgenügsamkeit leben, wird Empfangen weiterhin ein Luxusgut bleiben. Erst wenn die Illusion zerplatzt und wir die Wahrheit über uns selbst akzeptieren, können wir die Gnade wie das tägliche Brot annehmen. Dann landet sie auch nicht im eigenen Vorrat, sondern kann freien Herzens weitergegeben werden an jene, die sie benötigen.

Es scheint einleuchtend, dass Ignatius in seinen Anweisungen an seine Mitbrüder diesen Zusammenhang zwischen innerem und äußerem Reichtum herstellte:

> Armut ist wie eine Festung um die Ordensgemeinschaft herum. Um sie am Leben und in guter Ordnung zu halten und gegen viele Feinde verteidigen zu können und weil der Teufel sich genauso darum bemüht, diese Festung zu stürzen, ist es für den Zusammenhalt dieser Gemeinschaft von äußerster Wichtigkeit, dass jeder Anflug von Gier von uns vertrieben wird.[18]

Direkt im Anschluss heißt es: »Auch für das Wohlbefinden der Gesellschaft ist es von äußerster Wichtigkeit, mit großer Ausdauer allen Ambitionen vorzubeugen, die der Grund für alles Böse in allen Gemeinschaften und Gemeinden sind.«[19] Sollte beispielsweise jemand Interesse daran zeigen, Vorsteher der Jesuiten zu werden, ist diese Person laut Satzung unmittelbar von der Liste denkbarer Kandidaten zu streichen.[20] Es gilt, wie Jesus sagt, den Preis zu berechnen, bevor man sich in die Nachfolge begibt:

> Denn wer würde mit dem Bau eines Hauses beginnen, ohne zuvor die Kosten zu überschlagen und zu prüfen, ob das Geld reicht, um alle Rechnungen zu bezahlen? [...] Oder welcher König käme je auf den Gedanken, in den Krieg zu ziehen, ohne sich zuvor mit seinen Beratern zusammenzusetzen und zu erörtern, ob seine Armee von zehntausend Soldaten stark genug ist, die zwanzigtausend Soldaten zu besiegen, die gegen ihn aufmarschieren?
> *Lukas 14,28-33*

Dann wird es paradox: »Genauso kann auch niemand mein Jünger sein, ohne alles für mich aufzugeben.« Es besteht also nicht jener die Herausforderung, der ausreichend Besitz, Wissen und Macht angesammelt hat, sondern jener, der all sein Eigentum loslässt. Denn Jesus ist all unser Reichtum und unsere Kraft. Er allein.

Jede Form von Besitz fördert Angst; dass man alles verlieren könnte, was man besitzt, dass andere mehr haben könnten als man selbst. Eine reiche Kirche ist immer ängstlicher als eine arme und hat immer mehr Angst vor Veränderungen, weil sie viel zu verlieren hat. Eine arme Kirche ist kreativer, traut sich, Risiken einzugehen und neue Schritte zu wagen, weil sie nicht viel zu verlieren hat. Und wie immer sind es die Leiter, die mit ihrem eigenen Lebensstil die Kirche prägen.

Wie lang muss ich bleiben?

Es folgen schließlich die etwas merkwürdigen Anweisungen, dass die Apostel bis zu ihrem Weiterziehen in einem Haus bleiben sollen und dass sie sich abwenden sollen, wenn man sie nicht empfängt. Was hat das mit uns zu tun, fragen wir uns – bis uns aufgeht, wie viel Zeit und Energie Gemeindemitarbeiter in ebendiese Problematik investieren: Wie lange soll ich in dieser Gemeinde bleiben? Sollte ich mich vielleicht nach einem anderen Job umsehen? Warum sollte ich hierbleiben, wenn ich nur Gegenwind bekomme?

Wie so oft baut Jesus seine Lehre zwischen zwei Polen auf, die in einem paradoxen Gegensatz zu stehen scheinen. Dies ist bis auf das Heil bringende Paradox seiner eigenen Person zurückzuführen: wahrer Gott und wahrer Mensch. Die Wahrheit liegt im Zusammenspiel beider Komponenten. Nimmt man eines weg, ergibt auch das andere keinen Sinn mehr, und die Dynamik geht verloren. Also:

1. Bleiben

Jesu erste Anweisung in diesem Text ist das Gegenstück zu dem ersten ursprünglichen Klosterversprechen: *stabilitas.* »Zieht nicht von Haus zu Haus«, sagt er im Lukasevangelium (10,7). Ich erinnere mich an einen Mann, der vor vielen Jahren an unseren Exerzitien teilnahm. Schon am ersten Tag kam er zu einem Einzelgespräch und fragte mich: »Wann fährt der erste Bus von hier?«

Ich ahnte, dass seine übliche Rastlosigkeit ihn wieder einmal zur Flucht trieb, und erklärte ihm, dass ich ihn nicht zwingen könne zu bleiben, aber dass er vermutlich einen wichtigen Sieg über sich selbst

> ICH WEISS, WIE KRAFTVOLL GOTT WIRKEN KANN, WENN WIR AUFHÖREN ZU FLIEHEN UND DEN ORT DER STILLE BETRETEN.

erringen würde, wenn er für die ganze Zeit bleiben würde. »Ich werde es mir überlegen«, sagte er und ging.

In der Abschlussrunde am letzten Tag sagte er: »Ich will hier nicht weg.« Was ihm in diesen Tagen widerfahren war, erzählt die Geschichte nicht, aber ich weiß sowohl aus eigener Erfahrung als auch aus unzähligen Gesprächen, wie kraftvoll Gott wirken kann, wenn wir endlich aufhören zu fliehen und den Ort der Stille betreten, vor dem wir uns so gefürchtet haben. Und jedes Mal sind wir aufs Neue verwundert, dass schon jemand vor uns dort ist.

Solange wir von unserer Rastlosigkeit und Angst vor Prestigeverlust getrieben sind, zeigen wir uns selbst und anderen nur, wie unfrei wir sind, und werden es schwer haben, andere zur Freiheit zu führen. Das Grundprinzip hier ist also zu *bleiben*. Wer das Johannesevangelium liest, entdeckt reichhaltige Meditationsthemen in dem regelmäßig auftauchenden Wort im Grundtext: *menein*. Es wird normalerweise mit »verbleiben, dableiben« übersetzt.

In unserer ergebnisorientierten Kultur ist es bemerkenswert, dass Jesus seinen Aposteln befiehlt, in dem jeweiligen Haus zu bleiben, »bis ihr weiterzieht«. Also nicht, bis alle zum Glauben gefunden haben oder bis ihre Glaubensziele erreicht oder ihre Visionen verwirklicht sind. Es wird in dem ganzen Text überhaupt nichts von Resultaten gesagt, nichts von Quantität oder Statistik. Alles dreht sich offenbar darum, Christi Sendung treu zu sein, mit der Freiheit von der Ergebnisfixierung, die er selbst bewirkt.

Achten Sie darauf, wie Jesus selbst innerhalb dieses Textes agiert. Er ist in seiner vertrauten Heimatstadt und ist verwundert darüber, wie enorm der Widerstand gegen das neue Gedankengut ist. Ein dicker Teppich von alten Zöpfen und vorgefertigten Sätzen führt dazu, dass niemand darauf hört, was er eigentlich sagt oder wonach er fragt – was er eigentlich will.

«Und sie ärgerten sich über ihn.« Nicht weil er irgendetwas Skandalöses gesagt oder getan hätte, sondern nur weil er als so gewöhnlich und vertraut wahrgenommen wurde, dass niemand seine Herrlichkeit erkennen konnte. Da verließ er die Stadt »und er wunderte sich über ihren Unglauben« (Markus 6,1-6).

2. Weitergehen

Nicht nur Rastlosigkeit hält uns gefangen. Wir können unsere Freiheit auch verlieren, indem wir uns an eine Position klammern, die nicht länger zu halten ist, oder eine Führungsposition verteidigen, die wir im Grunde genommen schon längst verloren haben. Oder indem wir uns weigern, Beziehungen zu beenden, bei denen jede Voraussetzung für Vertrauen und Kommunikation fehlt. In diesem Fall verschwenden wir nur Energie, wenn wir bleiben, und verschleißen uns selbst und andere. Hier zeigt sich, welche Macht das Bedürfnis nach Bestätigung über uns haben kann. Umso befreiender kann es sein, unser Prestige loszulassen. Es sind nicht *meine* Schafe. Ich habe die Freiheit, sie dem Guten Hirten zu überlassen.

Die Wüstenväter betonen immer wieder die *stabilitas*. Sie ist die Wiege der Spiritualität, die so stark auf Verwurzelung ausgerichtet ist und die Flucht ablehnt, dass sie manchmal als »Spiritualität der Zelle« bezeichnet wird. Ein Rat für junge Mönche und Nonnen konnte so aussehen: »Bleib in deiner Zelle, sie wird dich alles lehren.«[21] Viele Ratschläge der Wüstenväter handeln von der Überwindung der *Acedia*, der Trägheit, Langeweile und Gleichgültigkeit, die sich so leicht wie ein Jucken in die Seele schleicht und uns von dem abhält, was wir eigentlich mit unserem Leben anfangen wollten. Doch es gibt auch eine Zeit weiterzuziehen, wie folgende Erzählung bestätigt:

> Ein Bruder kam zu Abba Poimen und sagte: »Meine Seele nimmt Schaden davon, dass ich mit meinem jetzigen spirituellen Vater zusammenwohne. Was befiehlst du mir zu tun? Soll ich bei ihm bleiben?« Nun wusste Abba Poimen, dass die Seele des Bruders von jenem Pater Schaden nehmen würde, und er war verwundert, dass er noch fragte, ob er bei ihm bleiben sollte. Er antwortete: »Wenn du bei ihm bleiben willst.« Der Bruder ging seines Weges und blieb bei seinem Pater. Doch er kam bald zurück und sagte zu Abba Poimen: »Dies ist eine schwere Bürde für meine Seele!« Trotzdem sagte Abba Poimen nicht, dass er seinen Pater verlassen sollte. Schließlich kam der Bruder ein drittes Mal und sagte: »Glaub mir, nun habe ich genug von ihm!« Da sagte der Ältere: »Siehst du, nun bist du gerettet. Verlass ihn.« Und Abba Poimen sagte zu dem Bruder: »Wenn ein Mensch merkt, dass seine Seele Schaden nimmt, muss er nicht um Rat fragen. Hat man heimliche Gedanken, fragt man um Rat, sodass der Älteste sie durchspielen kann. Aber wenn es sich um offensichtliche Sünden dreht, gibt es keinen Grund mehr zu fragen, dann wendet man sich sofort ab.«[22]

IM GLEICHGEWICHT GEBEN STABILITÄT UND REGSAMKEIT EINANDER ENERGIE.

Das grundlegend gültige Prinzip des Bleibens scheint also in allem, was eine befreiende Wirkung behindert, keine Wurzeln schlagen zu können. Es ist wie immer die Unterscheidung, die ausschlaggebend ist: Wann soll ich bleiben, sodass ich mich größtmöglich für Gottes Werk in meinem Leben und dem Leben anderer öffne? Wann soll ich weiterziehen, sodass ich Gottes Werk nicht im Weg stehe? Um Ignatius' klassisches Kriterium zu zitieren: Welche Alternative ist *ad maiorem Die gloriam*? Zu Gottes größerer Ehre? Diese Frage stellen zu können und auf die Antwort zu hören, setzt natürlich eine innere Freiheit voraus. Keine Waagschale darf zu sehr mit Angst oder dem Wunsch nach Ansehen belastet sein.

Zu viel *stabilitas*: Stagnation. Zu viel Regsamkeit: Ruhelosigkeit. Wenn beides in einem guten Verhältnis zueinander steht, entsteht jene heilvolle Regsamkeit, die nicht Flucht, sondern Gehorsam ist. Dann geben Stabilität und Regsamkeit einander Energie.

Ein dreifältiger Dienst

> Dann zogen die Jünger los und forderten die Menschen auf, sich von ihren Sünden abzukehren. Sie trieben viele Dämonen aus und salbten viele Kranke mit Öl und heilten sie.
> *Markus 6,12-13*

Umkehr, Befreiung und Heilung. Dieser dreifältige Dienst ist der Wohlgeruch Christi; das Erkennungszeichen jeder guten christlichen Leitung. Natürlich können wir uns das nicht einfach nehmen, es muss uns gegeben werden. Wie Paulus schreibt: »Ich würde es nicht wagen, auf etwas anderes stolz zu sein als auf Christus, der die anderen Völker durch mein Reden und Tun zu Gott geführt hat. Ich habe sie gewonnen durch die Wunder, die als Zeichen Gottes durch mich geschahen und durch die Kraft des Heiligen Geistes« (Römer 15,18-19). Loyal das tun, was uns aufgetragen ist, einen Schritt zurücktreten und Gott wirken lassen. Das Ergebnis liegt immer in seinen Händen, außer Reichweite des menschlichen Bedürfnisses, Punkte zu sammeln.

Diese drei Dienste – Umkehr, Befreiung und Heilung zu predigen – geben jenen drei Bereichen des Lebens Antwort, die nach dem Erlöser schreien: Sünden, Bindungen und Wunden. Auch hier gilt wieder die Regel von Chalcedon: nicht vermischen, nicht trennen. Wenn man sie beachtet, weisen diese drei Dienste eine gute Richtung für unseren eigenen Dienst.

1. Umkehr

Wenn das Grundproblem eines Menschen ist, dass er sich in sich selbst zurückgezogen hat, kann das Heilmittel für die Sünden nicht einfach Vergebung sein. Wenn Vergebung geschenkt wird, ohne dass der Mensch die Richtung in seinem Leben ändert, führt sie eher zu einer stärkeren Zurückgezogenheit. So schreibt auch Dietrich Bonhoeffer über die billige Gnade:

> Sie hat uns den Weg zu Christus nicht geöffnet, sondern verschlossen. Sie hat uns nicht in die Nachfolge gerufen, sondern in Ungehorsam hart gemacht. Oder war es nicht unbarmherzig und hart, wenn wir dort, wo wir den Ruf in die Nachfolge Jesu wohl einmal gehört hatten als den Gnadenruf Christi, wo wir vielleicht einmal die ersten Schritte der Nachfolge in der Zucht des Gehorsams gegen das Gebot gewagt hatten, überfallen wurden mit dem Wort von der billigen Gnade? Konnten wir dieses Wort anders hören, als dass es unseren Weg aufhalten wollte mit dem Ruf zu einer höchst weltlichen Nüchternheit, dass es die Freudigkeit zur Nachfolge in uns erstickte mit dem Hinweis, das alles sei ja nur unser selbst gewählter Weg, ein Aufwand an Kraft, Anstrengung und Zucht, der unnötig, ja höchst gefährlich sei? Denn: es sei ja eben in der Gnade schon alles bereit und vollbracht! Der glimmende Docht wurde unbarmherzig ausgelöscht.[23]

Deshalb knüpft Jesus die Vergebung an die Umkehr, an einen *Richtungswechsel*: »Es wurde vor langer Zeit aufgeschrieben, dass der Christus leiden und sterben und am dritten Tag auferstehen muss. Geht in seinem Namen zu allen Völkern, angefangen in Jerusalem, ruft sie zur Umkehr auf, damit sie Vergebung der Sünden erhalten« (Lukas 24,46-47). Ein konkretes Beispiel ist die Beichte. Wenn ein verheirateter Mann zur Beichte geht, um seine Affäre mit einer anderen Frau zu bekennen, sich aber weigert, die Beziehung zu beenden, würde die Vergebung seine Sünde nur bekräftigen, statt sie zu heilen. Gewiss braucht er Zeit, ehe er diesen Schritt gehen kann. Aber der Prozess wird nicht leichter, wenn er Vergebung erhält, ehe er sich umgewandt hat.

Ein anderes sehr konkretes Beispiel ist die Tatsache, dass die Apostel jeweils zu zweit ausgesendet wurden. Christliche Führung ist kein Alleingang, sondern ein gemeinsames Dienen. In unserer individualisierten Kultur ist es ein deutliches und unmissverständliches Zeichen, wenn Leiter zusammenarbeiten, um anderen Menschen aus ihrer Selbstgefälligkeit herauszuhelfen. Was die Menschen in der Beziehung zwischen den Leitern erkennen, kann einen ebenso großen Einfluss auf sie haben wie das, was die einzelnen Leiter ihnen geben.

In den beinahe 30 Jahren, in denen ich nun Exerzitien für Gemeindemitarbeiter leite, habe ich das nie allein getan. Wir sind immer mindestens zu zweit, manchmal auch mehr. Einerseits könnte ich dem Druck der Bedürfnisse und den Erwartungen der Menschen ohne die Hilfe der anderen alleine nicht standhalten. Andererseits können wir die heilende Wirkung unserer Beziehungen untereinander nicht überschätzen. Vielleicht sprechen unsere Beziehungen noch viel deutlicher als unsere Worte. Im Lauf der Jahre haben viele zum Abschied gesagt: »Ihr wirkt so eingespielt.«

Auch das ist eine Gnade, die wir nicht als selbstverständlich erwarten dürfen. Aber wir können uns bemühen, nicht in die Individualismus-Falle zu tappen.

2. Befreiung

Über den Einfluss böser Mächte wurde oben schon viel geschrieben. Auch darüber, dass Führungspersonen zuerst selbst die Befreiung suchen müssen, ehe sie versuchen können, anderen zur Freiheit zu helfen. Wenn wir selbst nicht frei sind, Hilfe zu suchen, können wir anderen nicht helfen. Wenn Angst, Verletzungen oder Unwissenheit uns daran hindern, selbst einen Seelsorger aufzusuchen oder im eigenen Interesse an Einkehrtagen teilzunehmen, sollten wir uns mit seelsorgerischen Tipps oder der Führung von Exerzitien zurückhalten.

Mächte können nicht durch Prinzipien, Ideen oder Einschätzungen besiegt werden, sondern nur von einer stärkeren Macht. In unserer Ära des Aberglaubens an Verstandeslösungen muss man ständig zum biblischen Realismus zurückkehren. Paulus schreibt: »Lass dich nicht vom Bösen überwinden, sondern überwinde das Böse durch das Gute!« (Römer 12,21). Durch das Gute, nicht durch das Recht, das immer dazu neigt, gegen das Böse zu verlieren.

Bei den Anonymen Alkoholikern ist der Wendepunkt erst erreicht, wenn der Alkoholiker erkennt, was seine Umgebung schon die ganze Zeit gesehen, er selbst aber immer verleugnet hat: »Ich komme hier nicht raus.« Erst wenn wir all die fruchtlosen Versuche aufgeben, uns selbst zu ändern, und die totale Abhängigkeit von Gottes Eingreifen in unser Leben erkennen, dann lässt der eiserne Griff langsam nach.

Und die Dämonen? Ja, vermutlich besiegt man sie ganz genauso. Der Kirchenvater Origines schreibt im 3. Jahrhundert:

> So wie ich es verstehe, rächen wir uns an den Dämonen, wenn ein Mensch, der von ihren Versuchungen, Götzen anzubeten, mitgerissen wurde, vom Wort des Herrn bekehrt wird und ihm die Anbetung zuteilwerden lässt, die er wert ist. Durch die Umkehr selbst wird der Verführer bestraft.[24]

3. Heilung

Wenn wir für einen Moment den Blick von der physischen Heilung lösen, ahnen wir, wie viele Bereiche unseres Lebens von unbehandelten Verletzungen bestimmt werden.

SOLANGE WIR UNSERE VERLETZUNGEN NICHT ERNST NEHMEN UND HEILUNG SUCHEN, AKTIVIEREN SIE DEN FLUCHTINSTINKT.

Solange wir diese Verletzungen nicht ernst nehmen und Heilung suchen, werden sie uns immer dazu bringen, zu fliehen. Weg von dem, was wir zutiefst ersehnen. Wie zutreffend ist der in der Seelsorge oft gebrauchte Satz: »Aus der Flucht vor dem Schmerz entspringt die Lebenslüge.« Das kann alles sein: von Rauschmitteln und Sexmissbrauch bis hin zu sozial eher akzeptierten Fluchtwegen wie Arbeitssucht und endlosen theoretischen Studien.

Und wieder muss der Leiter vorangehen und der Erste sein, der Verantwortung für seine Wunden übernimmt. Was Henri Nouwen darüber schrieb, gilt für alle christlichen Führungspersonen, auch wenn der Schmerz in seinem Fall in der besonderen Einsamkeit des Zölibats begründet liegt, den das katholische Priestertum von ihm verlangt:

> Wir sehen die Einsamkeit als Wunde des Priesters, nicht nur, weil er den Zustand der Menschlichkeit teilt, sondern weil sie ein Alleinstellungsmerkmal seines Berufs ist. Diese Wunde ist

er gerufen mit größerer Sorgfalt und Aufmerksamkeit zu verbinden, als andere es für gewöhnlich tun würden. Ein tiefes Verständnis seines eigenen Schmerzes ermöglicht es ihm, seine Schwäche in Stärke zu verwandeln und seine eigenen Erfahrungen als Quelle der Heilung all jenen anzubieten, die sich oft in der Dunkelheit ihres eigenen missverstandenen Leidens verloren fühlen.
Dies ist eine sehr schwere Berufung. Denn für einen Priester, der danach strebt, eine *Gemeinschaft* von Gläubigen aufzubauen, ist die Einsamkeit eine sehr schmerzhafte Wunde, die leicht zu verleugnen und zu vernachlässigen ist. Aber wenn der Schmerz einmal akzeptiert und verstanden wurde, ist die Verleugnung nicht länger notwendig, und er kann mit dem Dienst der Heilung beginnen.[25]

Es ist nicht so, dass die Heilung anderer Menschen von unserem eigenen Heilsein abhängt. Alle Heilung geht zuerst von Christus aus. Aber genau wie Mächte, mit denen wir uns nicht auseinandergesetzt haben, können auch Wunden, um deren Heilung wir uns nicht bemüht haben, uns und andere auf falsche Spuren führen. Und wie Nouwen sagt: Die Freiheit, die mir geschenkt wurde, und die Wunde, die geheilt ist, kann Türen für die Heilung anderer öffnen. Ich stehe dieser mit meinen eigenen Problemen nicht länger im Weg.

Und wie sieht es mit der physischen Heilung aus? So wie ich es verstehe, folgt diese der gleichen einfachen Regel wie alle Mission und Evangelisierung. Wir verkünden Christus nicht, weil wir überzeugt sind, dass 100 Prozent der Zuhörer sich bekehren werden. Wir verkünden Christus, weil er uns in die Welt gesandt hat, um ihn zu verkünden. Auf gleiche Weise beten wir nicht für Kranke, weil wir überzeugt wären, dass sie zu 100 Prozent genesen werden.

Wir beten für sie, weil Christus uns gesandt hat, dies zu tun. Wie in allem sind unsere Treue und Aufmerksamkeit auf ihn gerichtet, nicht auf unsere Ergebnisse.

Darin liegt unsere große Freiheit.

4

DAS PROBLEM MIT DEM BLINDEN AUGENARZT

Über geistliches Urteilsvermögen

Ich erzähle Ihnen eine dramatische Begebenheit der Wüstenväter. Sie hebt den Kernaspekt aller geistlichen Führung und die wichtigste Eigenschaft geistlicher Leiter hervor: *Urteilsvermögen*.

> Abba Antonius hörte von einem sehr jungen Mönch, der ein Wunder vollbracht hatte. Als er einige alte Männer mit Mühe den Weg entlanggehen sah, ließ er sie auf Wildeseln bis zu Abba Antonius reiten. Diejenigen, die auf diese Weise getragen wurden, erzählten dies Abba Antonius. Er sagte zu ihnen: »Dieser Mönch scheint mir wie ein voll beladenes Schiff, aber ich weiß nicht, ob er den Hafen erreichen wird.«
> Einige Zeit später fing Abba Antonios plötzlich an zu weinen, sein Haar auszureißen und laut zu klagen. Seine Schüler fragten ihn, warum er weinte, und er antwortete: »Eine große Säule unserer Kirche ist gerade gefallen (er meinte den jungen Mönch), aber geht und sucht ihn, um zu sehen, was mit ihm passiert ist.«
> Die Schüler gingen davon und fanden den Mönch auf einem Teppich sitzen, in Tränen aufgelöst über die Sünde, die er begangen hatte. Als er die Schüler des Alten sah, sagte er: »Sagt dem Alten, er soll bei Gott für mich nur um zehn Tage bitten, sodass ich mich bessern kann.« Doch nach fünf Tagen starb er.[26]

Der junge Mönch war spirituell sehr begabt und um ihn herum ist vieles passiert. Aber der erfahrene Abba Antonios ließ sich davon nicht beeindrucken. Er wusste, dass die entscheidende Frage nicht lautete, welche spirituellen oder intellektuellen Gaben der Mönch mitbrachte, sondern wie gut er navigieren konnte, um sein Ziel zu erreichen. Hier galt ein anderer Maßstab als ein vollständiger Lebenslauf: »Das Ende zählt.«[27]

Wenn das Urteilsvermögen fehlt, gewinnt Überspiritualität die Übermacht, wie man es durch die Jahrhunderte hinweg immer wieder erkennen kann: Menschen lassen sich von ihrer eigenen Spiritualität blenden und verlieren die Fähigkeit, zwischen Gut und Böse, Zentrum und Peripherie, göttlich und dämonisch zu unterscheiden. Oft fing es genauso an wie bei dem oben beschriebenen Mönch: mit einer überdurchschnittlichen Spiritualität. Aber wenn die Unterscheidungsgabe fehlt, verwandelt sich die Spiritualität früher oder später in Verrücktheit. So erzählt Cassian:

WENN DAS URTEILSVERMÖGEN FEHLT, GEWINNT ÜBERSPIRITUALITÄT DIE ÜBERMACHT.

> Es steht also außer Frage, dass keine Tugend ohne die Gnade der Unterscheidung ihre vollständige Blüte erreichen oder Versuchungen standhalten kann. Der selige Antonios und seine Mitbrüder waren sich einig, dass es die Unterscheidung ist, die den ausharrenden Mönch mit festen Schritten zu Gott führt und die die Tugenden bewahrt und zusammenhält. Denn die Unterscheidung ist Mutter, Wächter und Wegweiser der Tugenden.[28]

Die Erfahrungen aus der Wüste kamen über Cassian in den Westen zu Benedikt, der um 540 die Regel formulierte, die dem Klosterleben der westlichen Kirche zugrunde liegt. Durch die Jahrhunderte hindurch hat sie die Gestaltung von Gottesdiensten und geistlicher Führung enorm geprägt. Man muss nicht lange darin lesen, um die Lehren der Wüstenväter wiederzufinden. Wenn der Abt eines Klosters gewählt werden soll, wird nicht von seiner theologischen Ausbildung gesprochen. Ursprünglich musste er nicht einmal geweihter Priester sein. Die entscheidende Eigenschaft, über die ein Klostervorsteher verfügen musste, war Urteilsfähigkeit:

Der eingesetzte Abt bedenke aber stets, welche Bürde er auf sich genommen hat und wem er Rechenschaft über seine Verwaltung ablegen muss. Er wisse, dass er mehr helfen als herrschen soll. [...] Er sei selbstlos, nüchtern und barmherzig (Mt 13,52; 1Tim 3,2).
Immer gehe ihm Barmherzigkeit über strenges Gericht, damit er selbst Gleiches erfahre (Jak 2,13). Er hasse die Fehler, er liebe die Brüder. Muss er aber zurechtweisen, handle er klug und gehe nicht zu weit; sonst könnte das Gefäß zerbrechen, wenn er den Rost allzu kräftig auskratzen will. Stets rechne er mit seiner eigenen Gebrechlichkeit. Er denke daran, dass man das geknickte Rohr nicht zerbrechen darf (Jes 42,3). [...] Er suche mehr geliebt als gefürchtet zu werden. Er sei nicht stürmisch und nicht ängstlich, nicht maßlos und nicht engstirnig, nicht eifersüchtig und allzu argwöhnisch, sonst kommt er nie zur Ruhe. In seinen Befehlen sei er vorausschauend und besonnen. Bei geistlichen wie bei weltlichen Aufträgen unterscheide er genau und halte Maß. Er denke an die maßvolle Unterscheidung des heiligen Jakob, der sprach: »Wenn ich meine Herden unterwegs überanstrenge, werden alle an einem Tage zugrunde gehen« (Gen 33,13). Diese und andere Zeugnisse maßvoller Unterscheidung, der Mutter aller Tugenden, beherzige er.
So halte er in allem Maß, damit die Starken finden, wonach sie verlangen, und die Schwachen nicht davonlaufen.[29]

Klare Ziele, flexible Mittel

Tausend Jahre später treffen sich ein spanischer Theologiestudent und einige seiner Freunde am Montmartre in Paris. Nach viel Gebet und Reflexion erwächst in der Gruppe der Beschluss, eine apostolische Gemeinschaft »in Jesu Gesellschaft« zu gründen – die Urzelle des Jesuitenordens erblickt das Licht der Welt.

Auf einer Linie mit Cassian und Benedikt setzt auch Ignatius die Unterscheidungsfähigkeit ins Zentrum seines Führungsverständnisses; sowohl in der persönlichen Wegbegleitung, deren Prinzipien er im Buch *Geistliche Übungen* festhält, als auch in seiner Führung des wachsenden Jesuitenordens mit seinem globalen Missionsauftrag.

Die persönliche Wegbegleitung anhand der *Geistlichen Übungen* baut auf die Fähigkeit des Wegbegleiters, in allen Bereichen zwischen menschlich und geistlich zu unterscheiden. »Die Übungen sollen den Voraussetzungen angepasst werden, über die die Person, die die Übungen durchführen möchte, verfügt«[30], schreibt Ignatius und führt damit ein Prinzip ein, das konsequent bei allem gilt, was er tut: Sei klar im Ziel und flexibel in der Wahl der Mittel.

Dieses Urteilsvermögen ist nötig, wenn der geistliche Wegbegleiter das beurteilt, was den ihm anvertrauten Menschen bewegt. Als Hilfestellung dafür hat Ignatius »Regeln (formuliert), um sich in gewissem Grad mit den verschiedenen Regungen, die in der Seele hervorgerufen werden, zu identifizieren und sie kennenzulernen: die guten, um zu empfangen, und die bösen, um abzuweisen«.[31]

ES GEHT UM EINE TIEFE LIEBE ZU GOTT UND DEN MENSCHEN ALS ENTSCHEIDENDEN KOMPASS.

Wenn man die Regeln der Jesuiten liest, erkennt man rasch die gleiche Dynamik zwischen klaren Zielen und der vernünftigen Anpassung an Person, Zeit und Ort. Genau diese Fähigkeit zu unterscheiden, was wesentlich ist und deshalb bewahrt werden muss und was weniger wichtig ist und deshalb geändert werden kann, trug dazu bei, dass die Missionseinsätze der Jesuiten beispielsweise in Südamerika, Indien und China vor allem im 17. Jahrhundert so unvergleichlich erfolgreich waren.

Ihre Einsicht in die Sprache und Ausdrucksformen der lokalen Kultur half ihnen, Möglichkeiten zu sehen, wo andere nur Hindernisse sahen. Was sie »Inkulturation« nannten, war eigentlich Inkarnation: Das Wort wurde Fleisch.

Wenn Ignatius die Eigenschaften des Ordensvorstehers beschreiben soll, betont er genau wie Benedikt die Gabe des Urteilens:

> … er soll reich an Vernunft und Urteilsvermögen sein, sodass ihm beides nicht fehlt, wenn theoretische oder praktische Fragen aufkommen. Selbst wenn die Ausbildung für jemanden, der so viele Ausgebildete leiten soll, sicherlich wichtig ist, ist Weisheit gepaart mit der Erfahrung geistlicher und innerer Wirklichkeiten dennoch wichtiger, um die verschiedenen Geister unterscheiden zu können und jenen Rat und Hilfe zu geben, die spirituelle Bedürfnisse haben. Er braucht auch Urteilsvermögen in äußeren Fragen und eine vernünftige Art, verschiedene Probleme anzugehen, wie auch die Gabe, mit sehr verschiedenen Menschen innerhalb und außerhalb Jesu Gesellschaft reden zu können.[32]

Für dieses Urteilsvermögen benutzt Ignatius häufig den Ausdruck *discreta caritas*. Dieser lässt sich mit »erkennende Liebe« übersetzen und deutet darauf hin, dass es nicht in erster Linie darum geht, Prinzipien und Werte zu bemühen, sondern um eine tiefe Liebe zu Gott und den Menschen als entscheidenden Kompass, um zu unterscheiden und Entscheidungen treffen zu können.

Etwas anderes als Intelligenz

Schon bald trugen die Jesuiten eine gigantische Verantwortung für Schulen und Universitäten in verschiedensten Ländern. 1564 formulierte ein spanischer Philosophieprofessor, welches pädagogische Modell in den jesuitischen Schulen vermittelt werden sollte. Ein zeitgenössischer Historiker fasst dies zusammen:

> Er ging davon aus, dass es das Ziel der Schulen war, die intellektuellen Fähigkeiten des Individuums hervorzurufen und sie zum höchstmöglichen Niveau zu führen. Es gab drei solche Gaben: Intelligenz, Erinnerung und Urteilsvermögen. Alle waren notwendig, aber was bei einer reifen Person am höchsten bewertet wurde, war gutes Urteilsvermögen. Die Ausbildung sollte ihre Anstrengungen darauf konzentrieren, diese Gabe zu fördern.[33]

Dies ist in unserer heutigen Zeit vielen nicht mehr klar; wir glauben häufig, dass man vor allem dann die richtigen Entscheidungen treffen kann, wenn man intelligent ist. Genauso glauben wir, dass Wissen (»Erinnerung«) dazu beiträgt, Gut und Schlecht oder Gut und Böse zu unterscheiden. Nichts davon ist wahr. Die entscheidende Gabe – Urteilsvermögen – ist etwas anderes als Intelligenz und Wissen.

In der Welt- und Kirchengeschichte wimmelt es von Beispielen von sicherlich intelligenten und gut ausgebildeten Menschen, die andere in die Katastrophe führten. Sowohl die Sowjetunion als auch Nazideutschland mit ihren Todeslagern wurden von hochbegabten Menschen mit herausragender Intelligenz aufgebaut. Auf ähnliche Weise haben auch intelligente und theologisch versierte Kirchenführer die Kirche immer wieder zu theologischen Entgleisungen mit furchtbaren pastoralen Konsequenzen geführt. »Der Teufel ist der bessere Theologe als wir alle zusammen. Trotzdem ist er immer noch der Teufel«, sagt der Schriftsteller A.W. Tozer. Oder wie der Apostel Jakobus schreibt: »Du glaubst, dass es nur einen Gott gibt? Da hast du recht! Das glauben auch die Dämonen, und sie zittern vor Angst!« (Jakobus 2,19).

Gleichzeitig gibt es Beispiele, in denen es genau andersherum ist: Menschen, die weder besonders klug noch gut ausgebildet sind, aber die offenbar ein untrügliches Gespür für Fehlentwicklungen haben und damit anderen helfen können, eine bessere Richtung einzuschlagen. Die Evangelien sind voll von Menschen, die keine geistlichen oder theologischen Fähigkeiten besaßen und dennoch anderen den Weg zeigten: der römische Offizier, die Witwe, die alles gab, was sie besaß, der barmherzige Samariter, die Frau, die Jesus die Füße salbte … Alle stehen im Kontrast zu denen, die »wissen«, aber die Fähigkeit verloren haben, das Wesentliche zu erkennen.[34]

War es nicht genau dieses Paradox, das Jesus enthüllte, als er die intellektuelle Elite seiner Kultur, die Pharisäer und Schriftgelehrten, angriff? Das Problem in ihrer Führung war nicht der Mangel an Bibelkenntnis oder Denkvermögen, sondern fehlendes Urteilsvermögen:

> Euch Schriftgelehrten und Pharisäern wird es schlimm ergehen. Ihr Heuchler! Sorgfältig achtet ihr darauf, auch noch vom geringsten Teil eures Einkommens den zehnten Teil abzugeben, doch um die wahrhaft wichtigen Dinge des Gesetzes wie Gerechtigkeit, Barmherzigkeit und Glauben kümmert ihr euch nicht. Ihr sollt den Zehnten geben, gewiss, aber ihr dürft die viel wichtigeren Dinge darüber nicht vernachlässigen. Ihr blinden Anführer! Ihr siebt euer Wasser durch, damit

ihr nicht aus Versehen eine Mücke verschluckt, und dann verschluckt ihr ein Kamel!
Matthäus 23,23-24

Weil ihnen die Urteilsfähigkeit fehlte, nutzten ihnen weder ihre Begabungen noch ihre theologischen Kenntnisse zu etwas. Denn sie konnten nicht unterscheiden, was im Mittelpunkt stand und was in der Peripherie, was in Gottes Augen wesentlich und was weniger wichtig war. Sie führten andere in die Irre, weil sie selbst den Weg nicht kannten. Allerdings kann man sie nicht als ungewöhnlich dämliche Gruppe aus vergangenen Zeiten abtun. Zu sehr ähneln sie den Menschen heute und sind daher eher ein zeitloser Spiegel für geistliche Leiter. Das gilt nicht zuletzt für ihre eigene innere Blindheit, die laut Jesus ihr größtes Problem ist:

> Euch Schriftgelehrten und Pharisäern wird es schlimm ergehen. Ihr Heuchler! Sorgfältig achtet ihr darauf, dass eure Tassen und Teller nach außen sauber sind, doch innerlich seid ihr durch und durch verdorben – voller Missgunst und Maßlosigkeit! Ihr blinden Pharisäer! Wascht erst einmal die Tasse von innen aus; das Äußere wird dann von selbst sauber.
> *Matthäus 23,25-26*

Führung als Fassade. Oder vielleicht eher als Schale. Der ehemalige norwegische Ministerpräsident Odvar Nordli drückte dies so aus: »Am meisten fürchte ich Menschen, die so dicke Haut haben, dass sie ohne Rückgrat stehen können.«

Eine Wanderung durch die Bergpredigt

Was ist Urteilsvermögen? Wie erlangt man es? Ist es eine geistliche Gabe, die frei in der Luft herumschwebt und willkürlich einigen Menschen zufällt und anderen eben nicht? Ist es ein Handwerk, das man in Schule und Praxiseinheiten erlernen kann? Ist es eine Theorie, die man sich in Büchern erliest?

Die kompakteste Lehre zum Urteilsvermögen finden wir in der Bergpredigt. Dieser reichhaltige Text bietet eine Vielzahl von Zugängen und Antworten auf viele verschiedene Lebensfragen. Lassen Sie uns das Urteilsvermögen einmal als Kompass nehmen und eine Wanderung durch Jesu Bergpredigt unternehmen.

1. Matthäus 6,22-23

> Dein Auge ist das Fenster deines Körpers. Ein klares Auge lässt das Licht bis in deine Seele dringen. Ein schlechtes Auge dagegen sperrt das Licht aus und stürzt dich in Dunkelheit. Wenn schon das, was du für Licht hältst, in dir Dunkelheit ist, wie dunkel wird dann erst die Dunkelheit sein!

Anhand dieser Bibelstelle haben die Wüstenväter vielfach erklärt, was Urteilsvermögen ist und warum es so wichtig ist.[35] Wenn das Urteilsvermögen so funktioniert, wie es soll, erhält der ganze Körper Licht – alles wird also mithilfe dieses Lichtes geführt und kann ordnungsgemäß funktionieren. Ist das Urteilsvermögen aus irgendeinem Grund getrübt, spielt es keine Rolle, wie stark die geistlichen und seelischen Ressourcen sind –

WENN DAS GEISTLICHE URTEILSVERMÖGEN FEHLT, IST DAS ERGEBNIS NICHT EINE NEUE DUNKELHEIT UNTER VIELEN ANDEREN, SONDERN EINE SCHLIMMERE DUNKELHEIT ALS ALLE ZUVOR.

sie werden dennoch falsch gebraucht und einem selbst und vielleicht auch anderen schaden.

Die Geschichte hat es zudem oft bestätigt: Wenn das geistliche Urteilsvermögen fehlt, ist das Ergebnis nicht eine neue Dunkelheit unter vielen anderen, sondern eine schlimmere Dunkelheit als alle zuvor. Oder um es noch einmal mit Bubers Worten zu sagen: In der Tat ist nichts so geeignet, dem Menschen das Angesicht Gottes zu verdecken, wie Religion.

2. Matthäus 5,3-10

> Glücklich sind die, die erkennen, dass sie Gott brauchen, denn ihnen wird das Himmelreich geschenkt. Glücklich sind die, die traurig sind, denn sie werden getröstet werden. Glücklich sind die Freundlichen und Bescheidenen, denn ihnen wird die ganze Erde gehören. Glücklich sind die, die nach Gerechtigkeit hungern und dürsten, denn sie werden sie im Überfluss erhalten. Glücklich sind die Barmherzigen, denn sie werden Barmherzigkeit erfahren. Glücklich sind die, die ein reines Herz haben, denn sie werden Gott sehen. Glücklich sind die, die sich um Frieden bemühen, denn sie werden Kinder Gottes genannt werden. Glücklich sind die, die verfolgt werden, weil sie in Gottes Gerechtigkeit leben, denn das Himmelreich wird ihnen gehören.

Nicht die Klugen. Nicht die Gutausgebildeten. Nicht die Reichen. Keiner von denen, die in unserer Kultur als Leitfiguren angesehen werden, hat irgendeinen Vorteil, wenn es um Urteilsvermögen geht. Es ist nicht so, dass Gott von unserer Stärke, Begabung oder Kenntnis bedroht wäre und nur mit uns klarkommt, wenn wir schwach und unwissend sind. Wissen und Intelligenz sind keine wertlosen

Qualitäten im Reich Gottes – Gott hat uns ja eingeladen, ihn mit unserem ganzen Verstand und all unserer Kraft zu lieben.

Aber nichts ist für Urteilsvermögen entscheidender als die Demut. Sich entschieden zu weigern sich wie Gott aufzuspielen. Entschlossen den Platz auf Erden einzunehmen, der uns durch die Schöpfung zugewiesen wurde, in völliger Abhängigkeit von Gott und seiner Gnade, die er uns durch alles Geschaffene zukommen lässt. Das lateinische Wort für Demut ist *humilitas* und kommt von *humus*: Erde.

Wenn es ein Thema gibt, das bei den Wüstenvätern immer wieder auftaucht, so ist es der ständige Kampf darum, demütig zu bleiben und sich von den unzähligen und gut verborgenen Fallen des Hochmuts fernzuhalten. Cassian schreibt:

> Wahres Urteilsvermögen erreichen wir nur, wenn wir wirklich demütig sind. Das erste Zeichen dieser Demut ist, dass all unser Denken und Tun sich der Prüfung der Ältesten unterordnet. Dies geschieht, um uns zu vergewissern, dass wir nicht unserem eigenen Urteil vertrauen, uns ihrer Autorität in allem beugen, und dass unsere Normen für Gut und Böse in Einklang mit dem stehen, was sie uns weitergetragen haben.[36]

Dies kommt uns vor wie ein Schlag ins Gesicht unserer postmodernen Kultur; eine brutale Rückkehr zur Passivität und autoritären Führung. Aber richtig verstanden geht es um die notwendige Einsicht, dass wir leben, um zu lernen, dass wir nicht immer alles am besten wissen und dass es das erste Zeichen der Demut ist, auf jemand anderen und nicht nur auf uns selbst zu hören. Auf die zu hören, die vorangegangen sind, hat immer schon zwei Punkte beinhaltet: 1. wirklich auf das zu hören, was sie sagen, und von ihnen zu lernen; 2. eine Grundhaltung der Demut einzunehmen, in der ich mich vor einer größeren Welt als meiner eigenen verneige. Diese Demut ist die Voraussetzung für jedes Urteilsvermögen.

3. Matthäus 5,13-16

> Ihr seid das Salz der Erde. Doch wozu ist Salz noch gut, wenn es seinen Geschmack verloren hat? Kann man es etwa wieder brauchbar machen? Es wird weggeworfen und zertreten, wie etwas, das nichts wert ist. Ihr seid das Licht der Welt – wie eine Stadt auf einem Berg, die in der Nacht hell erstrahlt, damit alle es sehen können. Niemand versteckt ein Licht unter einem umgestülpten Gefäß. Er stellt es vielmehr auf einen Lampenständer und lässt es für alle leuchten. Genauso lasst eure guten Taten leuchten vor den Menschen, damit alle sie sehen können und euren Vater im Himmel dafür rühmen.

Lassen Sie uns Letzteres zuerst betrachten: Die Menschen loben Gott, nicht unsere eigene große Gerechtigkeit. Das Licht fällt also nicht auf uns, sondern auf den Vater.

Und dann: Wir brauchen keine Angst davor zu haben, anders zu sein. Hiermit tut sich unsere postmoderne Kultur schwer. Zuerst ging es nur darum, mit Kulturmustern und Ideologien aufzuräumen, die sich in bitterer historischer Erfahrung als unterdrückerisch erwiesen hatten.

In diesem Sinne war die Postmoderne ein notwendiges Erwachen nach dem Erfolgsrausch, der viele der Projekte des 20. Jahrhunderts antrieb, die eine »bessere Welt« schaffen sollten, aber so oft in Leid und Katastrophen endeten. Ebenso diente die Postmoderne als Werkzeug, mithilfe dessen Gedankenmuster hinterfragt werden konnten, die viel zu lange unreflektiert als selbstverständlich angenommen wurden.

Aber der Hang des Menschen, seine neuesten Einsichten zu vergöttern, führte dazu, dass die Postmoderne, die alle Autoritäten entthronen sollte, selbst die Autorität wurde, die nicht infrage gestellt werden durfte. Die Normkritik wurde die neue Norm. Und so hat sich die postmoderne Philosophie schließlich in verschiedenen Bereichen wie ein Heuschreckenschwarm auf alles gestürzt, was Unterschied heißt.

Kulturunterschiede haben zu Kolonialismus geführt, also gibt es keine Kulturunterschiede. Unterschiede zwischen Männern und Frauen haben zum Patriarchat geführt, also gibt es keine Unterschiede zwischen Frauen und Männern. Unterschiede zwischen starken Identitäten haben zur Unterdrückung leiserer Identitäten geführt, also gibt es keine festgelegten Identitäten. Unterschiede zwischen verschiedenen Wahrheitsansprüchen haben zu Konflikten geführt, also gibt es keine Wahrheiten. Unterschiede zwischen unterschiedlichen Begabungen haben zu Ungleichbehandlungen in der Schule geführt, also sind alle gleich begabt. Und so weiter.

GEISTLICHES URTEILSVERMÖGEN BEDEUTET, DASS WIR DEN UNTERSCHIED KLAR SEHEN, UM UNS DANN FÜR DEN WEG ZU ENTSCHEIDEN, MIT DEM WIR GOTTES WILLEN ERFÜLLEN.

Die Alltagswährung, die man gegen diesen sehr philosophischen »Diskurs« eintauschen kann, ist das Prinzip: »Du sollst nicht werten.« Im christlichen Zusammenhang wird dieses Prinzip besonders entschieden von denen vertreten, die eine offene Kirche betreiben, in der niemand ausgeschlossen wird. Das Problem ist nur, dass ausgerechnet diese Milieus dazu tendieren, sehr empfindlich auf die falsche Wortwahl oder falsche Werte zu reagieren – so wie es immer ist, wenn die Sache wichtiger ist als der Mensch.

Die Wahrheit ist natürlich, dass wir immer bewerten, anders könnte man in dieser Welt keinen Tag überleben. Von morgens bis abends bewerten wir ständig verschiedene Alternativen, um schließlich das auszuwählen, was uns aus unterschiedlichen Gründen am meisten zusagt: was wir essen, welche Aufgabe Priorität hat, welches Buch wir lesen, welchen Menschen wir vertrauen, für welche Partei wir stimmen …

Geistliches Urteilsvermögen bedeutet, dass wir den Unterschied zwischen zwei Dingen sehen, um uns dann für den Weg zu entscheiden, mit dem wir Gottes Willen erfüllen. Die erste Voraussetzung dafür ist, dass wir die irreführende und gefährliche Vorstellung aufgeben, dass alle Alternativen und jede Spiritualität gleich gut sind. Jesus sagt: »Ihr könnt das Reich Gottes nur durch das enge Tor betreten. Die Straße zur Hölle ist breit und ihre Tür steht für die vielen weit offen, die sich für den bequemen Weg entscheiden. Das Tor zum Leben dagegen ist eng und der Weg dorthin ist schmal, deshalb finden ihn nur wenige« (Matthäus 7,13-14).

Hier stoßen wir auf ein anderes Problem, das unserem Urteilsvermögen im Weg stehen kann: Angst. Angst ist ein tief verwurzelter Reflex, der Überleben um jeden Preis sichern will. Alles andere wird dem starken Überlebensinstinkt untergeordnet: Nachdenken, Vernunft, Dialog, Überblick, Solidarität und so weiter. Ist Hochmut die fundamentale und langfristige Barriere für Urteilsvermögen, ist Angst die akute und krisenbedingte Barriere, die uns daran hindert, zu urteilen und kluge Entscheidungen zu treffen.

Wenn wir Angst haben, neigen wir dazu, die Welt plötzlich nur noch schwarz-weiß zu sehen: Freund oder Feind, stark oder schwach, wir oder die. Alle Nuancen und Graustufen verschwinden und werden als Verrat und Nachgeben zugunsten »der anderen Seite« aufgefasst.

Angst führt also zu einer falschen Version des Unterscheidungsprinzips. Weil sie klare Gedanken unmöglich macht, führt sie nicht zu besserem Verständnis, sondern dazu, dass Unterschiede mit gefährlichen und irreführenden Mythen verdunkelt werden. Die Grenzen werden hierdurch an falsche Stellen verschoben, was Probleme schafft, anstatt sie zu lösen.

4. Matthäus 5,17-19

> Versteht nicht falsch, warum ich gekommen bin. Ich bin nicht gekommen, um das Gesetz oder die Schriften der Propheten abzuschaffen. Im Gegenteil, ich bin gekommen, um sie zu erfüllen. Ich versichere euch: Solange der Himmel und die Erde bestehen, wird selbst die kleinste Einzelheit von Gottes Gesetz gültig bleiben, so lange, bis ihr Zweck erfüllt ist. Wenn ihr also das kleinste Gebot brecht und andere dazu ermuntert, dasselbe zu tun, werdet ihr auch die Geringsten im Himmelreich sein. Dagegen wird jeder, der die Gesetze Gottes befolgt und sie anderen erklärt, im Himmelreich groß sein.

Wir sind heute schnell dazu verleitet, unser persönliches Urteilsvermögen den Werten der Bibel und der kirchlichen Tradition entgegenzustellen. Wir meinen, wir hätten nun ein höheres Entwicklungsstadium erreicht und es nicht mehr nötig, auf die Bibel oder die gesammelte Erfahrung kirchlichen Urteilsvermögens zu hören. Von Unterordnung ganz zu schweigen. Solche Überzeugungen hat es in der Geschichte der Kirche immer wieder gegeben und jedes Mal haben sie zu Irrwegen und Zersplitterung geführt. Zur Zeit von Ignatius wurden Leute mit diesen Vorstellungen die »alumbrados«, die Erleuchteten, genannt. Sie erhoben den Anspruch, direkt vom Geist geführt zu sein, sodass sie auf die Wegweisung der Kirche nicht hören zu müssen glaubten.

Im Grunde genommen geht es dabei darum, ob wir darauf vertrauen, dass der Geist, der nun uns in Gebet und Urteilsvermögen führt, der gleiche ist, der schon in der Bibel und den Überlieferungen der Kirche gesprochen hat. Deshalb muss ein tiefer Einklang zwischen den verschiedenen Quellen bestehen. Wenn wir den richtigen Weg finden wollen, muss sich ein Einklang zwischen unserem eigenen Glauben und dem Bekenntnis der Kirche einstellen.

Richtig aufgefasst ist das Bekenntnis der Kirche nicht etwas, was mir von oben als Bedingung für den Glauben aufgezwungen wird. Es ist viel eher etwas, dem ich mit Freude *zustimme*, weil es zutiefst auf meine eigene Überzeugung antwortet. Vielleicht lässt es sich mit der Stimmgabel im Orchester vergleichen: Klingt es irgendwo schief? Stimmt alles? Ist es im Einklang mit dem Glauben der Kirche?

Es geht also nicht nur um Bibelwort und Bekenntnis, sondern um den Geist und die Atmosphäre des Prozesses. Sind wir bereit, uns vor etwas zu beugen, das größer und verbindlicher ist als unsere eigenen Gefühle und Vorstellungen? Sind wir bereit, unsere eigenen Interpretationen aufzugeben, wenn uns langfristigere Erfahrungen in der Bibel und der kirchlichen Tradition begegnen? Sind wir offen, eigene Erlebnisse im Licht einer größeren Gemeinschaft zu hinterfragen? So wie Paulus betet: »So könnt ihr mit allen Gläubigen ihr ganzes Ausmaß erfassen, die Breite, Länge, Höhe und Tiefe. Und ihr könnt auch die Liebe erkennen, die Christus zu uns hat; eine Liebe, die größer ist, als ihr je begreifen werdet« (Epheser 3,18-19).

5. Matthäus 6,19-21

Sammelt keine Reichtümer hier auf der Erde an, wo Motten oder Rost sie zerfressen oder Diebe einbrechen und sie stehlen können. Sammelt eure Reichtümer im Himmel, wo sie weder von Motten noch von Rost zerfressen werden und vor

Dieben sicher sind. Denn wo dein Reichtum ist, da ist auch dein Herz.

Die gegensätzliche Versuchung ist, nicht auf das eigene Herz zu hören. Wohin führt das? Wenn wir taub sind für die Regungen in unserem Inneren und glauben, Urteilsvermögen drehe sich nur um das richtige Bibelzitat und die korrekte Theologie, werden wir schmerzhaft überrascht werden. Wie Jesus sagt, zieht es das Herz nicht zu dem, was laut Bibel und Kirche unser Schatz *sein sollte.* Das Herz zieht es zu dem, was wir letztlich am höchsten bewerten. Wir müssen also gut mit unseren inneren Signalen vertraut sein. Einer Meinung mit Cassian 1100 Jahre zuvor, schreibt Ignatius: »Ich gehe davon aus, dass es drei Arten von Gedanken in mir gibt. Der erste kommt von meiner bloßen Freiheit und meinem Willen und gehört, dem eigentlichen Sinn nach, mir. Die anderen beiden kommen von außen: der eine von dem guten Geist und der andere von dem bösen.«[37]

EIN FUNKTIONIERENDES URTEILSVERMÖGEN FORDERT BEWUSSTSEIN UND AUFMERKSAMKEIT FÜR JEDEN DIESER DREI EINFLÜSSE.

Ein funktionierendes Urteilsvermögen fordert Bewusstsein und Aufmerksamkeit für jeden dieser drei Einflüsse. Wird einer von ihnen verleugnet, verdrängt oder überschattet, ist das Urteilsvermögen gestört. Die Stimme, die verleugnet oder verdrängt wird, wird sich irgendwann immer in den Vordergrund drängen.

In säkularisierten Regionen wird jeglicher Einfluss böser Mächte routinemäßig geleugnet. Für den Einfluss von Gottes Geist variiert die Empfänglichkeit auf einer Skala von relativ offen bis zu praktiziertem Atheismus. Übrig bleiben dann nur noch die eigenen Gefühle und Gedanken, in einem geschlossenen System, in dem man praktisch nicht mehr mit irgendeiner geistlichen Macht rechnet. Gott und Glaube werden zu Vorstellungen innerhalb eines geschlossenen und innerweltlichen Systems. Urteilsvermögen wird auf eine intellektuelle Auseinandersetzung mit dem inneren Leben und eine psychologische Verhaltensweise diesem gegenüber reduziert.

So wird der Mensch zu einem leichten Ziel für den bösen Geist, den es ja nicht »gibt« und der so unbemerkt Vernunft, Gefühl und Willen in die falsche Richtung führen kann. Jesus beschreibt das Phänomen mit dem Gleichnis des leeren Hauses:

> Wenn ein böser Geist einen Menschen verlässt, geht er in die Wüste und sucht Ruhe, aber er findet keine. Da sagt er sich: »Ich will lieber wieder in den Menschen fahren, aus dem ich gekommen bin.« Und er kehrt zurück und findet sein früheres Heim leer, gefegt und sauber vor. Danach findet der Dämon noch sieben weitere Dämonen, die noch schlimmer sind als er selbst, und sie alle ergreifen Besitz von dem Menschen und nisten sich in ihm ein. Genauso wird es euch ergehen.
> *Matthäus 12,43-45*

In überreligiösen Strukturen ist die gegenteilige Blockade zu finden. Gefühlen, Willen und Vernunft wird kein Wert beigemessen; sie werden eher als Hindernis für das Hören von Gottes Stimme gesehen. Deshalb werden diese Signale so gut wie möglich unterdrückt, damit man Gottes Stimme hören kann. Gottes »Ansprache« kommt also *von außen* und oft/*gerne im Gegensatz* zu den eigenen Signalen.

Weil der Mensch auf diese Weise für sein eigenes Inneres blind gemacht wird, kann er auch seine blinden Flecken nicht mehr wahrnehmen: Wunden, Bedürfnisse, Begehren, Bindungen, Sünden, Erziehung, kulturelle Einflüsse, politische Werte und so weiter. Ebenso wie in der säkularisierten Umgebung werden sie so zu einem offenen Tor für die destruktiven Mächte, weil es sie nicht »gibt«. Das Haus steht leer, was sich früher oder später bemerkbar macht, wenn es von Lebensentwürfen und Werten beherrscht wird, die weit von Jesu Nachfolge entfernt sind.

Wenn das Innere des Menschen auf diese Weise verstummt und verleugnet wird, ist er nicht frei, auf Gott zu hören. Er wird stattdessen all seiner Möglichkeiten beraubt, zwischen dem guten oder dem bösen Geist zu unterscheiden – weil diese immer unsere menschlichen Wahrnehmungen gebrauchen, um uns zu beeinflussen.

Das bedeutet: Je vertrauter ein Mensch mit seinem Inneren wird (Prägungen, Wunden, Trauer, Angst, Sehnsucht, Wut, Sünde, Bindungen, Werte und so weiter) und lernt, auf seine Gefühle, Gedanken, seinen Willen und Körper zu hören und sie zu deuten, desto freier ist er für das Zusammenspiel mit Gottes Geist und für die Enthüllung des antimenschlichen Einflusses des bösen Geistes. Es gibt gute Gründe, warum Ignatius den Teufel »den Feind der menschlichen Natur« nennt.[38]

Das erklärt auch, warum für überreligiöse Menschen Vernunft oder menschliche Erfahrung keine Argumente sind. Denn genau diese Funktionen sind blockiert und damit ins Unbewusste eingeschlossen: Es »gibt« sie nicht und sie haben sowieso nichts zu sagen. Weil sie sich auf diese Weise von bösen Mächten leicht ausnutzen lassen, neigen menschliche Schwächen dazu, früher oder später in solchen Umgebungen durchzubrechen.

Paulus nennt in einem Nebensatz ein Beispiel für jene ganzheitliche Betrachtungsweise, die Cassian und Ignatius vertreten. So klingt es, wenn er vom Zusammenleben in der Gemeinde in Korinth schreibt: »Nun spreche ich zu den Übrigen unter euch, obwohl ich in dieser Sache kein Gebot vom Herrn habe. Wenn ein gläubiger Mann eine ungläubige Ehefrau hat …« Und etwas später im gleichen Kapitel: »Nun zu den jungen Frauen, die noch nicht verheiratet sind. Für sie habe ich kein Gebot des Herrn. Aber ich gebe euch einen Rat als jemand, dem Gott Einsichten geschenkt hat …« (1. Korinther 7,12.25).

Dazu zwei Beobachtungen: 1. Paulus ist der Unterschied zwischen seiner eigenen Stimme und der Stimme Gottes klar. Das ist bei christlichen Leitern nicht immer der Fall. 2. Es ist nicht nur interessant, was Gott will. Auch was Paulus denkt, ist von ausreichendem Interesse, um darüber zu schreiben.

Sowohl das säkularisierte als auch das überreligiöse Umfeld spalten die Ganzheitlichkeit. Eine Szene aus dem Vorstand einer säkularisierten Gemeinde: Jemand bleibt während einer Diskussion still und sagt zum Schluss: »Ich glaube, der Herr will uns hier etwas sagen …« Peinliche Stille. Blicke auf den Tisch. Nächste Frage?

Szene im Vorstand einer überreligiösen Gemeinde: Jemand bleibt während eines Gesprächs lange still und sagt zum Schluss: »Aber ich finde, wir sollten es so und so machen …« Peinliche Stille. Blicke auf den Tisch. Nächste Frage?

Ein geistliches Umfeld kann man auf einfache Weise testen, indem man fragt: »Habe ich Platz?« Oder muss ich einen Teil meiner Menschlichkeit oder meiner Spiritualität draußen lassen, um hier Platz zu finden? Und es auf gleiche Weise auf das Chalcedon-Bekenntnis hin zu prüfen: »Jesus Christus ist wahrer Gott und wahrer Mensch …« Bekommt Jesus hier einen Platz oder wird eine Seite seiner Person mundtot gemacht?

6. Matthäus 6,31-33

Hört auf, euch Sorgen zu machen um euer Essen und Trinken oder um eure Kleidung. Warum wollt ihr leben wie die Menschen, die Gott nicht kennen und diese Dinge so wichtig

> nehmen? Euer himmlischer Vater kennt eure Bedürfnisse. Macht das Reich Gottes zu eurem wichtigsten Anliegen, lebt in Gottes Gerechtigkeit, und er wird euch all das geben, was ihr braucht.

»Heiden« im Sinne von Atheisten gab es zu Jesu Zeiten praktisch nicht. Der Unterschied bestand nicht zwischen Menschen, die an einen Gott glaubten, und denen, die nicht an ihn glaubten. Der Unterschied bestand eher zwischen Menschen, für die Gott das alles definierende Ziel im Leben war, und jenen, für die Gott praktisch weder ziel- noch bedeutungsgebend war. Letztere waren ausschließlich auf ihre eigenen Ziele fokussiert: Essen, Kleidung, Vergnügen, Arbeit und so weiter.

> WENN UNSERE PERSPEKTIVE NUR DIE UNMITTELBAREN BEDÜRFNISSE ABDECKT, STELLEN WIR DIE FALSCHEN FRAGEN.

Das Problem ist also nicht, dass wir Essen und Kleidung benötigen, als ob dies etwas Unnötiges oder Unpassendes für Christen wäre. Es wird ein Problem, wenn wir in »all dem anderen« Bedeutung suchen, ohne es mit dem Ziel, für das wir geschaffen sind, in Verbindung zu bringen. Wenn unsere Perspektive nur die unmittelbaren Bedürfnisse abdeckt, stellen wir die falschen Fragen. Erst wenn wir das Ziel sehen, können wir die richtigen Fragen stellen.

Das bedeutet, dass Urteilsvermögen sich nicht nur auf die Gut-böse-Waagschale bezieht. Genauso bedeutungsvoll ist das Verhältnis Ziel–Mittel. Inwieweit etwas gut oder schlecht ist, hängt also von einer größeren Perspektive ab: Für was wird es angewendet? Eine Axt ist gut, wenn sie zum Holzhacken verwendet wird, aber schlecht, wenn man sie als Mordwaffe gebraucht.

In den vergangenen Jahrzehnten hat es in den Bereichen Krankenpflege, Schule, Polizei und Kirche große Veränderungen in

Richtung der *Öffentlichen Reformverwaltung* gegeben. Mit dem Ziel, die Wirtschaftlichkeit zu erhöhen, hat diese Philosophie seit den 1980er-Jahren begonnen, jedwede öffentliche Verwaltung nach Unternehmensprinzipen mit wachsenden Ansprüchen an Zielsetzung, Dokumentation, Detailplanung, Einsparungen und Effektivität umzugestalten.

Das Ergebnis ist, dass Ärzte, Lehrer, Polizisten und Priester heute immer mehr Zeit mit Sitzungen und Papierarbeit verbringen und immer weniger Zeit haben, sich um die Menschen zu kümmern, die ihnen anvertraut sind. In all diesen Bereichen, in denen es um die Betreuung von Menschen geht, hört man die gleiche Hilflosigkeit in Fragen wie: »Wer hat das eigentlich beschlossen? Woher soll ich die Zeit fürs Wesentliche nehmen? Wie soll ich all diesen Verwaltungskram schaffen?«

Wie konnte es dazu kommen? Vielleicht genau so, wie Jesus die Beschlussfassung der Heiden beschreibt. Jeder kleine Teilbeschluss kann begründet werden – deshalb ist es so schwer, dagegen zu argumentieren. Ist eine durchdachte Planung nicht gut? Man muss doch eine Qualitätssicherung haben für das, was man tut. Haben die Menschen nicht ein Recht auf gewissenhafte Berichte?

Nun ja … sicher ist das gut. Indem man allerdings die Perspektive auf diese Weise auf das Naheliegendste (nämlich die dringende Frage und die tägliche Einschätzung) beschränkt, vermeidet man die zwei entscheidenden Fragen: 1. Wohin führt das? 2. Ist es das, wohin wir wollen?

Auf diese Weise *landet* man diskret und langfristig in Projekten und Strukturen, die niemand so richtig beschlossen hat, geschweige denn haben will. Der dämonische Zug dieser Entwicklung macht sich in zweierlei Hinsicht bemerkbar. Teilweise, indem man konsequent daran gehindert wird, sich der eigenen Menschlichkeit und der anderer zu widmen, weil man immer mehr Kraft für Papier,

Computer, Geld, Planung und anderes Abstraktes aufwenden muss. Teils aber auch durch die Zwangsbewegung in die falsche Richtung, das Gefühl von Ohnmacht. So beschreibt Paulus die dämonische Geistlichkeit: »Ihr wisst ja, ihr habt euch früher, als ihr noch nicht zu Christus gehörtet, dazu verleiten und mitreißen lassen, stumme Götzen anzubeten« (1. Korinther 12,2).

Die prophetische Perspektive hat die ganze Zeit über Gottes Reich vor Augen und kann deshalb Nein zu Entscheidungen sagen, die langfristig in die falsche Richtung führen – selbst wenn dies Konflikte mit dem herrschenden Zeitgeist provoziert. Hier tauchen auch wieder die drei Fragen von oben auf:

1. Hilft uns das, Gott besser kennenzulernen und zu lieben?
2. Hilft uns das, uns selbst und unsere Bedürfnisse ernst zu nehmen?
3. Hilft uns das, andere Menschen besser zu lieben und ihnen zu dienen?

Wenn wir diese drei Fragen jedem Entschluss voranstellen, welche Abbiegung lässt sich dann ausschließen? Welche Wege führen uns eher zu dem Ziel, für das wir geschaffen sind und das somit das Ziel der Gemeinde ist? Wieder geht es darum, die ganze Zeit über in der Freiheit zu wachen, damit sie uns nicht durch kleine, diskrete Positionsänderungen genommen wird. Wie Paulus schreibt: »So hat uns Christus also wirklich befreit. Sorgt nun dafür, dass ihr frei bleibt, und lasst euch nicht wieder unter das Gesetz versklaven« (Galater 5,1).

7. Matthäus 7,1-6

> Hört auf, andere zu verurteilen, dann werdet auch ihr nicht verurteilt. Denn andere werden euch so behandeln, wie ihr sie behandelt. Der Maßstab, nach dem ihr andere beurteilt, wird auch an euch angelegt werden, wenn man euch beurteilt. Warum regst du dich über einen Splitter im Auge deines Nächsten auf, wenn du selbst einen Balken im Auge hast? Mit welchem Recht sagst du: »Mein Freund, komm, ich helfe dir, den Splitter aus deinem Auge zu ziehen«, wenn du doch nicht über den Balken in deinem eigenen Auge hinaussehen kannst? Du Heuchler! Zieh erst den Balken aus deinem eigenen Auge; dann siehst du vielleicht genug, um dich mit dem Splitter im Auge deines Freundes zu befassen. Gebt das, was heilig ist, nicht Menschen, denen nichts heilig ist. Werft keine Perlen vor die Säue! Sie zertrampeln die Perlen, drehen sich um und stürzen sich auf euch.

Jesus fordert uns auf zu beurteilen, aber er warnt uns davor, zu verurteilen. Wo ist der Unterschied? Zunächst einmal lässt sich konstatieren, dass die Vermischung beider eines der größten Probleme der Kirche ist.

Auf der einen Seite stehen all die Besserwisser, die aus der unpassenden Verurteilung erfolgreicher Personen in der Kirche negative Energie tanken. Sie äußern sich selbstsicher in allen Debatten und können nicht verstehen, dass andere nicht einsehen, dass sie die Lösung für die Probleme der Kirche sind. Auf der anderen Seite stehen die, die sich nicht trauen, ihren inneren Signalen zu vertrauen, weil sie Angst haben, verurteilt zu werden, und deshalb stillschweigend zurücktreten, wenn offensichtlich destruktive Personen und Einflüsse sich breitmachen.

Vielleicht kann eine einfache Frage helfen, zu beurteilen, ohne zu verurteilen: *Wo bin ich in alldem?* Betrachte ich mich als Norm des Geschehens, stehe also über den anderen und betrachte alles von oben? Oder stehe ich selbst mit den anderen unter der Norm?

Der Schlüssel heißt Selbsterkenntnis. Es ist kein Zufall, dass Jesus in seiner Kritik der Pharisäer und Schriftgelehrten das Bild des blinden Augenarztes verwendet. Es war schließlich der mangelnde Kontakt zu ihrem Inneren, der dazu führte, dass sie für die Bedürfnisse anderer nicht zugänglich waren und den Menschen deshalb mehr Bürden auferlegten, statt sie zu befreien.

Der Mangel an Selbsterkenntnis machte sie auch blind für die heimtückische Abhängigkeit von der Selbstgerechtigkeit; meinem schwachen Selbstwert tut es gut, dass es dir schlimmer geht als mir. Ja, man kann Gott für diese Wohltat sogar danken, wie der Pharisäer in Jesu Gleichnis von dem Pharisäer und dem Zolleinnehmer: »Ich danke dir, Gott, dass ich kein Sünder bin wie die anderen Leute« (Lukas 18,11).

> URTEILSVERMÖGEN ERLERNEN WIR NICHT ZUERST DURCH BÜCHER UND SEMINARE, SONDERN DURCH SEELSORGE.

Jesus zeigt den Weg vom destruktiven Verurteilen zum befreienden Beurteilen: »Zieh erst den Balken aus deinem eigenen Auge; dann siehst du vielleicht genug, um dich mit dem Splitter im Auge deines Freundes zu befassen.« Urteilsvermögen erlernen wir nicht in erster Linie durch Bücher und Seminare, sondern durch eigene Seelsorge. Erst wenn mir ernsthaft geholfen wird, mir selbst zu begegnen und mich mit den eigenen Wunden, Sünden und Bindungen auseinanderzusetzen, weitet sich mein Blick zu dem Befinden anderer und dafür, wie ich ihnen helfen kann. Hierfür waren Exerzitien und geistliche Wegbegleitung in der Geschichte der Kirche schon immer ein unglaublich wertvoller Zugang; sowohl, um die eigenen Balken aufzuspüren, als auch, nach den verborgenen Perlen zu tauchen. Cassian schreibt:

> Ein deutlicher Beweis dafür, dass ein Mensch seine Verbindung zur Verderbnis der Sünde noch nicht abgeschnitten hat, ist das Fehlen von Sympathie und Mitgefühl für die Fehltritte anderer und das Festhalten an der Strenge eines Richters [...] Deshalb ist es höchst wahrscheinlich, dass er selbst den Sünden zum Opfer fällt, die er beim anderen mit unbarmherziger und unmenschlicher Härte verurteilt.[39]

Die Heiligen unterscheiden sich von all den Besserwissern unter anderem dadurch, dass sie ihren eigenen Anteil an der kirchlichen Abgewandheit von Gott sehen. Deshalb vermittelt ihre Klarsicht eher Heilung, statt neue Wunden in der Kirche aufzureißen.

8. Matthäus 7,15-23

> Nehmt euch vor falschen Propheten in Acht. Sie kommen daher wie harmlose Schafe, aber in Wirklichkeit sind sie gefährliche Wölfe, die euch in Stücke reißen wollen. Ihr erkennt sie an ihrem Verhalten, so wie ihr einen Baum an seinen Früchten erkennt. An Dornbüschen wachsen keine Trauben und an Disteln keine Feigen. Ein gesunder Baum trägt gute Früchte, ein kranker Baum dagegen schlechte. An einem guten Baum wachsen keine schlechten Früchte, ebenso wenig wie ein kranker Baum gesunde Früchte hervorbringt. Deshalb wird jeder Baum, der keine guten Früchte bringt, umgehauen und ins Feuer geworfen. Ihr seht, man erkennt sie an ihren Früchten. Nicht alle Menschen, die sich fromm gebärden, glauben an Gott. Auch wenn sie »Herr« zu mir sagen, heißt das noch

lange nicht, dass sie ins Himmelreich kommen. Entscheidend ist, ob sie meinem Vater im Himmel gehorchen. Am Tag des Gerichts werden viele zu mir kommen und sagen: »Herr, Herr, wir haben in deinem Namen prophezeit und in deinem Namen Dämonen ausgetrieben und viele Wunder vollbracht.« Doch ich werde ihnen antworten: »Ich habe euch nie gekannt. Fort mit euch. Ihr lebt nicht nach Gottes Gebot.«

Ein Schlüsselbegriff der spirituellen Wegbegleitung ist Nachgeschmack. Lassen Sie uns drei Erfahrungen aus Begegnungen mit verschiedenen Menschen vergleichen.

1. Das Zusammensein war vom ersten Moment an eine Freude und ich merkte, wie das Gespräch mich bereicherte. Anschließend fühlte ich mich ruhig und bestätigt.
2. Ich war fasziniert von seiner Ausstrahlung und es war spannend, seiner Argumentation zu folgen. Aber hinterher fühlte ich mich bedrückt und unsicher.
3. Es dauerte eine Weile, bis ich in ihrer Nähe entspannen konnte, weil sie mich auf vielfältige Weise herausforderte. Nach unserem Gespräch war ich verwundert darüber, wie froh ich war, sie getroffen zu haben.

Welche Kontakte soll ich fortführen? Welchen sollte ich eher versuchen abzubrechen? Nicht das Gespräch fällt die Entscheidung, sondern der Nachgeschmack. Oder wie Jesus sagt: die Frucht. Welchen bleibenden Effekt hat der Einfluss? Was ist das Ergebnis dieser Theologie? Gleicht sie dem Wolf in Jesu Gleichnis von der Herde: Einzelne Menschen werden verwundet und die Gemeinde zersplittert (Johannes 10,11-13)? Oder ahnen wir den Einfluss des Guten Hirten: Menschen erfahren Heilung und die Gemeinschaft wird enger?

Der damalige Chef von Google, Eric Schmidt, sah am Ende der 1990er-Jahre voraus, dass das 21. Jahrhundert von der »Aufmerksamkeitsökonomie« geprägt sein würde. Die Gewinner der Großunternehmen der Medienbranche sind jene, denen es am besten gelingt, die Aufmerksamkeit der Menschen um jeden Preis rund um die Uhr an den Bildschirm zu fesseln. Dabei spielt es keine Rolle, ob dies mithilfe von wahren oder falschen Nachrichten, sozialen Medien, Filmen, Werbung, Spielen oder was auch immer erreicht wird. Hauptsache ist, dass das, was auf dem Bildschirm passiert, Aufmerksamkeit auf sich zieht und Energie und Geld der Zuschauer in die gewünschte Richtung lenkt.

Ihren politischen Durchbruch erfuhr diese Philosophie mit Donald Trump, der mit einem unablässigen Strom aus Skandalen, Tweets, Lügen, Entlassungen, dramatischen Gefühlsausbrüchen und anderen medialen Feuerwerkskörpern Aufmerksamkeit auf sich zog …

SPIRITUALITÄT KANN EINE BLENDGRANATE SEIN, DIE EINE TIEF GREIFENDE VERÄNDERUNG VERBIRGT.

… und somit Stück für Stück von dem extremen politischen Rechtsruck ablenkte, der am besten funktioniert, wenn er nicht bemerkt wird. »Du musst das Interesse der Leute fesseln«, sagte er einem TIME-Journalisten während des Präsidentschaftswahlkampfs. »Wenn ich in eine Talkshow im Kabelfernsehen gehe, verdoppeln sich die Zuschauerzahlen. Sie verdreifachen sich. Und das gibt Macht. Es geht nicht um Meinungsforschung. Es geht um Zuschauerzahlen.«[40]

Aufmerksamkeitspolitik. *Aufmerksamkeitsspiritualität*? Die gleiche Fokussierung darauf, dass etwas Interessantes passieren muss, um die Aufmerksamkeit der Menschen zu fesseln, damit sie nicht bemerken, welche Lügen man ihnen präsentiert und wie die Perspektive unbemerkt von Jesus und seiner Nachfolge abgelenkt wird.

Dieser Trick ist alt. Mose versuchte, das Volk mit einem spektakulären Wunder nach dem nächsten aus der Sklaverei zu befreien. Die Magier des Pharaos kopierten alles und an der Situation des Volkes Israel änderte sich nichts.[41]

Am Ende der Geschichte scheinen wir noch mehr auf diese »Aufmerksamkeitsspiritualität« zuzugehen: »Denn falsche Erlöser und falsche Propheten werden überall auftauchen und große Zeichen und Wunder vollbringen, um selbst die von Gott Auserwählten zu verführen« (Matthäus 24,24). Jesus sagt also nicht, dass Zeichen und Wunder nicht geschehen. Er sagt, dass sie geschehen, um Gottes Gemeinde in die Irre zu führen. Paulus redet ähnlich über Spiritualität als eine Blendgranate, die eine tiefgreifende Veränderung verbergen kann: von Wahrheit zu Lüge, von Gerechtigkeit zu Ungerechtigkeit. Hier treffen wir sogar auf die dämonische Vorstellung, dass Gott an spektakulären Geschehnissen interessierter wäre als daran, dass Menschen seinen Willen tun:

> Der Böse wird kommen, um mit mächtigen Taten und verlogenen Zeichen und Wundern das Werk des Satans zu tun. Mit üblen Täuschungen wird er die Menschen verführen, die ihrem Verderben entgegengehen, weil sie nicht an die Wahrheit glauben wollen, die sie retten könnte. Deshalb wird Gott eine große Blindheit über sie kommen lassen, und sie werden all die Lügen glauben. Und damit werden alle gerichtet, die der Wahrheit nicht geglaubt und an ihrer eigenen Ungerechtigkeit Gefallen gefunden haben.
> *2. Thessalonicher 2,9-12*

Vergleichen wir diese »Aufmerksamkeitsspiritualität« einmal mit den unglamourösen und alltäglichen Szenen, als Jesus ans Jordanufer zurückkehrte, wo Johannes der Täufer gepredigt hatte:

> Er blieb dort. Viele Menschen kamen zu ihm. »Johannes hat zwar keine Wunder getan«, sagten sie zueinander, »aber seine Voraussagen über diesen Mann haben sich als wahr erwiesen.« Und viele kamen dort zum Glauben an ihn.
> *Johannes 10,40-42*

Ist es nicht erstaunlich, wie man an den unscheinbarsten Orten auf einmal klar sieht?

Was dient zur größeren Ehre Gottes?

Eine hervorragende Zusammenfassung zum Thema Urteilsvermögen finden wir in einer wiederkehrenden Formulierung bei Ignatius: die Aufforderung, »das zu wählen, was zur größeren Ehre Gottes und zum Besten der Allgemeinheit ist«[42]. Dieser Satz ist der Schlüssel.

In einer gnostisch gefärbten Spiritualität mit ihrer Verachtung für alles Menschliche und Irdische steht die Ehre Gottes immer in Gefahr, in Konkurrenz zu den menschlichen Bedürfnissen zu geraten. Sie wird in das geistliche Obergeschoss verschoben, weit weg von den irdischen Verhältnissen. In ihrer schlimmsten Ausformung wurde Gottes Ehre daran bemessen, wie abstoßend und schmerzhaft etwas für den Menschen war. Damit haben Gott und der Teufel praktisch die Plätze getauscht. In solchen Umfeldern pflegte man zu sagen, dass »dies so viel Spaß macht, dass es vom Teufel sein muss«.

Der Kirchenvater Irenäus, gegen Ende des 1. Jahrhunderts Bischof von Lyon, prägte in seinem großen Werk gegen die Gnostiker den Ausdruck: »Gottes Ehre ist der lebendige Mensch.« So sieht auch die Bibel die Sache. Die Ehre Gottes und das, was wirklich gut für den Menschen ist, gehen in die gleiche Richtung – nicht in die entgegengesetzte. Thomas von Aquin schrieb, dass Gott an nichts Anstoß nimmt, was der Mensch tut, außer an dem Bösen, das wir uns selbst und einander antun. Umgekehrt kann man sagen, dass Gottes Ehre an all dem Guten wächst, das wir für unsere Mitmenschen tun.

Jesus lädt uns zu einer tieferen Verbindung mit ihm selbst ein. Sein Wort hallt wider in jedem Christen, der einen Führungsauftrag in der Kirche angenommen hat:

> Denn ich bin vom Himmel herabgekommen, um den Willen Gottes zu tun, der mich gesandt hat, und nicht, um zu tun, was ich selbst will. Und es ist der Wille Gottes, dass ich von allen, die er mir gegeben hat, auch nicht einen verliere, sondern sie am letzten Tag zum ewigen Leben auferwecke. Denn mein Vater will, dass alle, die seinen Sohn sehen und an ihn glauben, das ewige Leben haben.
> *Johannes 6,38-40*

Damit wird der Sündenfall umgekehrt, durch den die Welt und mit ihr das Schöpfungsgefüge aus Verbindung und Gemeinschaft zerriss, weil die Menschen »sich weiter gegen ihn auflehnten« (Psalm 106,43). Seinen Eigenwillen loszulassen und stattdessen den Willen des Vaters zu tun, ist keine Kapitulation vor einem anderen stärkeren »Eigenwillen«, der bloß sein eigenes Reich bauen möchte. Es bedeutet Zusammenarbeit mit dem, der nichts lieber will, als dass alle Menschen das Leben haben.

Lasst uns deshalb das wählen, was zur größeren Ehre Gottes und zum Besten der Allgemeinheit ist.

5

ZWISCHEN ENGELN UND DÄMONEN

Die eigene Position finden

Sie haben kaum begonnen die Bibel auszulegen, da fängt das Pärchen in der hinteren Bankreihe schon miteinander zu flüstern an. Ihre Mimik und Körpersprache sind deutlicher, als würden sie schreien: Die beiden sind nicht einverstanden mit dem, was Sie sagen. Oder richtiger: Sie sind mit Ihnen nicht einverstanden.

Sie kennen sie schon lange und haben versucht, sich auf solche Situationen vorzubereiten. Trotzdem kämpfen Sie mit der Konzentration, um sich nicht von dem, was Sie eigentlich sagen wollen, ablenken zu lassen. Trotzig versuchen Sie, Ihren Blick auf die anderen Gemeindemitglieder zu heften. Und dennoch spüren Sie am ganzen Körper, dass im Saal irgendetwas vorgeht, gegen das Sie sich nur äußerst schwer wehren können.

Je näher die Fragestunde rückt, desto deutlicher spüren Sie, dass nichts in der theologischen Ausbildung Sie auf diese Situation vorbereitet hat. Bis ins Mark wissen Sie, dass die theologischen Einwände und kritischen Fragen nur Symptome eines viel tiefer liegenden Widerwillens sind. Es geht nicht darum, was Sie denken oder glauben; es geht darum, wer Sie sind. Und wie sollen Sie das öffentlich diskutierten?

Wenn Sie es dann endlich durch den Abend geschafft haben und sich erschöpft durch den abendlichen Nieselregen nach Hause kämpfen, schleicht sich ein wohlbekannter Gedanke in Ihren Kopf: Sie sollten die Gemeinde wechseln. Oder den Job. Der Gedanke fühlt sich in den nächsten Tagen immer verlockender an. Erst wenn Sie eine Woche später diesen Gedanken in der eigenen Seelsorge wieder aufnehmen, werden Sie von drei Fragen wachgerüttelt:

Warum gibst du diesem Pärchen so viel Macht? Was ist mit dir los, dass dich ihr Verhalten so provoziert? Wie siehst du deine Leitung eigentlich?

Die Fortsetzung der Geschichte liegt außerhalb des eigenen Sichtfelds. Was im Sichtfeld bleibt, ist ein psychologischer Mechanismus, der sehr verbreitet ist und großen Einfluss hat, über den aber selten gesprochen wird. Es gibt wie üblich verschiedene Theorien darüber, aber lassen Sie ihn uns der Einfachheit halber Projektion nennen.

EINE MENGE UNSICHTBARER PERSONEN UND FAKTOREN BEEINFLUSST UNSERE REAKTIONEN UND BEZIEHUNGEN.

Einfach ausgedrückt: Man ist als Leiter nicht die einzige Person im Raum. Nicht einmal die Anwesenden sind die Einzigen, die das Geschehen im Raum beeinflussen. Eine Menge unsichtbarer Personen und anderer Faktoren nimmt in der einführenden Geschichte Einfluss auf Reaktionen und Beziehungen. Im Dickicht der Gefühle und Bilder, auf die wir als Leiter treffen, begegnen wir unter anderem:

- **Mama und Papa:** Sie waren die Ersten, die unser Leben geprägt haben, und natürlich hatten sie entscheidenden Einfluss darauf, wie wir andere Menschen auffassen.
  Jean Vanier, der kanadische Gründer der L'Arche-Gemeinschaft für geistig Behinderte, schreibt in seinem Buch *In Gemeinschaft leben*:

> Die Beziehung der Menschen zu Autoritäten hängt oft mit der Beziehung zusammen, die sie als Kind zu ihren Eltern hatten. Wenn die Beziehung nicht gut war, wenn die Eltern keinen Respekt vor der Freiheit des Kindes hatten und ihm ihre eigenen Wünsche aufgezwungen haben, wächst das Kind mit andauerndem Zorn und Misstrauen gegenüber jeder Autorität auf. Ihre Beziehung zu Autoritäten wird von ihren Gefühlen und psychologischen Blockaden gefärbt sein.
> Sobald der Leiter eingreift, begehren Sie gegen ihn auf und weisen seine Ermahnungen zurück. Sie wollen von ihm Bestätigung in dem, was Sie tun. Sobald er Sie infrage zu stellen

scheint, knallen Sie die Tür. Es fällt Ihnen oft schwer, hinter der Position den Menschen zu sehen, der nicht allmächtig oder allwissend ist, aber dennoch seine eigenen Begabungen anzubieten hat, und der tagtäglich in seinen Fähigkeiten, diese Begabungen zu nutzen, wachsen muss. Sie haben auch oft Schwierigkeiten zu erkennen, dass auch Autoritäten ihre Fehler haben. Die Beziehung zu ihnen ist kompliziert und es fällt Ihnen schwer, ein einfaches und aufrichtiges Gespräch zu führen, weil alles von der kindlichen Angst und dem kindlichen Verhalten geprägt ist.

Der Leiter wird oft auf einen Sockel gehoben und idealisiert. Das kann ihn zu einem umso besseren Ziel für Kritik machen. Aber Sie achten darauf, nicht auf das Herz zu zielen – es reicht, ihm die Beine zu zerschlagen. Sein Tod wäre eine Katastrophe. Denn dann wäre jemand anders gezwungen, seinen Job zu machen, und das wollen die Kritiker ja nicht.[43]

- **anderen Personen, die einen tiefen Eindruck hinterlassen haben:** Dies können Personen aus der engsten Familie sein, wie Großeltern, Geschwister, andere Verwandte. Im christlichen Zusammenhang sind das oft Leiter, die uns geprägt haben. Es kann eine positive Prägung gewesen sein, die aber zu einem Ideal erstarrt ist, mit dem alle anderen Leiter verglichen werden. Oder es können geistliche Übergriffe unterschiedlicher Art gewesen sein, die uns gegenüber allem, was Führung heißt, gebrandmarkt haben.
- **spirituellen Träumen:** Es kann der Traum von der perfekten Gemeinde sein, in der Sie als Leiter nur die Aufgabe haben, die Visionen von den richtigen Gottesdiensten, Kleingruppen, der Öffentlichkeitsarbeit oder was auch immer zu verwirklichen. Es kann der Traum sein, eine Art Guru für

einen Menschen mit nie enden wollenden Bedürfnissen zu werden, die sich als Weisheit, Geduld und Zugänglichkeit tarnen. All das kann für den ungeübten Leiter als Zeichen für einen ungewöhnlich offenen und zusammenarbeitswilligen Menschen aufgefasst werden – bis die betreffende Person entdeckt, dass Sie keineswegs Ihrem Bild einer richtigen Führungsperson entsprechen, in der Reaktion eine Kehrtwende macht und sich zu der anstrengendsten Person der Gemeinde entwickelt, die in allem, was Sie tun und sagen, Fehler sieht.

- **Attraktionen:** Eine Attraktion ist nicht das Gleiche wie eine Projektion. Aber sie sei an dieser Stelle erwähnt, weil es vorkommt, dass sie sich in eine Projektion mischt und diese damit noch schwerer zu handhaben ist. Attraktion ist nicht ungewöhnlich, wenn Menschen sich treffen, und ist normalerweise nichts, was aus dem Ruder laufen muss. Aber manchmal dreht es sich um so tiefe Bedürfnisse oder Wunden, dass es für die betreffende Person immer schwerer wird auseinanderzuhalten, was in ihrem Interesse an der Führungsperson was ist.
  Wenn Sie nur das kleinste Signal der Bestätigung auf die Attraktion geben, kann es richtig schwierig werden. Doch auch wenn Sie signalisieren, dass Sie nicht im Mindesten interessiert sind, kann es schwierig werden. Nämlich dann, wenn die Person ihre Enttäuschung in Aggression gegen Sie umsetzt.
- **eigenen ungelösten Problemen:** Probleme im eigenen Leben, die man nicht akzeptiert oder mit denen man sich nicht versöhnt hat, lassen sich schwer handhaben, wenn man sie an anderen wahrnimmt. Typische Beispiele in diesem Zusammenhang sind Bestätigungs-, Dominanz- und Kontrollbedürfnisse.

Ein anderes Beispiel sind Überzeugungen und Verhaltensmuster, die man aus bestimmten Gründen »hinter sich gelassen«, aber nie wirklich bearbeitet hat und die deshalb unerträglich provozieren, wenn sie bei anderen auftauchen. Die »Lösung« ist in all diesen Fällen immer, den Leiter zu kritisieren oder anzugreifen, der diese Probleme zufällig widerspiegelt und der es wahrscheinlich schwierig findet, den unverhältnismäßigen Zorn zu verstehen, der sich Bahn bricht.

Die Stimmung kippt

Die Bilder, die man sich selbst erschaffen hat, spielen in diesem Zusammenhang durchgehend eine große Rolle. Das Problem an selbst geschaffenen Bildern ist ja, dass sie dazu neigen, sich zwischen uns und die Wirklichkeit zu stellen, und es uns noch schwerer machen, sich mit der Wirklichkeit zu versöhnen. Je verletzter ein Mensch ist und je mehr unbefriedigte Bedürfnisse er hat, desto wahrscheinlicher ist es, dass er sich an unrealistische Vorstellungen hängt, um sich selbst und seine Situation auszuhalten.

VERLETZTE MENSCHEN HÄNGEN SICH AN UNREALISTISCHE VORSTELLUNGEN, UM DIE EIGENE SITUATION AUSZUHALTEN.

Wenn dann die Führungsperson von diesem Bild abweicht, was natürlich nur eine Frage der Zeit ist, schlägt die Projektion all der eigenen Bedürfnisse und Träume in Aggression und Verachtung um. Jesus erlebt dies zum ersten Mal in seiner Heimatgemeinde: Gerade hat er aus dem Wort des Propheten über den Messias als Befreier zitiert und »alle priesen ihn und staunten über die Worte, die aus seinem Mund kamen«. Jemand kommentierte: »Ist das nicht

Josefs Sohn?« Und man kann sich leicht die behagliche Stimmung vorstellen, als das Volk merkt, wie sich der Sohn der Stadt entwickelt hat.

Bis Jesus beginnt zu erklären, wie sich Gottes Befreiung durch die Geschichte gestaltet hat. Er hebt ein paar Beispiele hervor, wie Gott nicht unbedingt das Nationalbewusstsein bestätigt hat, als er seine Propheten zu den »falschen« Menschen schickte, die außerhalb des nationalen Selbstverständnisses lebten. Mehr braucht es nicht, um die Stimmung zum Kippen zu bringen:

> Als die Leute in der Synagoge das hörten, wurden sie zornig. Sie sprangen auf und trieben ihn hinaus an einen steilen Abhang des Berges, auf dem die Stadt erbaut war. Sie wollten ihn hinunterstürzen, doch er schritt mitten durch sie hindurch und ging fort.
>
> *Lukas 4,16-30*

Das bekannteste Beispiel ist natürlich die Osterwoche, die mit »Hosianna!« beginnt und einige Tage später, als das Bild des Messias nicht länger stimmt, mit »Kreuzige ihn!« endet. Niemand in der Weltgeschichte war so viel Projektion ausgesetzt wie Jesus. Das ganze Register von psychologischer Übertragung bis zur ontologischen Überwindung der menschlichen Schuld bricht über ihn herein. Von Herodes projizierter Angst vor der Umwelt angesichts des Königskindes in Bethlehem bis zur aggressiven Enttäuschung der religiösen Führer, die wie Säure in seine blutenden Wunden am Kreuz fließen.

Es ist immer risikoreich, wenn sich eine Führungsperson mit Jesus vergleicht. Wie viele der Reaktionen, die Menschen mir gegenüber äußern, gehen aus ihren eigenen Problemen hervor, die sie nun auf mich projizieren? Wie viel dreht sich darum, dass sie auf Jesus und das Evangelium reagieren, das ich vertrete und dem ich ein Gesicht gebe? Und wie viel hat damit zu tun, dass ich mich falsch benommen und unnötige Spannungen und Blockaden aufgebaut habe, die Jesus verwischen und mich in meiner Führung behindern?

Zwei notwendige Ressourcen für die Unterscheidung sind das aufrichtige Gespräch mit Gott im Gebet und das Gespräch mit einem Seelsorger. Wir brauchen einfach eine größere Perspektive als die eigenen verletzten Gefühle, um unterscheiden zu können, was was ist, und entsprechend zu handeln.

Wenn es um die Projektion von Problemen anderer geht, ist es natürlich entscheidend, dies so früh wie möglich zu erkennen, bevor Verwirrung und Zersplitterung entstehen. Ein konkretes Beispiel:

Vor vielen Jahren habe ich ein Bibelstudium bei einer Konferenz für Priester geleitet. Es dauerte nicht lange, bis einer der Priester durch Gesichtsausdruck, Tonlage und Fragen zeigte, dass er mit meinem Beitrag gar nicht einverstanden war. Ich ahnte, worum es ging, und antwortete ihm bewusst vorsichtig und diplomatisch, weil ich wusste, dass eine stärkere Konfrontation seine Projektion nur bestätigen und das ganze Bibelstudium aus der Bahn werfen würde. Als er merkte, dass ich den Faden nicht aufnahm, war er nur noch frustrierter. Schließlich erklärten ihm andere aus der Gruppe verärgert, dass er mich missverstand.

Ich kann mir vorstellen, dass er mit einem tiefschwarzen Bild von mir, null Gewinn aus dem Bibelstudium und dem ärgerlichen Gefühl, einen Tag verschwendet zu haben, nach Hause gefahren ist. Ich war hauptsächlich über sein Handeln besorgt, aber gleichzeitig dankbar, dass mir die Gnade zuteilgeworden war, seine (natürlich völlig unbewusste) Projektion rechtzeitig zu bemerken und die Konzentration auf die Gruppe und das, was ich sagen wollte, zu behalten. Vielleicht gab es an dem Tag andere, die etwas aus dem mitnahmen, was ich vermittelte.

Wenn man eine Projektion nicht erkennt und ihr nicht auf reife Art begegnet, kann sie zu großer Unruhe in einer Gruppe führen. Es kommt zum Beispiel häufig vor, dass sich jemand von einem Leiter bedroht fühlt, aber zu schwach ist, den Konflikt mit der Führungsperson selbst anzugehen. Diese Person kann plötzlich sehr um demokratische Prozesse bemüht sein und lautstark fordern, dass »alle zum Zug kommen müssen«. Wenn dieses Interesse für Demokratie zuvor noch nie aufgetreten ist, kann das ein Hinweis darauf sein, dass der, der sich bedroht fühlt, nun versucht, die Gruppe als »Hebel« gegen die Führungsperson zu benutzen, also als eine Art, Macht über den Leiter auszuüben. Es geht also in diesem Fall mehr um eigene verletzte Gefühle als tatsächlich um die Demokratie.

Die Situation stellt hohe Anforderungen an die Reife der Gruppe: Wessen Problem ist das eigentlich? Wer genau hat ein Problem mit dem Leiter? Wenn die Gruppe dies nicht unterscheiden kann, sondern der Problembeschreibung dessen glaubt, der sich bedroht fühlt, kann das Ergebnis kaum etwas anderes als Verwirrung und Spaltung sein, weil man auf der Grundlage eines falschen Bildes der Wirklichkeit handelt. Die Gruppe begibt sich dann unbewusst in eine Co-Abhängigkeit mit dem Bedrohten. Wie in allen Co-Abhängigkeiten (vergleiche Alkoholismus!) geht es darum, einen Mythos aufrechtzuerhalten, der das Verhalten legitimiert und wirkliche Veränderung verhindert.

Der größte Idiot der Welt

Die Grundskizze jeglicher Führung ist die Elternschaft. Mama und Papa sind die selbstverständlichen Projektionsflächen für sämtliche Bedürfnisse, Wünsche, Träume, Ängste und Aggressionen des Kindes. Es gehört zu den großen Herausforderungen für Eltern, Sätze wie »Du bist der beste Papa der Welt« nicht allzu persönlich zu nehmen. Denn es kommt vermutlich auch der Tag, an dem das Kind, wenn auch nicht unbedingt wörtlich, kommuniziert, dass man der größte Idiot auf der Welt ist. So wie Jean Vanier schreibt:

> Als schwersten Schritt in aller menschlichen Reife kann man gut und gerne den Schritt von der Abhängigkeit von und der Aggression gegenüber seinen Eltern zu einer von Freundschaft und Dialog geprägten Beziehung bezeichnen, die die guten Seiten und Begabungen erkennt. Wir werden erwachsen, wenn wir eine innere Freiheit und die Fähigkeit zu wirklichem Urteilsvermögen erworben haben und wenn wir die Begabung, die andere ausmacht, vollständig akzeptiert haben und uns von dem Licht, das davon ausgeht, berühren lassen. Dies ist der Übergang von Abhängigkeit zu Selbstständigkeit. Diejenigen, die Führungspositionen innehaben, haben die Aufgabe, uns zu helfen, dorthin zu kommen. Aber der Übergang zu einer neuen inneren Freiheit kann nicht ohne Tränen und Schmerz einhergehen.[44]

In einer christlichen Gemeinschaft geht es nicht nur darum, die Projektionen und Aggressionen von Menschen zu »beherbergen«, wie man im Therapiezusammenhang sagt. Das Evangelium fordert uns heraus, einen Schritt weiter zu gehen. Noch einmal Jean Vanier:

> Vergebung liegt im Herzen der christlichen Gemeinschaft und die Leiter müssen uns Vorbild für diese Vergebung sein. Sie müssen wissen, wie sie all die Aggression und Apathie, die ihnen entgegengebracht wird, siebzigmal siebenmal vergeben können. Jeden Tag müssen sie aufs Neue lernen, wie man Menschen als Menschen begegnet. Dabei muss ihnen bewusst sein, dass der Weg zu einer gereiften Beziehung zur Autorität lang ist. Durch die Vergebung nehmen sich die Führer ihrer eigenen Ängste und ihrer Abwehrhaltung an, die sie sonst selbst in Aggressivität und Flucht vor anderen treiben würde. Zu vergeben heißt, offen und ruhig, verständnisvoll und geduldig den Aggressiven gegenüber zu sein.[45]

Leichter gesagt als getan. Diese Einsichten sollten einen zumindest von der Illusion befreien, dass man in einer Führungsposition von allen Menschen bewundert und gelobt wird. Vielmehr geht es darum, mit offenen Augen eine äußerst anspruchsvolle und schmerzhafte Rolle als Aufmerksamkeits- und Projektionsfläche einzunehmen, wohl wissend, dass man sich in der Wahrnehmung der Menschen zwischen Engel und Dämon bewegt.

ALS LEITER NEHMEN WIR MIT OFFENEN AUGEN EINE ÄUSSERST ANSPRUCHSVOLLE UND SCHMERZHAFTE ROLLE EIN: ALS AUFMERKSAMKEITS- UND PROJEKTIONSFLÄCHE.

Sie werden ihre Träume von Göttlichkeit auf die Führungsperson projizieren – ebenso wie ihren Frust und Zorn, wenn sie deren menschliche Grenzen bemerken. Manche werden einen als Retter der Gemeinde begrüßen, nur um einen wenig später in die Kategorie »Haupthindernis für geistlichen Durchbruch« zu verschieben.

Unmittelbar nach seiner Umkehr bekam Paulus die bitteren Arbeitsbedingungen zu hören, die ihn zukünftig begleiten würden, als der Herr zu seinem geistlichen Wegbegleiter Ananias sagt: »Ich werde ihm zeigen, wie sehr er für meinen Namen leiden muss« (Apostelgeschichte 9,16). Mit dem Leiden waren natürlich der Widerstand und die Verfolgung gemeint, die Paulus von den Machthabern erfahren sollte, und die Menschen, die dem christlichen Glauben gegenüber feindlich gesinnt waren. Aber der 1. Korintherbrief zeigt deutlich, dass auch die Führungsrolle in der Gemeinde eine ständige Quelle schmerzhafter Erfahrungen für Paulus war:

Er wird beschuldigt, kein richtiger Apostel zu sein. Er wird als Irrlehrer bezeichnet. Er wird von seinen Freunden verraten, als man ihn vor Gericht zerrt. Man munkelt, er sei ein schlechter Prediger. Und mit Sicherheit ist er eigentlich auch ziemlich faul und will gar nicht wie alle anderen arbeiten? Ganz zu schweigen davon, wie sprunghaft er ist, wenn er in seinen anmaßenden Briefen anderen erzählt, was sie glauben sollen, aber sein Fähnchen in den Wind hält, wenn er ihnen von Angesicht zu Angesicht gegenübersteht. Und all diese Konflikte zwischen den verschiedenen Gruppen, die zeigen, dass er eigentlich ein total schwacher Führer ist …

Mit unsentimentaler Sachlichkeit beschreibt er den Alltag eines christlichen Leiters:

> Aber manchmal habe ich den Eindruck, dass Gott uns Apostel als die Geringsten erscheinen lässt, wie zum Tode Verurteilte. Wir sind ein Schauspiel geworden für die ganze Welt – für Menschen wie für Engel. Wegen unserer Hingabe an Christus hält man uns für Narren – ihr aber seid klug in Christus. Wir sind schwach – ihr aber seid stark. Ihr seid angesehen – wir werden ausgelacht. Bis zu dieser Stunde leiden wir Hunger und Durst und sind unbekleidet. Wir werden geschlagen und haben kein eigenes Dach über dem Kopf. Wir haben uns mühsam mit unseren eigenen Händen unseren

> Lebensunterhalt verdient. Wir segnen die, die uns beschimpfen. Wir haben Geduld mit denen, die uns verfolgen. Wir sind freundlich zu denen, die Böses über uns sagen. Und doch werden wir behandelt, als wären wir die Sündenböcke der Welt, von allen der Abschaum – und das bis zu diesem Augenblick.
> *1. Korinther 4,9-13*

Sind Sie an dem Job interessiert? Hier verläuft eine haarfeine Grenze zwischen Realitätssinn und Selbstmitleid. Man muss sich, wie gesagt, hin und wieder die Frage stellen, wie viel menschlichen Widerstand man mit seinem eigenen Verhalten hervorruft und wie viel man dem »Preis für die Führungsrolle« zuschreiben kann. Paulus setzt seine Argumentation mit der Klarstellung fort, dass es nicht darum geht, Schuldgefühle in der Gemeinde zu wecken, sondern um eine Warnung vor falschen Führern, die sich ihre Finger nie schmutzig machen und mit ihrer Überreligiosität über allem schweben:

> Ich schreibe das nicht, um euch zu beschämen, sondern um euch als meine geliebten Kinder zu warnen. Selbst wenn ihr zehntausend Erzieher hättet, die euch Christus nahe bringen, so habt ihr doch nicht viele Väter. Denn ich wurde euer Vater in Christus Jesus, als ich euch als Erster die Botschaft Gottes verkündete. Deshalb bitte ich euch jetzt, meinem Beispiel zu folgen und es mir gleichzutun.
> *1. Korinther 4,14-16*

Ich – ein Vorbild?

Vorbild. All unserem Gleichheitsbestreben sträubt sich bei diesem Wort die Nackenhaare. Soll ich für jemanden Vorbild sein? Doch genau darum geht es beim Thema Führung. Etwas später im gleichen Brief verdeutlicht Paulus: »Ihr solltet meinem Beispiel folgen, so wie ich Christus folge« (1. Korinther 11,1).

Ganz ähnlich sagte auch Martin Lönnebo: »Jesus ist der Führer der Gemeinde. Wer ihm folgt, führt andere auf den rechten Weg.«

Mit der gleichen unsentimentalen Sachlichkeit kann Paulus daher seinen Schüler Timotheus auffordern: »Niemand soll dich gering schätzen, nur weil du jung bist. Sei allen Gläubigen ein Vorbild in dem, was du lehrst, wie du lebst, in der Liebe, im Glauben und in der Reinheit« (1. Timotheus 4,12). Um diesen Weg gehen zu können, muss man zunächst aufhören, auf sich selbst herabzusehen.

Einem anderen Mitarbeiter, Titus, schreibt Paulus: »Du selbst sei ihnen in allem ein gutes Vorbild und ein Beispiel für die Glaubwürdigkeit und Würde deiner Lehre. Deine Verkündigung soll wahr und nicht anfechtbar sein, damit die Kritiker der Gegenseite beschämt werden, weil sie uns nichts Schlechtes nachsagen können!« (Titus 2,7-8). Beachten Sie, dass der Widerstand die ganze Zeit anhält.

Hier stoßen wir auf ein typisches biblisches Paradox. Auf der einen Seite legen Jesus und die Apostel großes Gewicht auf die persönliche Glaubwürdigkeit der Leiter. Man kann von anderen nicht verlangen, was man selbst nicht tut. Man muss selbst den Weg gehen, um andere auf ihrem Weg führen zu können. Das Wort muss erst in einem selbst Fleisch werden, bevor man es anderen glaubwürdig verkünden kann.

Auf der anderen Seite: Die Führungsperson, die ihren Mut daran bemisst, wie weit er oder sie in der eigenen geistlichen Entwicklung gekommen ist, hat bald nichts mehr zu sagen. Je mehr man die Temperatur der eigenen Hingabe misst, desto schneller sinkt sie. Den Blick von Jesus abzuwenden und der Kontrolle des eigenen Glaubens und der Glaubwürdigkeit zuzuwenden, ist eine sichere Methode, um in Depression, chaotischer Führung und Burn-out zu landen.

»Folge mir … ich werde dich zu einem Menschenfischer machen.« Wenn Ihre Augen im Hinblick auf die eigene Leitungsrolle unruhig zu flackern beginnen, ist es Zeit, den Blick zu heben. Es ist Jesus, dem Sie folgen. Das ist streng genommen Ihre einzige Aufgabe. Sein Auftrag ist es, Sie als Führungsperson zu formen. Um Paulus zu paraphrasieren: »Arbeitet an eurer Führung mit Furcht und Zittern. Denn Gott ist's, der in euch wirkt beides, das Wollen und das Vollbringen« (nach Philipper 2,12-13).

Am deutlichsten wird der Zusammenhang zwischen Nachfolge und Führung im zweiten Korintherbrief. Nirgendwo spricht Paulus mehr über seine persönliche Schwäche, nirgendwo spricht er mehr von Gottes Herrlichkeit. Kann es einen Zusammenhang geben? Ausgerechnet in der Gemeinde, die ihn am schärfsten kritisiert und seine Führung infrage stellt, trägt er eben nicht seine Vorzüge vor sich her:

> Denn Gott, der sprach: »Es werde Licht in der Finsternis«, hat uns in unseren Herzen erkennen lassen, dass dieses Licht der Glanz der Herrlichkeit Gottes ist, die uns im Angesicht von Jesus Christus sichtbar wird. Doch diesen kostbaren Schatz tragen wir in zerbrechlichen Gefäßen, nämlich in unseren schwachen Körpern. So kann jeder sehen, dass unsere Kraft ganz von Gott kommt und nicht unsere eigene ist.
> *2. Korinther 4,6-7*

Springsteen und Eminem

Wenn die Kirche keine Vorbilder liefert, werden andere es sein. Jahrzehntelang haben nicht zuletzt Musiker und Künstler diese Rolle eingenommen. Oder eher: Wir haben ihnen diese Rolle gegeben. The Beatles, Bruce Springsteen, Madonna, Britney Spears, Eminem – die Liste der Vorbilder für Millionen von jungen Menschen ist lang. Wir verfolgen jeden ihrer Schritte und ihrer Krisen anhand all der »Botschaften«, die sie versenden: Alben, Bücher, Interviews, Konzerte.

Der rote Faden in all diesen unterschiedlichen Stilen und letztlich das einzige Wahrheitskriterium ist die Authentizität dieser Künstler. Diese wird oft und gerne im Kontrast zu und als Aufbegehren gegen eine Umgebung gesehen, die nicht als authentisch wahrgenommen wird. Das Einzige, was bei allen Richtungs- und Stilwechseln zählt, ist, dass er oder sie »sich selbst und seiner Entwicklung gegenüber treu« ist. Dann dürfen sie glauben und leben, wie sie wollen. Auf diese Weise verkörpern sie die postmoderne Philosophie, ohne vielleicht eine einzige Zeile der entsprechenden Vordenker gelesen zu haben.

HEILIGE LEUCHTEN NICHT VON SELBST.

Somit werden sie auch Muster und Vorbild dafür, wie wir unsere eigene Entwicklung durch alle Krisen hindurch deuten – und die Wahrheit. Die Musik zeigt die unmerkliche und sehr kraftvolle Umdeutung von Wahrheit von etwas Allgemeinem und Universellem hin zu dem, was für mich gerade Wahrheit ist.

Hier kann man Vergleiche zu den Heiligen ziehen, die im Laufe der Geschichte Vorbilder und Projektionsflächen für so viele waren. Ignatius von Loyola ist nur einer von unzähligen Menschen, die ihrem Leben durch das Lesen von Heiligenbiografien eine ganz neue Richtung gegeben haben – und die dann selbst für andere ein solches Vorbild wurden. Heiligenbiografien mit unterschiedlichem Wahrheitsgehalt haben durch die Jahrhunderte hinweg dem Evangelium Gesicht und Form gegeben; sie waren Spiegel, in denen die Menschen ihre eigenen Lebenskrisen und Träume betrachten konnten. Aber das Außergewöhnliche an den Heiligen ist, dass sie niemals auf sich selbst und ihre eigene Entwicklung zeigten. »Heilige leuchten nicht von selbst«, pflegte man zu sagen. Sie spiegeln Christus wider und deuten auf eine größere Wahrheit als ihre eigene Authentizität. Deshalb konnten sie auch ihre Nachfolger zu einem Leben inspirieren, das weiter reichte als ihre eigenen Träume.

So viel mehr als Authentizität

Thomas Merton lebte an der Schnittstelle zwischen Heiligem und Rockstar. Seine Tagebuchaufzeichnungen wimmeln von Referenzen auf die ständigen Konflikte zwischen dem Leben als kontemplativer Mönch und dem Dasein als weltberühmter Autor, der im ständigen Briefwechsel mit Bewunderern und Nachfolgern aus der ganzen Welt stand. Immer wieder erwähnt er, wie unmöglich es ist, diese beiden Lebensstile miteinander zu vereinen. Trotzdem gibt es etliche Menschen, die Gott dafür danken, dass er genau das tat.

Zwei Beispiele aus seinem privaten Tagebuch mögen diese Zerrissenheit zwischen persönlicher Authentizität und der Beugung vor einer höheren Wahrheit illustrieren. Das erste stammt vom 5. November 1965 (Merton wurde 1915 geboren und starb 1968):

> Altertümliche Vorstellung: Das Leben als Eremit und eigentlich jedes christliche Leben sei ein Kampf gegen unsichtbare Mächte. Heute wird das sogar von Mönchen zurückgewiesen.

> Aber hat die Bibel wirklich so unrecht? Ich glaube, dass ich das mehr und mehr erlebe. Wer kann schon genau sagen, was diese Mächte sind? Aber man erlebt ihre Überredungskünste, ihren Gebrauch unserer Schwäche, um uns zu Entscheidungen zu zwingen, als ob sie erst dann zufrieden wären, wenn unser Leben ruiniert ist. Es braucht so viel mehr als »Weisheit« – und unendlich mehr als persönliche Verantwortung –, Selbstständigkeit, Authentizität usw. Oberflächlicher Existenzialismus kann eine Katastrophe sein. Ich kann es in meinen Worten sehen, nun, nachdem sie gedruckt wurden. Allein mein arroganter Ton und dann extreme Äußerungen können Schaden hervorrufen. Wie kann ich mich beklagen, wenn ich kritisiert werde? Ich werde dennoch oft dafür kritisiert, nicht radikal genug zu sein. Ich bin offenbar eine komplizierte und vielseitige Person, und das kann alle reizen. Gleichzeitig muss ich weiter daran arbeiten, mich ernsthaft mit meinen Problemen auseinanderzusetzen, ohne die flüchtige Befriedigung darin zu suchen, dass ich mich über alles selbstsicher äußern kann.[46]

Im Jahr darauf, am 30. Juni 1966, schrieb er:

> Sich Gott wie ein höriges Opfer im Glauben zu übergeben. Das ist der entscheidende Punkt. Viel zu groß ist die Betonung der eigenen Wahrheit, der eigenen authentischen Freiheit. Man vergisst die Begrenzungen und Einschränkungen in diesem »Eigenen«. Die Tendenz, »meine eigene« Wahrheit und Freiheit als unbegrenzt und endgültig aufzufassen, »in meinem eigenen Fall«. Das ist die totale Niederlage.
> Das Paradox, dass nur Gottes Wahrheit zutiefst auch meine eigene Wahrheit ist (es gibt keine Wahrheit für mich, eine für meinen Nachbarn, eine dritte für Gott) und nur Gottes Wille

meine Freiheit ist. Wenn diese beiden in Konflikt zueinander zu stehen scheinen, handle ich dann frei?[47]

Die Grenze zwischen privat und öffentlich

Merton stellt für uns zwei entscheidende Fragen, um die richtigen Vorbilder zu finden:

1. Wo liegt die Grenze zwischen privat und öffentlich?
2. Vor wem bin ich verantwortlich?

Zunächst zur ersten Frage. Das Internet und eine narzisstische Kultur haben schnell und effektiv zusammengewirkt und diese Grenze verwischt. Unser Privatleben fließt in alle Richtungen, was uns in unserer Identität nicht sicherer, sondern unsicherer und vergleichender gemacht hat. Das untergräbt unsere Fähigkeit, persönliche Vorbilder zu sein, weil das eine robuste Identität voraussetzt. Nur mit dieser können wir anderen helfen, sich in die gleiche Richtung zu entwickeln.

Jede Führungsposition lebt ein Doppelleben in der Hinsicht, dass es eine deutliche Grenze zwischen privatem und öffentlichem Leben geben muss. Das fragile Zusammenspiel zwischen diesen beiden Sphären kann auf zweierlei Weise zerstört werden. Einmal dadurch, dass die Grenzen verwischt werden, zum anderen dadurch, dass man in diesen beiden Sphären einander völlig entgegengesetzte Leben lebt. Es gibt genug Beispiele für ein echtes Doppelleben von Führungspersonen – das heißt, dass das Privatleben der öffentlichen Rolle widerspricht.

Ein gutes Zusammenspiel von Privatem und Öffentlichem ist wie das Zusammenwirken zwischen den verborgenen Wurzeln eines Baums und seiner Krone. »Wenn du betest, geh an einen Ort, wo du allein bist, schließ die Tür hinter dir und bete in der Stille zu deinem Vater. Dann wird dich dein Vater, der alle Geheimnisse kennt, belohnen« (Matthäus 6,6). Hier nennt Jesus den zentralen Schlüssel für das verborgene Leben: das Gebet. Nichts ist wichtiger. Nichts hat eine langfristig tiefere Wirkung auf unsere Identität und Integrität. Es gibt keinen anderen Weg für einen christlichen Leiter.

Ein geistliches Tagebuch ist konkreter Ausdruck dieses inneren Lebens. Schreiben Sie wichtige Erfahrungen auf, was Gott Ihnen zugeflüstert hat, Entscheidungen und andere Reflexionen. Nicht unbedingt täglich, aber wenn es sich dadrinnen rührt. Es geht darum, Gott ernst zu nehmen, uns selbst ernst zu nehmen, unsere Erfahrungen ernst zu nehmen, unsere eigenen Worte ernst zu nehmen. Dieses Buch ist keine Inspirationsquelle für Predigten, sondern völlig privat, eine konkrete Hilfe, die Grenzen zwischen dem eigenen Leben und dem Dienst abzustecken. Es hilft auch dabei, Kontinuität und Zusammenhänge zu erkennen, zurückgehen zu können und Hinweisen zu folgen, wenn Nebel aufkommt.

NICHTS HAT EINE LANGFRISTIG TIEFERE WIRKUNG AUF UNSERE IDENTITÄT UND INTEGRITÄT ALS DAS GEBET.

Sich um die eigene Seele zu kümmern, ist ein weiteres Grundbedürfnis. Seelsorge pflegen wir nicht, weil wir Probleme hätten, sondern einfach weil wir Jünger sind. Es darf kein Kollege oder eine andere Person mit beruflichen Erwartungen an uns sein. Seelsorge ist auch nicht das Gleiche wie ein Austausch unter Freunden. Unser Seelsorger muss eine Person sein, die wir regelmäßig treffen, um ausschließlich der Bedürftige, der Empfangende, zu sein.

Für eine Führungsperson ist es besonders wichtig, eine solche Beziehung zu finden, in der nicht Bewunderung oder eigene Bedürfnisse des Seelsorgers oder geistlichen Wegbegleiters einfließen.

Die jährlichen Exerzitien sind ein viertes unabdingbares Mittel, um das Innere so einzugrenzen, dass es nicht in der Öffentlichkeit ertrinkt. Eine Woche lang einmal alle Verantwortung für eine Gemeinde und andere Menschen fallen zu lassen und sich mit ganzem Herzen Gott zuzuwenden, um im Licht seines Angesichts die Orientierung in den eigenen Beziehungen zurückzugewinnen. Das ist natürlich keine Neuerfindung, sondern genau wie die ersten drei Schlüssel eine Selbstverständlichkeit, die seit den Tagen der Bibel bis in unsere Zeit überliefert wurde, aber heute überall eine Renaissance erlebt.

Meine innerste Krypta

Exerzitien stellen mich, wenn ich nach Hause komme, auch vor eine Herausforderung: Was kann ich anderen vermitteln und was war nur für mich bestimmt? Ein wiederkehrendes Muster in den Evangelien ist ja, dass Jesus durch ein Geschehen seine Herrlichkeit zeigt und dann aber seine Jünger ermahnt: »Erzählt niemandem, was ihr gesehen habt.«[48] Sie wurden als Prediger ausgesandt, mussten aber die wichtige Disziplin lernen, die öffentliche Verkündigung und ihre persönlichen Erfahrungen auseinanderzuhalten.

Aber sind nicht genau unsere Erfahrungen die Quelle einer authentischen Verkündigung? Wie sollen wir uns hier zurechtfinden? Denken Sie sich das Leben als konzentrische Kreise. Der innerste ist die eigene verborgene »Krypta«, der innerste Raum, in dem alles, was Sie selbst sind, auf all das trifft, was Gott ist. Der nächste Kreis: Ehepartner, Seelsorger, engste Freunde. Dann Mitarbeiter. Und schließlich der öffentliche Raum.

Die Grundregel lautet, nicht in jedem Kreis alles zu offenbaren, was Sie sind, aber auch nichts anderes als das, was Sie sind, zu offenbaren. Sie sollen also nicht im öffentlichen Kreis von Ihren persönlichen Problemen oder Konflikten sprechen und auch nicht über das, was Gott Ihnen in der letzten Zeit gesagt hat. Genauso wenig sollen Sie in einem Kreis einen Schein von etwas aufbauen, das in der Mitte des Lebens nicht wahr ist. Die Faustregel lautet also, nicht alles zu sagen, aber das, was Sie sagen, muss stimmen.

Wieder geht es um Freiheit. Jede Lüge, die wir vermitteln, selbst wenn es nur eine vorsichtige Andeutung ist, wird das Leben kleiner machen und die Freiheit behindern. Jesus ist hier unnachgiebig: Nur »die Wahrheit wird euch frei machen« (Johannes 8,32).

Aber schreibt Paulus nicht ziemlich offen von seinen Problemen? Ist das nicht ein wichtiger Bereich der Vorbildfunktion: eigene Schwächen und nicht nur eine perfekte Fassade zu zeigen?

Wieder ein Fall für Urteilsvermögen. Es funktioniert nachweislich nicht, wenn ein Leiter die Gemeinde als Therapeuten benutzt und seine Probleme in der Predigt ausbreitet. Zum einen muss die Gemeinde dann außer ihren eigenen auch noch die Probleme des Predigers tragen, zum anderen wird der Prediger auf diese Weise seine Probleme auch nicht los. Hier kneift der Leiter vor seiner primären Verantwortung: sich mit seiner Situation auseinanderzusetzen und sie mit Gott und seinem Seelsorger zu bearbeiten.

Ich weiß nicht mehr, wer es gesagt hat, aber ich erinnere mich, dass ich es sofort als richtige Beobachtung erkannte: Wenn der Prediger von seinen Wunden spricht, hat die Gemeinde Mitleid und fokussiert sich auf die Situation des Predigers. Wenn der Prediger von seinen Narben spricht, hilft das den Zuhörern, auf ihre eigenen Wunden zu sehen und vielleicht einen Weg zur Heilung zu finden. Das Entscheidende ist hier also Zeit plus Heilung. Ist man sich nicht sicher, ist es besser, mit den persönlichen Beispielen noch zu warten.

Vor wem bin ich verantwortlich?

Das ist die andere Frage, die wir bei Merton finden. Hier verläuft eine andere wichtige Trennlinie zwischen einem christlichen Leiter als Vorbild und den säkularen Promis als Projektionsfläche. Einerseits gibt es eine deutliche Grenze zwischen privat und öffentlich, andererseits sind wir als christliche Führungspersonen nicht nur für unsere eigene »authentische Entwicklung« verantwortlich. Paulus öffnet eine völlig unbekannte Tür zur Echokammer der medialen Selbstspiegelung:

> Ihr sollt in uns Diener von Christus sehen, denen die Aufgabe anvertraut wurde, Gottes Geheimnisse zu erklären. Nun erwartet man von einem Menschen, dem ein Amt anvertraut wurde, dass er treu ist. Wie ist das nun bei mir? Bin ich treu gewesen? In dieser Frage spielt es kaum eine Rolle, was ihr oder sonst irgendjemand denkt, ja ich vertraue in diesem Punkt nicht einmal meinem eigenen Urteil. Mein Gewissen ist zwar rein, doch das ist nicht entscheidend. Es ist der Herr selbst, der mich prüft und darüber zu entscheiden hat. Deshalb hütet euch, voreilige Urteile über den Glauben anderer zu fällen, bevor der Herr wiederkommt. Wenn der Herr kommt, wird er unsere tiefsten Geheimnisse ans Licht bringen und unsere verborgensten Beweggründe offenbar machen. Und dann wird Gott jeden so loben, wie es ihm zusteht.
> *1. Korinther 4,1-5*

Entscheidend ist nicht, was das Volk von Paulus denkt. Entscheidend ist nicht einmal sein eigenes Gewissen oder die Treue sich selbst gegenüber, die in einer postmodernden Kultur äußerste Norm und einziges Wahrheitskriterium ist. Entscheidend ist die

Verantwortung vor Gott, dessen Recht als Schöpfer es ist, seine Schöpfung zu richten, und die Macht des Erlösers, jene freizusprechen, die sich von ihrer Selbstgefälligkeit abwenden. Hier stehen wir vor einer größeren Welt als unserer eigenen.

Hier kann man wieder den Vergleich mit den Millionen von Menschen ziehen, die in den letzten Jahrzehnten ihr Leben im Licht berühmter Künstler interpretiert haben. Der Lebensweg eines einzigen Menschen hat auf diese Weise eine immense Interpretationsbedeutung bekommen, der alle folgen. Wohin?

ENTSCHEIDEND IST DIE VERANTWORTUNG VOR GOTT. DORT STEHEN WIR VOR EINER GRÖSSEREN WELT ALS UNSERER EIGENEN.

Und oft wiederholt sich dieses Muster in den »theologischen Entdeckungsreisen« einzelner christlicher Leiter, in denen sie ihre persönlichen Krisen und Auseinandersetzungen um Gottesbild und Theologie aufzeichnen, mit dem Anspruch, sogar andere zu leiten. Dies geschieht in unserer individualistischen Gesellschaft ohne verpflichtende Verantwortung gegenüber der Kirche, sei es im Hinblick auf lokale Gemeinden oder die allgemeine kirchliche Tradition. Damit erhält der Individualismus eine theologische Legitimation – »Ich und meine interessante Reise« –, statt angemahnt und als gefährliche Sackgasse konfrontiert zu werden.

Erst wenn wir als Führungspersonen gemeinsam beginnen, für unser Bekenntnis und unser Leben Verantwortung vor Gott und seiner Kirche zu übernehmen, bekommen wir die Kraft, Menschen einen Weg aus dem Fluch des Individualismus zu zeigen. Ver-*Antwortung* bedeutet buchstäblich, auf etwas zu antworten, in etwas einzustimmen, sich vor etwas zu beugen.

Der einzige Kontext, in dem christlichen Leitern heutzutage bedingungslose Verantwortung abverlangt wird, sind Arbeitszeiten, Wirtschaftlichkeit, ethische Verhaltenskodizes, Arbeitspraktiken und ähnliche Fragen. Theologie und Bekenntnis werden oft freimütig der privaten Interpretation überlassen und sind nichts, wofür man im engsten Sinn zur Rechenschaft gezogen werden kann. Damit zeigen wir deutlich, was im Zentrum und was in der Peripherie unseres Führungsverständnisses steht. Praktisch eine diskrete Säkularisierung. Unsere Prioritäten zeigen, was uns etwas bedeutet.

Das klingt vielleicht wie ein bedrohliches Gemurmel gegen unsere Freiheit, ist aber tatsächlich eine Frage der Bewahrung unserer Freiheit. Man sagt heute oft, dass es Kindern nicht gut geht, weil sie viel zu viele Entscheidungen treffen müssen, für die sie noch gar nicht reif sind. Vielleicht gilt das, mehr als man ahnt, auch für Erwachsene.

Was macht es mit uns, Theologie und Bekenntnis in den Händen zu halten und den Druck aus uns selbst heraus wie auch von der Umgebung zu spüren, ständig neue und interessante Auslegungen zu präsentieren, die möglichst noch keiner formuliert hat? Wie viel von unseren Burn-outs und Depressionen wird durch diese katastrophale Verwechslung von Zentrum und Peripherie ausgelöst, in der alle Kraft und Verpflichtung auf die äußeren Formen gelegt werden, während der innere Kern von ständigen Umwälzungen weggeätzt wird?

Auf standfestem Boden

Die Evangelien deuten einen Weg auf standfestem Boden an. Jesus versammelt seine Jünger zum Gebet und stellt nach einer Weile die Frage: »Für wen halten die Leute den Menschensohn?« Es kommen verschiedene Vorschläge: dass er der zurückgekehrte Elia sei oder Johannes der Täufer oder ein anderer der alttestamentlichen Propheten.

Dann kommt die Frage: »Und was meint ihr, wer ich bin?« Petrus bricht das Schweigen und spricht das Unerhörte aus: »Du bist der Christus, der Sohn des lebendigen Gottes« (Matthäus 16,13-20).

Eine Woche später nimmt Jesus Petrus, Jakobus und Johannes mit auf einen hohen Berg. Dort passiert etwas für die Jünger völlig Unerwartetes. Jesus wird vor ihren Augen in ein blendend weißes Licht verwandelt. Sie sehen Mose und Elia mit ihm reden. Dann senkt sich eine helle Wolke über sie und sie hören eine Stimme: »Dies ist mein geliebter Sohn, an dem ich meine Freude habe. Hört auf ihn« (Matthäus 17,1-5).

Vier verschiedene Ebenen lassen sich hier unterscheiden:

1. Die erste und oberflächlichste Ebene ist **die Aussage des Volkes über Jesus**. Diese kann, abhängig von zeitlichen Strömungen, politischen Interessen, wirtschaftlichen Strukturen und anderen wechselnden Einflüssen, ganz unterschiedlich ausfallen.
2. Die nächste Ebene ist **meine eigene Aussage über Jesus**. Auch diese kann sehr unterschiedlich lauten, je nach Hintergrund und Erfahrungen.
3. Auf der nächsten Ebene folgt das, **was die Kirche über Jesus sagt**. Hier nähert man sich schon deutlich festerem Grund, da das Bekenntnis der Kirche weder vom kollektiven Zeitgeist noch von einzelnen Interpretationen abhängt. »Petrus« steht für die kirchliche Reaktion auf Jesus, »der Fels«, auf den gebaut werden kann.
4. Die vierte Ebene beschreibt, **was der Vater über Jesus sagt**. Und hier rühren wir an das, was absolut unerschütterlich ist, was für menschliche Umdeutungen und Einzelinteressen völlig unerreichbar ist. »Für alle Zeit, Herr, hat dein Wort

im Himmel Bestand« (Psalm 119,89). Dort hat die Wahrheit ihren festen Thron, außer Reichweite der irdischen Machthaber.

Für einen christlichen Leiter hat dies große seelsorgerische und fast physische Bedeutung. Wenn Sie sich selbst und Ihre Führungsrolle zu ernst nehmen, wenn Sie sich für Gott und Menschen zu viel Verantwortung aufladen, wenn Sie die ganze Zeit die Temperatur der eigenen Spiritualität messen – dann ist es ein schwindelerregender Schritt zur Freiheit, all das loszulassen und Ihren Schwerpunkt auf das zu verlagern, was der Vater über seinen Sohn sagt, und wieder Grund unter den Füßen zu spüren. Dann verlangt jede Faser Ihres Körpers nach dem lebendigen Gott und Sie können endlich anfangen zu entspannen.

WENN SIE IHRE FÜHRUNGSROLLE ZU ERNST NEHMEN, DANN DÜRFEN SIE SICH AUF DAS KONZENTRIEREN, WAS DER VATER ÜBER SEINEN SOHN SAGT.

Es hängt nicht von Ihnen ab.

6

HIER GEHT'S LANG

Die Frage von Macht und Autorität

Während unseres ersten Urlaubs auf Öland haben wir auf einer Kuhweide gezeltet. So stellte es sich heraus, als wir noch etwas verschlafen das Schnaufen durch die Zeltwand hörten, als der Bauer seine Kühe auf die Weide trieb. Der Bauer war zum Glück freundlich gestimmt und wir beobachteten das faszinierende Zusammenspiel zwischen ihm und seinem Border Collie. Der Hund führte schnell und effektiv die ziemlich große Herde, die gelernt hatte, sich nach den Signalen des Hundes zu bewegen.

Da diese Kühe gelernt hatten, der Führung eines Hundes zu folgen, glaubten wir, es würde ebenso leicht sein, wenn wir unseren eigenen Hund aus dem Zelt ließen. Er war ein schwedischer Lapphund, eine Rasse, die von den Samen genutzt wird, um die Rentiere sicher zu führen. Die Kühe brauchten jedoch nur fünf Sekunden, um zu merken, dass dieser Hund unsicher und ängstlich war, und jagten ihn augenblicklich davon. Also mussten wir zusehen, dass sie sich nicht mehr begegneten.

Und da war sie: eine Lektion zum Thema Führung.

Es ist nicht ungewöhnlich, dass Pastoren und Priester von Gemeindemitgliedern und -gruppen, die ihre Führung nicht respektieren, »auf die Schippe genommen« werden. Eine solche Situation entsteht, wenn eine bestimmte Gruppe ungeduldig eine gewisse Art von Geistlichkeit verfolgt und verlangt, dass Gottesdienste und Lehre die richtigen geistlichen Züge haben und dass »mehr in der Gemeinde passiert«. Die erklärte Botschaft lautet: »Viele in der Gemeinde sehnen sich danach«; unausgesprochen bleibt: »Du lieferst nicht.«

Dann ist das Risiko groß, dass der Pastor im Verhältnis zu dieser Gruppe ins Hintertreffen gerät. Er oder sie zögert, diese Einflüsse in der Gemeinde zuzulassen, weil sie deutliche Züge von Überreligiosität zeigen, die Menschen verletzen und die Gemeinde spalten könnten. Also verwendet der Leiter immer mehr Energie darauf zu bremsen, statt zu leiten. Die Führungsrolle gleicht immer mehr der Polizeiarbeit: »So soll es in der Gemeinde nicht laufen.« Die Arbeit dreht sich mehr und mehr um negative Äußerungen und Reaktionen auf die Initiative anderer und immer weniger um kreative Alternativen.

Das bestätigt wiederum die Analyse der Opposition: »Es gibt in unserer Gemeinde keine geistliche Leitung.« Sie kommen zur Schlussfolgerung, dass sie entweder versuchen müssen, neue, echte Leiter in der Gemeinde einzusetzen oder, wenn das nicht möglich ist, ein anderes Umfeld zu suchen, wo »etwas passiert«.

Dieser Konflikt kann sich in mehrere verschiedene Richtungen entwickeln. Welche Richtung er nimmt, hängt in hohem Maß vom Selbstbewusstsein des Pastors ab. Bestehen dort Unsicherheiten, kann die unzufriedene Gruppe Unordnung in der Gemeinde verursachen. Die Unsicherheit kann sowohl in einem insgesamt schwachen Selbstwertgefühl begründet sein als auch in dem Gefühl von geistlicher Unterlegenheit und Unzulänglichkeit. Wenn die Überreligiösen davon sprechen, dass »mehr passieren muss« oder »wir mehr beten müssen«, knüpfen sie an dieses schwache Selbstwertgefühl an und bestätigen es. Dadurch wird es unfassbar schwer, Widerstand zu leisten oder in eine andere Richtung zu zeigen, weil »sie ja irgendwie recht haben, dass es in meinem Leben zu wenig Spiritualität gibt«.

Auf diese Weise bekommt die Gruppe wie ein aufdringlicher Verkäufer einen Fuß in die Tür und ist dann noch viel schwerer wieder loszuwerden. Sie haben die Initiative und man selbst »reagiert« oder muss sich zu ihren Ideen »verhalten«, anstatt die Gemeinde in die Richtung zu führen, die man für richtig hält.

Aber die Unsicherheit des Leiters muss nicht zur Nachgiebigkeit führen, sondern kann auch den entgegengesetzten Effekt haben: Dann wird er autoritär und mimt den starken Leiter. Das ist ein

Beispiel für das zuvor erwähnte Zitat über einen Leiter, »der so dicke Haut hat, dass er ohne Rückgrat stehen kann«. Die fatale Verwechslung von Stärke und Härte. Bei Stärke geht es um den Kern, bei Härte um die Schale. Mitunter kann die Schale eines autoritären Führungsstils einen furchtbaren Mangel des inneren Kerns verbergen.

HABE ICH DIE MACHT ÜBER MEIN EIGENES LEBEN? ODER GIBT ES MÄCHTE, DIE MICH ANS FALSCHE ZIEL FÜHREN WOLLEN?

Sowohl der nachgiebige als auch der autoritäre Leiter hat die Führung im biblischen Sinn verloren, nämlich den Auftrag, in Jesu Nachfolge Menschen zu Umkehr, Befreiung und Heilung zu führen. In beiden Fällen sind es die eigenen Bedürfnisse, die im Mittelpunkt stehen, und nicht die der Gemeinde. Für den Konfliktscheuen geht es um das Bedürfnis nach Bestätigung, für den Autoritären um das Bedürfnis, sein Revier zu markieren. Und die Schafe merken schnell, dass der Hirte hier nicht zur grünen Weide führen kann – er ist völlig mit seinen eigenen Problemen beschäftigt.

Wer hat die Macht?

Das Erste, was Jesus seinen Jüngern gibt, als er sie aussendet, ist »die Vollmacht, böse Geister auszutreiben« (Markus 6,7). Nicht die Macht über andere Menschen, sondern über die Mächte, die andere Menschen versklaven. Und diese Vollmacht muss logischerweise auch in unserem Leben wirksam sein, wenn wir einen befreienden Einfluss auf andere ausüben wollen.

Habe ich die Macht über mein eigenes Leben? Oder gibt es Mächte, die mich ans falsche Ziel führen wollen und daran hindern, in die richtige Richtung zu gehen? Wieder einmal müssen wir unser Sichtfeld erweitern und dieses Problem nicht nur auf das Thema Dämonen reduzieren. Was hat Macht über mich? Eine kleine Checkliste:

- **Geringes Selbstwertgefühl:** vielleicht eine vererbte Selbstverachtung von Mama und/oder Papa. Ein Gefühl von Scham, nichts zu haben, womit man dienen kann, niemals zu genügen.
- **Verletzungen, Enttäuschung und Verluste:** Beziehungen und Geschehnisse, die falsch gelaufen sind und mein Leben eingenommen haben. Wenn ich mir keine Hilfe suche, um zu trauern und das, was passiert ist, zu verarbeiten, neigt es dazu, schlimmer zu werden. Die Zeit heilt nicht alle Wunden.
- **Vorbilder, denen ich zu viel Platz eingeräumt habe:** Menschen, die mir vielleicht viel gegeben haben, aber bei denen die ursprüngliche Inspiration in eine Abhängigkeit übergegangen ist, die mich in meiner Freiheit hindert.
- **Anti-Vorbilder:** geistliche Führer, die mich enttäuscht oder verletzt haben. Wenn ich es nicht geschafft habe, das zu verarbeiten, oder nicht vergeben konnte, besteht das Risiko, dass sie meine eigene Führung überschatten, sodass ich immer (vielleicht unbewusst) das Gegenteil tun muss.
- **»Falsche« Strömungen und Theologien:** Ob ich nun persönliche Erfahrungen damit habe oder nicht, so ängstigen sie mich doch und beschäftigen meine Gedanken auf so starke Weise, dass sie mich von dem Guten, das ich mir wünsche, ablenken.
- **Geld:** Laut Paulus darf ein Gemeindeführer »nicht am Geld hängen« (1. Timotheus 3,3), was andeutet, dass es sich nicht um eine Gruppe handelt, die von diesem Problem automatisch frei wäre.

- **Pornografie:** baut in jeder Phase – sowohl bei Produktion als auch Konsum – auf Scham und Erniedrigung auf. Nach Pornos zu surfen schränkt die Freiheit ein und mindert den Mut zur Führung.
- **Bücher, Kurse und Konferenzen:** Alles Gute kann falsch werden und Macht über mich bekommen, wenn es sich aus einem tiefen Gefühl meiner Unzulänglichkeit nährt und dadurch zwangsläufig dazu führt, dass ich nie genug bekomme.
- **Innerkirchliche Debatten:** auch eine Arena, die wir mit dem großen Risiko betreten, zwangsläufig eine Meinung zu allem zu haben und uns zu allem äußern zu müssen. Dies lenkt unsere Aufmerksamkeit vom Wichtigsten weg.
- **Internet:** wie geschaffen, um darin hängen zu bleiben. Soziale Medien, Blogs, Filme und Nachrichten aus aller Welt. Besonders die mobile Variante, die mich nie in Frieden mit mir selbst und Gott lässt.
- **Arbeit:** vielleicht die herausforderndste Macht von allen, weil ich ja für Gott arbeite und es daher schwer ist zu erkennen, wann ich eine Grenze überschreite und ein Sklave dessen werde, was andere zur Freiheit führen soll.

Endlich reden wie ein Erwachsener

Die Liste ließe sich natürlich beliebig verlängern, aber diese Andeutungen sollten reichen. Was also tun, wenn Sie sich wiedererkennen? Der wichtigste Schritt ist immer das Gebet. Und der erste Schritt kann sein, nicht mehr auf die mechanische Weise zu beten, die von einem negativen Gottesbild und auch dem Problem selbst, das Sie loswerden möchten, geprägt sein kann.

Gemeint ist die voraussagbare Gebetsmühle mit dem ersten Ziel: »Guter Gott, befreie mich von …«, um beim nächsten Mal, wenn Sie über dieses Problem stolpern, zu beten: »Guter Gott, vergib mir, dass …«, und so weiter.

Machen Sie stattdessen einen Spaziergang und fangen Sie an, erwachsen mit Gott darüber zu sprechen, wie Sie sich fühlen und was Sie denken. Klagen Sie an, stellen Sie Fragen, lassen Sie Frust ohne fromme Zensur ab. Erwarten Sie beim ersten Mal keine dramatischen Durchbrüche. Gott weiß, dass Sie viel mehr auf dem Herzen haben. Aber machen Sie weiter: Mit der Zeit lässt das Gebet Licht auf das fallen, womit Sie zu kämpfen haben. Ein Licht, das Sie mehr verändert, als Sie ahnen.

Der zweite Schritt ist es, die Sache mit dem eigenen Seelsorger oder geistlichen Wegbegleiter konkret anzugehen. Es nagt am Ego zuzugeben, dass man mit diesem oder jenem ringt, aber es vertreibt auf wunderbare Weise die bösen Mächte. Manche Dinge nehmen Sie vielleicht mit in die Beichte, um zu erfahren, dass sie Sie nicht länger anklagen. Andere Dinge benötigen möglicherweise eine deutliche Fürbitte, in der Sie sich in Jesu Namen von der Loyalität zu Menschen und Zusammenhängen lossagen dürfen, die Sie in der Nachfolge behindert haben. Dann können Sie die Fürbitte um Heilung für Ihre Verletzungen annehmen. Auch hier geht es um mehr als eine beiläufige schnelle Reparatur: Seelsorge bzw. geistliche Wegbegleitung ist ein Normalzustand, in dem man sich als Leiter befindet.

Manchmal kann ein dritter Schritt eine Symbolhandlung sein, die vor Gott und Ihnen selbst deutlich macht, dass nun Schluss mit der Schufterei unter dieser Macht ist. Sie können Ihre Last in einen Stein »hineinlegen« und diesen ins Meer werfen. Oder Sie schreiben Ihr Problem auf einen Zettel und verbrennen ihn. Sie können in eine Kirche gehen und eine Kerze anzünden.

Hier eine Klarstellung zum Thema Vergleich. Es ist so wahr, wie es hier steht: Vergleich ist eine Erfindung des Teufels. Sich mit anderen christlichen Leitern zu vergleichen, kann eine lähmende Wirkung auf die eigene Führung haben. Neid, Selbsthass und verlorene Ausrichtung sind nur einige der Folgen. Es gibt eine Szene am Ende des Johannesevangeliums, die etwas von diesem ungesunden »Herumwühlen« im Führungsstil anderer Leiter beschreibt, dem man so oft anheimfällt. Die Szene zeigt auch Jesu liebevoll-deutliche Antwort:

> Petrus drehte sich um und sah, dass der Jünger hinter ihnen ging, den Jesus liebte – jener Jünger, der sich beim Abendmahl zu Jesus hinübergelehnt und gefragt hatte: »Herr, wer von uns wird dich verraten?« Petrus fragte Jesus: »Was ist mit ihm, Herr?« Jesus erwiderte: »Wenn ich will, dass er am Leben bleibt, bis ich wiederkomme, was geht das dich an? Folge du mir nach!«
> *Johannes 21,20-22*

Ein effektiver Stopp, wenn das Gedankenkarussell sich zu drehen beginnt: Was geht es dich an? *Folge du mir nach.*

In aller Stille können auch wir entdecken, was Vergleichen eigentlich bedeutet. Hier müssen wir unterscheiden zwischen dem Vergleich, der eine tiefe Sünde ist (sich auf Kosten anderer behaupten), und dem Vergleich, der in Verletzung gründet (man wurde unsichtbar gemacht, erniedrigt und es wurde auf einem herumgetrampelt). Wenn wir beides miteinander vermischen, kann das zu unnötigen Schuldgefühlen führen – oder das Machtbegehren verstärken.

Im Gespräch mit Gott können wir anfangen zu sortieren: Welche destruktive Kraft treibt mich an, nach Macht, Status und Position zu streben? Was ist das legitime Bedürfnis nach Zuspruch und Mandat der anderen, damit ich als Leiter ich selbst sein kann? Das Erste ist ein Hindernis der guten Leitung, das andere Voraussetzung.

Sollten alle bestimmen?

Aber ist es wirklich in Ordnung, über Führung und Macht zu sprechen? Zeigt die Geschichte nicht, dass dies immer zu Hierarchien führt, die ausschließen, erniedrigen und Menschen in die Passivität drängen? Haben wir nicht eine andere Phase in der menschlichen Entwicklung erreicht, die mehr von Netzwerken und führungslosen Gemeinschaften geprägt ist?

So klang die Argumentation in den letzten Jahrzehnten. In den 1970er-Jahren fand eine Großkonferenz nach der nächsten statt, die die erdrückenden Machtstrukturen ersetzen und allen die Teilhabe in allen Beschlüssen ermöglichen sollten. Ich erinnere mich an einen Besuch in einem Selbstversorgerkurs. Unter all den inspirierenden Kreativen, die uns begegneten, gab es auch vieles, das nicht so inspirierend war. Zum Beispiel die Tür, über deren Farbe alle abgestimmt hatten. Ich glaube, sie war recht … beige … oder war es graugrün …?

> DAS HAT ZU UNTERDRÜCKUNG GEFÜHRT. ALSO MÜSSEN WIR LERNEN, ES RICHTIG ANZUWENDEN.

Die postmoderne Logik hat diese Allergie gegen Macht und Führung mit den merkwürdigen Gedankenkonstruktionen verstärkt, die sich dort häufig finden: Das hat zu Unterdrückung geführt. Also gibt es das eigentlich nicht (oder sollte es zumindest nicht geben). Stattdessen könnte man der plausiblen Logik folgen: Das hat zu Unterdrückung geführt. Also müssen wir lernen, es richtig anzuwenden.

Die Bibel hat eine recht nüchterne Sicht auf die Dinge. Mose erhält in der Vorbereitung auf seinen Auftrag, das Volk aus der ägyptischen Sklaverei zu befreien, eine konkrete Lektion über das Potenzial für Gut und Böse, das der Führung innewohnt.

> Da fragte der Herr ihn: »Was hast du da in der Hand?« »Einen Hirtenstab«, antwortete Mose. »Wirf ihn auf den Boden«, befahl ihm der Herr. Mose gehorchte und der Stab verwandelte sich in eine Schlange. Mose lief vor ihr davon. Da befahl ihm der Herr: »Pack sie beim Schwanz.« Mose packte die Schlange und sie wurde in seiner Hand wieder zum Hirtenstab.
> *2. Mose 4,2-4*

Petrus wird als »selig« und »Fels« bezeichnet, auf den Jesus seine Kirche bauen will, als er bekennt, dass Jesus der Messias, Sohn des lebendigen Gottes, ist. Kurz darauf wird Petrus »Satan« genannt, als er versucht, Jesus daran zu hindern, den Weg ans Kreuz zu gehen (Markus 8,27-33).

Sowohl Mose als auch Petrus wurde eine unfassbar große Verantwortung anvertraut. Ihre Macht konnte ein Stab oder ein Fels sein, auf den andere sich stützen konnten und Schutz und Führung fanden. Aber sie konnte auch eine Schlange sein, die Menschen verführte und vergiftete.

Auf diese Weise ähnelt die Macht anderen Versuchungen, die wir oft so selbstverständlich als gut befinden, die aber tatsächlich zum Guten oder Bösen verwendet werden können: Intelligenz. Weisheit. Spiritualität. Feuer. Trotz des Risikos für Missbrauch wissen wir, dass wir nie ohne all das zurechtkommen würden. Genauso verhält es sich mit Macht und Führung.

Die Vorstellung, dass eine Gemeinschaft oder eine Bewegung ohne Leitung funktionieren kann, ist nicht nur ein Mythos. Sie ist sogar ein gefährlicher Mythos, der den falschen Mächten Tür und Tor öffnet.

Hier sehen wir wieder den unheimlichen Realismus in Jesu Gleichnis von dem leeren Haus. Wenn wir glauben, dass das Haus leer und von allen autoritären Führern gereinigt ist, ist es nur eine Frage der Zeit, ehe sich die nächste Macht in dem freien Haus niederlässt.

In der Politik konnte man in den letzten Jahren viele tragische Beispiele dieser Dialektik sehen: als vielversprechende Volksbewegungen wie die Tahrir-Revolution in Ägypten und die *Occupy Wall Street*-Bewegung in den USA im Sand verliefen, bei denen die Kraft des Volkes nicht in eine nachhaltige Führung übergehen konnte, die den politischen Herausforderungen gewachsen war. Im Hintergrund warteten die beiden großen Mächte der Welt, die Führung nicht als Problem, sondern als Lösung auffassen: das Militär und die Unternehmer. Als die Bewegungen zu Ende gesprochen hatten, mussten diese nur noch das Ruder übernehmen.

Jean Vanier schreibt aus einer ganz anderen Perspektive darüber, wie das Fehlen einer deutlichen Führung am Ende den Schwächsten schadet:

> Pater Leon, der Gründer der La-Poudrière-Kommunität in Brüssel, sagte, dass, wenn niemand die Verantwortung in einer Kommunität übernimmt, sich die Aggressionen gegen die schwächsten Mitglieder richtet. Es gibt immer Dinge, die in einer Gemeinschaft falsch laufen. Dann ist es wichtig, dass die, die Verantwortung tragen, einsehen, dass es eine ihrer Aufgaben ist, diese Aggression abzufangen und zu kanalisieren.[49]

Führung bedeutet also, die Macht sichtbar zu machen, sodass sie Rechenschaft ablegen und vor der Gemeinschaft verantwortlich gemacht werden kann. Die unsichtbare Macht ist unendlich viel schwerer handzuhaben, weil es sie ja nicht »gibt«. Dadurch kann sie unter dem Radar der Kritiker ungestört operieren.

Der Thron und das Lamm

Ein weiterer Mythos zum Thema Macht lautet, dass wir am Ende immer zum Opfer der Macht degradiert werden, wenn jemand oder etwas die Macht über uns übernimmt. Tatsächlich geht es aber darum, ob wir dieser Person oder Sache Macht geben. Solange wir der Überzeugung sind, dass Mama … Alkohol … Arbeit … Internet … Geld … Partei … Präsident … Macht über uns haben, kleben wir in ihrem Netz. Der Griff der Macht wird erst lockerer, wenn wir einsehen, dass wir dem falschen Akteur die Macht gegeben haben und dass wir sie auch wieder zurücknehmen dürfen.

> FÜHRUNG BEDEUTET, MACHTPOSITIONEN SICHTBAR ZU MACHEN, DASS VOR DER GEMEINSCHAFT VERANTWORTLICH GEMACHT WERDEN KANN.

Die Offenbarung ist vermutlich das Buch der Bibel, das am besten das Wesen und Agieren der Macht in dieser Welt beschreibt. Es wurde in einer angespannten Lage verfasst: 90 Jahre nach Christus, als der römische Kaiser Domitian den Kaiserkult noch verstärkte und den Anspruch erhob, göttlich zu sein. Caesar Dominus, Kaiser und Herr.

Diejenigen, die sich weigerten, an den Opfern für den Kaiser teilzunehmen, wurden verfolgt und hingerichtet – die erste große Christenverfolgung im Römischen Reich. Die Christen wurden also nicht aufgrund ihres Glaubens hingerichtet (der war dem Kaiser ziemlich egal, das Volk in dem riesigen Reich glaubte an alles Mögliche), sondern aufgrund dessen, was sie nicht glaubten.

Johannes schreibt dieses Buch, als er wegen seines Glaubens in Gefangenschaft auf der Insel Patmos ist. Dem politisch-göttlichen Anspruch des Kaisers an die totale Loyalität der Bürger steht der christliche Gehorsam Christus gegenüber entgegen. Wenn Jesus der Herr ist, kann der Kaiser es nicht sein. Gott anzubeten heißt, dem Kaiser die Anbetung zu verweigern.

Kapitel für Kapitel malt Johannes dramatische Szenen, in denen die christliche Kirche den Anspruch der politischen Macht mit ihrer Anbetung des lebendigen Gottes untergräbt. Diese Anbetung hat zu Beginn des Buches zwei unterschiedliche Brennpunkte: den Thron und das Lamm. Der Thron steht für die absolute Macht, das Lamm für die absolute Machtlosigkeit. Vor »ihm, der auf dem Thron sitzt«, klingt der Lobgesang so:

> Du bist würdig, unser Herr und Gott, Herrlichkeit und Ehre und Macht entgegenzunehmen. Denn du hast alle Dinge geschaffen; weil du es wolltest, sind sie da und wurden sie geschaffen.
> *Offenbarung 4,11*

Vor dem Lamm klingt der Lobgesang so:

> Du bist würdig, die Schriftrolle zu nehmen und ihre Siegel zu öffnen. Denn du wurdest als Opfer geschlachtet, und dein Blut hat Menschen für Gott freigekauft, Menschen aus jedem Stamm und jeder Sprache und jedem Volk und jeder Nation.
> *Offenbarung 5,9*

In der ganzen Offenbarungsgeschichte werden diese beiden Brennpunkte beibehalten, in dem wiederkehrenden Ausdruck: »er, der auf dem Thron sitzt, und das Lamm«. Denn genau so erleben wir

Gottes Macht in dieser Welt: Wir können die göttliche Allmacht des Gottes, der Himmel und Erde geschaffen hat, nicht mit der Machtlosigkeit des Gottes in Übereinstimmung bringen, der sich mit allen Opfern der Welt im geschlachteten Lamm identifiziert.

Erst im letzten Kapitel, sowohl der Offenbarung als auch der Weltgeschichte, verschmelzen beide Brennpunkte und es zeigt sich, dass Gottes Macht so groß ist, dass sie sich über das ganze Register von Allmacht zum ohnmächtigen Opfer erstreckt. Gott ist nicht zwei, Gott ist eins. Gott hat nicht zwei Gesichter, sondern eins:

> Und der Engel zeigte mir einen reinen Fluss mit dem Wasser des Lebens, so klar wie Kristall, der vom Thron Gottes und des Lammes entspringt und in der Mitte der Hauptstraße hinabfließt. Auf beiden Seiten des Flusses ist je ein Baum des Lebens, der zwölf verschiedene Früchte trägt und jeden Monat eine neue Frucht hervorbringt. Die Blätter dienen zur Heilung der Völker. Nichts wird je wieder unter einem Fluch stehen. Denn der Thron Gottes und des Lammes wird dort sein, und seine Diener werden ihn anbeten. Und sie werden sein Gesicht sehen, und sein Name wird auf ihren Stirnen geschrieben stehen.
> *Offenbarung 22,1-4*

Die Macht, die seit dem Sündenfall ohne Heimat war und immer in die falschen Hände gefallen ist, hat beim Lamm endlich Heimat gefunden: »Würdig ist das Lamm, das geschlachtet worden ist. Es ist würdig, Macht und Reichtum entgegenzunehmen« (Offenbarung 5,12). Immer wieder haben wir sie aus falschem Glauben den falschen Machthabern gegeben, die jedes Mal unser Vertrauen enttäuscht und unsere Sehnsucht verraten haben. Nun endlich stehen wir vor dem, der sich mit seinem Leben und seinem Tod unser ganzes Vertrauen verdient und sich unseres Führungsmandats würdig erwiesen hat.

Wie könnte der, der sein Leben für uns gegeben hat, die Macht missbrauchen? Er allein hat doch gezeigt, wie sie zu gebrauchen ist. Nämlich um zu dienen. In der Bibel wird dies durchgehend als rechter Gebrauch der Macht beschrieben. Wenn man im alten jüdischen Königreich für den König betete, war darin eine klare Anweisung eingebettet, wozu die Macht zu gebrauchen sei:

> Er hat Mitleid mit den Schwachen und Hilflosen und wird sie retten. Er wird den Armen erretten, wenn er um Hilfe ruft, er wird den Unterdrückten befreien, der keinen Helfer hat. Er wird sie aus Unterdrückung und Gewalt befreien, denn ihr Leben ist ihm kostbar.
>
> *Psalm 72,13-14*

Hier begegnen sich die zwei Grundvoraussetzungen der biblischen Sicht auf Macht: 1. Ohne Macht kann man nichts ausrichten. 2. Der rechte Gebrauch der Macht besteht in der Hilfe und Verteidigung der Machtlosen. Wir sehen, wie die Fäden zusammenlaufen und in der Offenbarung münden, wo Thron und Lamm sich als zwei Seiten von Gottes Macht erweisen. Das Lamm offenbart die Macht des Thrones. Von den Ärmsten aus erobert Gottes Macht die Welt.

Der Kontrast wird noch deutlicher, als Jesus in der Wüste vom Teufel versucht wird. Er, der gerade am Ufer des Jordan getauft wurde, einem der tiefsten Punkte des Landes, wird eingeladen, aus der Perspektive des Teufels auf die Welt zu sehen:

> Da führte der Teufel ihn auf die Höhe und zeigte ihm alle Königreiche der Welt in einem Augenblick. Und er sagte zu ihm: »Ich will dir Macht über diese Länder und all ihre Reichtümer

geben, denn ich verfüge über sie und kann sie geben, wem ich will. Das alles werde ich dir schenken, wenn du niederkniest und mich anbetest.«
Lukas 4,5-7

Der Teufel schaut von oben auf die Macht: aus der Perspektive der Reichen und Mächtigen. In der Konsequenz sieht er Anbetung und Spiritualität als Mittel, um seine eigene Macht zu stärken. Als Jesus antwortet, dass allein Gott der Anbetung würdig ist, unterstreicht er, dass er die Welt von unten sieht, aus der Perspektive der Armen. Die Anbetung des lebendigen Gottes ist die tiefste Bedeutung des Lebens und damit eine Unabhängigkeitserklärung an alle kurzsichtigen, auf Gewinn ausgerichteten Interessen.

Später fasst Jesus seinen Auftrag so zusammen: »Selbst der Menschensohn ist nicht gekommen, um sich dienen zu lassen, sondern um anderen zu dienen und sein Leben als Lösegeld für viele Menschen hinzugeben« (Markus 10,45). Jesus nutzt seine Macht, um zu lösen, nicht zu binden. Ein christlicher Leiter folgt ihm.

Jesus sehen und hören

Für die ersten Jünger war die Nachfolge eine sehr konkrete Angelegenheit: Sie folgten einer physischen Person. Aber wir, die heute leben? Hier ist Paulus unser Vorbild, der Apostel, der seine Nachfolge nach Jesu Himmelfahrt begann. Er beschreibt, wie er bei seiner Umkehr genauso herausgefordert wurde, Christus nachzufolgen, wie Petrus und die anderen, als sie ihre Netze auswarfen und dem Meister folgten.

Ananias sagte zu ihm: »Der Gott unserer Vorfahren hat dich erwählt, seinen Willen zu erfahren und den Gerechten zu sehen und ihn sprechen zu hören. Du sollst seine Botschaft in die ganze Welt tragen und allen Menschen sagen, was du gesehen und gehört hast« (Apostelgeschichte 22,14-15).

Wie konnte Paulus Jesus sehen und hören? Im täglichen Zusammensein mit ihm im Gespräch (dem Gebet), im Zuhören (dem Wort) und in der Arbeit (dem Dienst).

Maximale Aufmerksamkeit auf Jesus, um dann mit maximaler Treue anderen zu vermitteln, was wir gesehen und gehört haben. Das sind die zwei grundlegenden Stränge christlicher Führung.

Auf der einen Seite des Weges führt die Seitenspur zu einem Führungsstil, der darauf aus ist, dass es allen gut geht, und der Konflikte um jeden Preis vermeiden will. Auf der anderen Seite des Weges führt die Seitenspur hin zu einer autoritären Führung, die darauf aus ist, den eigenen Status und die Machtposition zu stärken. Wie gesagt: Keiner dieser Seitenwege begegnet im Grunde anderen Bedürfnissen als den eigenen. Auf Jesus fokussiert zu sein und die menschlichen Bedürfnisse im Blick zu haben, sind keine gegensätzlichen Richtungen: »Denn ich war hungrig, und ihr habt mir zu essen gegeben. Ich war durstig, und ihr gabt mir zu trinken. Ich war ein Fremder, und ihr habt mich in euer Haus eingeladen. Ich war nackt, und ihr habt mich gekleidet. Ich war krank, und ihr habt mich gepflegt. Ich war im Gefängnis, und ihr habt mich besucht.« Und wenn wir dann verwundert fragen, wann das passiert sein soll, antwortet er: »Ich versichere euch: Was ihr für einen der Geringsten meiner Brüder und Schwestern getan habt, das habt ihr für mich getan!« (Matthäus 25,35-40).

Führung bedeutet nicht, das eigene Prestige zu stärken oder die eigene Position zu behaupten oder Bestätigung dafür zu suchen, dass man ein guter Leiter ist. Es geht darum, einen Beitrag zur Nachfolge anderer zu leisten. Einige Testfragen können Klarheit verschaffen:

1. Wessen Bedürfnisse stehen im Mittelpunkt, meine oder die der anderen?
2. Wenn ich nicht die Verantwortung übernehme, wer tut es dann?
3. Was hat mir in meiner Nachfolge geholfen? Was sind meine Quellen?
4. Was behindert mich darin, anderen den Weg dorthin zu zeigen?
5. Was ist wichtiger: dass diese Veränderung in der Gemeinde geschieht oder dass ich es bin, der sie leitet?

Die letzte Frage kann helfen herauszufinden, ob der Fokus auf der eigenen Führungsrolle oder auf den Bedürfnissen der anderen liegt.

Wer wird Leitwolf?

Es ist riskant, Prinzipien aus dem Tierreich abzuleiten, da sie von Kannibalismus bis zu Rassismus alles rechtfertigen können. Aber es gibt auch unbestreitbare Muster, aus denen wir lernen können, wenn wir sie auf biblische Führung anwendet. Ein Wolf ist im Unterschied zum Bär ein Rudeltier, was den Bären für den Menschen viel gefährlicher macht – er ist schlecht darin, soziale Signale zu erkennen. Wie alle Rudeltiere haben die Wölfe einen Anführer, sonst könnte das Rudel nicht überleben. Wer wird also Leitwolf? Der größte und stärkste, der sich seine Position im Rudel erkämpfen kann?

Keineswegs. Wölfe sind sehr pragmatisch veranlagt, sie folgen einfach dem Wolf, dem es sich zu folgen lohnt. Das ist der Wolf, der aufgrund seiner Erfahrung weiß, wo es Beute gibt, wie weit man in einer Nacht laufen kann, wann es angebracht ist auszuruhen, wo man Schutz suchen kann und so weiter. Die anderen Wölfe haben durch ihre Erfahrung gelernt, dass es ganz einfach besser ist, wenn sie diesem Wolf folgen. Die Führungsrolle wird also nicht durch Gewalt, sondern durch Erfahrung und Weisheit erlangt. Nur wenn er von einem Konkurrenten herausgefordert wird, zeigt der Leitwolf seine Zähne.

Führung ist also nicht darauf aus, über jemanden zu bestimmen, sondern eine Richtung anzugeben: Jetzt geht es da lang. Und hier zeigt sich, ob man zu führen wagt oder nicht. Die Wiege der Führung ist in vielfacher Hinsicht die Elternschaft. Und wenn wir diese als Vorbild nehmen wollen, gibt es heute jeden Grund, besorgt zu sein.

FÜHRUNG IST NICHT DARAUF AUS, ÜBER JEMANDEN ZU BESTIMMEN, SONDERN EINE RICHTUNG ANZUGEBEN.

»Nein, wir fahren in den Ferien nicht nach Gotland, weil die Kinder lieber nach Liseberg wollen.« Diese Worte lassen einen radikalen und in der Geschichte der Menschheit nie zuvor da gewesenen Paradigmenwechsel erkennen. In allen Zeiten und Kulturen sind Kinder ihren Eltern gefolgt, die selbstverständliche Vorbilder und Richtungsgeber waren. Heute wird das *parenting* oft durch *peerenting* ersetzt, Führung wird gegen Freundschaft ausgetauscht. Und nicht selten liegt eine Umkehrung der Führung vor: Die Kinder bestimmen, was gegessen wird, wohin man fährt, was man unternimmt.

Das Ergebnis ist unter anderem, dass es Kindern heute psychisch schlechter geht, weil sie zu viele Entscheidungen treffen müssen – insbesondere solche, für die sie noch gar nicht reif genug sind oder für die ihnen die Kenntnisse fehlen. Helikopter-Eltern leisten ihren Kindern einen Bärendienst, der zu dem wirklichkeitsfremden Selbstbild führt, dass sie der Mittelpunkt des Universums seien und ihre Wünsche immer Vortritt vor den Bedürfnissen der Umgebung hätten.

Eltern haben aus verschiedenen Gründen oft nicht den Mut zu führen. Angst, zu autoritär zu sein, Angst vor Konflikten, Angst, nicht geliebt zu werden. Müdigkeit, wenn Überstunden und anderes Engagement dazu führen, dass man nicht mehr die Kraft hat, Grenzen zu setzen und Konflikte auszustehen. Und natürlich trägt auch das postmoderne Kulturklima dazu bei, das tausendfach unsere Vorbilder und Normen dekonstruiert und jede deutliche Führung pauschal unter Verdacht stellt. Ein Kind aufzuziehen hat viele Ähnlichkeiten mit der Erziehung eines Hundes. In beiden Fällen landet man schnell in einem Machtkampf – »Ich gebe den Ton an« –, anstatt die Initiative zu ergreifen – »Jetzt geht's da lang«. Der Machtkampf nährt nur die Lust zum Widerstand und baut Mauern. Die Initiative hingegen öffnet für neue Erfahrungen und setzt Beziehungsenergie frei.

So sagte uns auch einmal ein Trainer für Arbeitshunde: »Der Hund soll dich so ansehen, als ob alles Lustige in der Welt von dir käme.« Sicherlich eine sehr anstrengende Anforderung an einen Gemeindeleiter. Wer kann das erfüllen? Dennoch ist das ein sehr wesentlicher Aspekt in der Führung. Nicht zuletzt als Kontrast zu einer polizeilichen Leitung, die alles Lustige eher unterdrückt!

«Eine vollständige Epidemie«

Das Internet und vor allem die sozialen Medien beeinflussen unsere Führung mehr, als wir ahnen. Sie stellen einen Machtfaktor dar, der den Selbstwert der Benutzer auf viel schnellere, tiefere und gefährlichere Weise untergräbt als irgendeine Technologie zuvor. Was die zwischenmenschliche Kommunikation und Nähe erleichtern sollte, hat vielen Untersuchungen und Studien zufolge den genau gegenteiligen Effekt.

Statt sich in sozialen Prozessen von Angesicht zu Angesicht zu treffen, ersetzt das Internet für immer mehr Menschen persönliche Begegnungen. All die Zeit, die man vor dem Bildschirm verbringt, statt sich mit einem lebendigen Menschen zu treffen – was macht das mit uns?

»Was diese Generation technisch gesehen gerade erlebt, ist ein gigantisches Experiment, und wir wissen nicht, wie es ausgehen wird«, sagt Frances Jensen, Neurologe an der University of Pennsylvania.[50] Der Psychologe Adam Alter an der New York University beschreibt die Situation als »vollständige Epidemie«.[51] Bereits jetzt kann man in den USA einen dramatischen Anstieg der Depressionen und Selbstmordgedanken unter Teenagern ausmachen – einen Anstieg, der exakt mit der Einführung und Verbreitung von Smartphones zusammenfällt.[52]

Immer mehr sickert durch, dass Unternehmen wie Facebook und Google bewusst daran arbeiten, ihre Produkte immer abhängigkeitsfördernder zu machen, ähnlich wie die Tabakindustrie. Es geht darum, den Kreislauf Reiz-Handlung-Belohnung maximal auszunutzen, um die Nutzer so lange wie möglich vor dem Bildschirm zu halten.

Das TIME-Magazin beschreibt es so: »Du und ich sind nicht Kunden bei Facebook oder Google; wir sind die Produkte, die verkauft werden.«[53] Unsere Erzählungen, Einkäufe, Ansichten und Verhaltensweisen werden an andere Unternehmen und Interessenten verkauft, was Facebook im Verhältnis zu seiner Größe zum rentabelsten Unternehmen in der Geschichte des Kapitalismus macht.

Und was passiert dann mit dem einzelnen Nutzer vor dem Bildschirm? Ja, was passiert mit dem Selbstwertgefühl eines Menschen, wenn er ständig trainiert wird, sich selbst zu vermarkten, mit anderen zu vergleichen, sich infrage zu stellen, Reaktionen auf sich auszuwerten, die Anzahl von Followern und Likes zu messen, auf wütende Kommentare und regelrechtes Mobbing zu reagieren, alles, sogar das Privateste, von sich zu erzählen. Was passiert, wenn man sich rund um die Uhr in einem virtuellen Spiegelsaal mit sich selbst zu beschäftigt, wo es nicht länger eine physische Hand zu halten gibt oder ein echtes Gesicht, in dem man sich spiegeln kann?

Es hat erhebliche Konsequenzen:

- **Unsicherheit** ist nur der Anfang einer gigantischen Erosion des Ichs, von der wir wahrscheinlich gerade mal den Anfang kennen. Wie soll ein Mensch sich in seiner Identität sicher fühlen und auf seine Erfahrungen verlassen können, wenn er unaufhörlich im Gegenteil unterwiesen wird? In den zwei folgenden Bereichen kann man bereits die Auswirkungen erkennen.
- **Hinterfragen von Vertrauensverhältnissen:** Zum Beispiel in der Ehe kann es zum Hinterfragen kommen. Wie kann ich wissen, ob sie mich wirklich mag? Bin ich klug genug? Ist mein Körper okay? Was, wenn er jemand anderen anschaut? Keine dieser Fragen ist neu, aber die Erfahrung aus vielen Gesprächen zeigt, dass die neue Technologie diese Unsicherheit noch verstärkt und die Persönlichkeit mehr zerstören kann als die traditionelle Nervosität. Wie sollen wir Vertrauen und langfristige Beziehungen aufbauen können, wenn wir uns ständig selbst infrage stellen – und damit auch andere?
- **Fähig zur Führung**: Wie soll sich ein Mensch, der sich ständig sozialen Vergleichen unterwirft, seiner selbst sicher sein? Wie soll er wissen, dass er ein Vorbild für andere sein kann? Wie soll ein Ich, das permanent allgemeiner Beurteilung und Bewertung ausgesetzt ist, stabil genug werden, um eine Stütze für Hoffnungen und Projektionen zu sein, ohne in die Unsicherheit abzugleiten?

Zu diesem Thema haben wir Christen viel zu lange geschwiegen, vermutlich aus Angst davor, als rückständig oder technikfeindlich wahrgenommen zu werden. Wenn nun die »Steine« ausreichend lange über die harten Fakten diskutiert haben, ist es vielleicht Zeit, dass wir anfangen, die Mächte bei ihrem Namen zu nennen. Und sie in Jesu Namen herauszufordern.

Sehen wir den Tatsachen ins Auge: Das Internet ist für viele eine Droge, genau wie Alkohol. Wenn jemand die Grenze überschritten hat und seinen Alkoholkonsum nicht mehr kontrollieren kann, geht es nicht darum, ihn auf ein »angemessenes Niveau« zu reduzieren. Dann kann es nur eine Nulltoleranz geben. Das wissen alle, die in der Therapie mit Alkoholikern arbeiten. Die gleiche brutale Barmherzigkeit muss angewendet werden, und zwar schnell, wenn wir eine kommende Führungsgeneration davor retten wollen, sich in Nullen und Einsen aufzulösen.

Die Wüstenväter wandten sich im 4. Jahrhundert von den bestätigenden Spiegeln ihrer Zeit – den sozialen Hierarchien der Städte – ab. Indem sie trotzig ihre Bestätigung bei Gott allein suchten, gelang es ihnen, ausreichende Integrität zurückzuerlangen, um Väter und Mütter neuer Generationen zu werden. Vielleicht geht es in der Wüste von heute darum, das Internet abzuschalten und in die Freiheit zu gehen, zu der Christus uns ruft. Genau wie im 4. Jahrhundert geht es nicht nur um unser eigenes Überleben – es geht um die Seele der Kirche.

Echte oder falsche Münze?

Nur wer gelernt hat, seine eigenen Impulse zu beherrschen, kann anderen helfen, Nein zu dem zu sagen, was destruktiv ist. Eine Richtung zu weisen bedeutet oft auch, abzuweisen, was in eine andere Richtung führt. Es führen nicht alle Wege nach Rom und nicht alle Formen von Spiritualität und Theologie sind »interessant« und »bereichernd« für eine Gemeinde. Bei der Unterscheidung geht es darum, die echte Münze zu erkennen und die falsche zu enttarnen, um ein Bild von Cassian aufzunehmen.

NUR WER GELERNT HAT, SEINE EIGENEN IMPULSE ZU BEHERRSCHEN, KANN ANDEREN HELFEN, NEIN ZU DEM ZU SAGEN, WAS DESTRUKTIV IST.

Wenn Menschen eine Spiritualität betreiben, die man als destruktiv und spaltend erlebt, muss man deutlich Nein sagen können. »Alles, was übertreibt, kommt von den Dämonen«, sagten die Wüstenväter.[54] Nicht immer ist es richtig, mehr zu beten, längere Gottesdienste zu halten, Loblieder öfter zu singen, die Liturgie noch mehr zu erweitern.

Ignatius von Loyola erzählt in seiner Autobiografie, wie er zu Beginn seines christlichen Lebens nach einem ziemlich strengen Tagesprogramm mit viel Zeit für eigenes Gebet und der Führung anderer lebte. Aber irgendjemand dachte wohl, dass das noch nicht reichte:

> Beim Zubettgehen hatte er oft tiefe Einsichten, die ihn mit starkem geistlichen Trost erfüllten. Auf diese Weise verging ein ganzer Teil der Zeit, die er für den Schlaf eingeplant hatte, und diese Zeit war keineswegs lang. Er bemerkte dies einige Male und kam schließlich auf den Gedanken, dass er so und so viel Zeit dafür eingeplant hatte, Gott zu begegnen, und darüber hinaus den ganzen Rest des Tages. Deshalb begann er sich zu wundern, ob diese Einsichten überhaupt von dem guten Geist kamen, und seine Schlussfolgerung war, dass er sie lieber loswerden und die ausgemachte Zeit schlafen sollte. Und das tat er.[55]

Als er dann an der Pariser Universität Theologie studierte, machte er eine ähnliche Erfahrung. Er wachte nachts auf und glaubte zunächst, dass Gott ihn geweckt hätte, damit er betete. Doch danach war er tagsüber so schläfrig, dass er dem Unterricht nicht folgen konnte. Wieder kam er zu dem Schluss, dass der Impuls von dem bösen Geist ausgehen musste, der ihn daran hindern wollte, was Gott ihm aufgetragen hatte, nämlich Theologie zu studieren.

Solche Erfahrungen liegen Ignatius' handfester Wegführung zu geistlichem Urteilsvermögen zugrunde. Er lernte, dass der Teufel den Menschen genauso gern versucht, übertrieben spirituell zu werden, wie jeder geistlichen Vertiefung zu widerstehen. Jesus ist in der Mitte, nicht in Äußerlichkeiten:

> Wer die Übungen durchführt und sich wünscht, einen Nutzen aus dem geistlichen Leben zu ziehen, sollte immer auf genau gegenteilige Weise zu Werke gehen wie der Feind. Wenn der Feind versucht, das Gewissen unempfindlicher zu machen, sollte die Person danach streben, es feinfühliger zu machen. Wenn der Feind versucht, die Seele zu schwächen, um sie in die äußersten Extreme zu führen, sollte die Person sich entsprechend bemühen, sich im Zentrum zu verankern, um in allem ruhig zu werden.[56]

Deshalb ist es auch notwendig, eine Spiritualität, die nie zufrieden ist, sondern ständig davon lebt, Unzufriedenheit in der Gemeinde zu verbreiten, zu konfrontieren. »Ihr seht, man erkennt sie an ihren Früchten«, sagt Jesus in Matthäus 7,20. Eine konstruktive und vielleicht prophetische Kritik lässt sich daran erkennen, dass sie sicherlich wehtun und herausfordern kann, aber immer auch einen Nachklang von Trost und Hoffnung hat: Das kann zu etwas führen! Die maßlose Kritik der Überreligiosität erkennt man daran, dass alle (vor allem die Leiter) sich unwohl und unzufrieden mit der Gemeinde und ihrem eigenen Einsatz fühlen. Sie öffnen der Veränderung keine Tür, sondern bringen Leute eher dazu, Türen zu schließen, um ihre Ruhe zu haben.

Daher ist es langfristig eher Barmherzigkeit als Härte, Paulus ernst zu nehmen, wenn er seinem guten Freund Titus schreibt: »Wenn jemand unter euch Spaltungen auslöst, verwarne ihn ein erstes und dann noch ein zweites Mal. Danach gib dich mit dem Betreffenden nicht mehr ab. Denn so ein Mensch hat sich von der Wahrheit abgewandt. Er sündigt und verurteilt sich damit selbst!« (Titus 3,10-11).

Der Mensch, der zu hohe Erwartungen an seine Umgebung stellt, lebt selbst unter unmöglichen Anforderungen – er hat »sich selbst verurteilt«. Sich in seiner Spiritualität ständig als unzulänglich zu erleben und zu glauben, dass Gott nie zufrieden mit einem ist, ist eine so schwere Bürde, dass niemand sie allein tragen kann. Sie verteilt sich in der Umgebung, die damit das Gefühl »übernimmt«, nie spirituell genug zu sein. Wenn diese Projektion nicht enthüllt und mit deutlichen Grenzen konfrontiert wird, endet sie, genau wie Paulus schreibt: Die Menschen sind verletzt und die Gemeinde spaltet sich. Allen, die es unbarmherzig finden, diese Menschen auszuschließen, kann man folgende Frage stellen: Ist es barmherziger, sie die Gemeinde zerstören zu lassen?

Der Priester und der Trainer

Der christliche Glauben baut auf zwei großen Paradoxen auf: Gott ist einer und drei. Christus ist wahrer Gott und wahrer Mensch. Das zentrale Wort *und* ist damit tief im Kern der Evangelien verwurzelt. Es ist sozusagen die DNA, die in allen Bereichen des christlichen Lebens auftaucht. Im christlichen Kontext bedeutet führen, das Paradox und Zusammenspiel zwischen zwei unterschiedlichen Funktionen darzustellen. Man kann sie als *Priester* und *Trainer* bezeichnen.

Der **Priester** hat die uralte Funktion des geistlichen Dorfführers. Das heißt, dem Göttlichen ein Gesicht zu geben und damit eine Projektionsfläche für die Gottessehnsucht und die spirituellen Träume der Menschen zu sein, aber auch für ihre Enttäuschung, Frustration und Wut, wenn Dinge schieflaufen. Er verkörpert Führung, die mit der ganzen Hand deutet, Grenzen markiert und Zeichen setzt.

Der **Trainer** bringt andere in Bewegung und arbeitet damit auf Dauer daran, sich selbst überflüssig zu machen. Der Trainer lehrt andere, dasselbe zu tun, macht sie mündig und schenkt ihnen Vertrauen. Stück für Stück überlässt der Trainer den anderen die Verantwortung, mit dem Risiko, dass sie zu Beginn scheitern und ihre Aufgabe nicht direkt gut machen. Wenn der Trainer es nicht wagt, das Risiko einzugehen, dass die anderen scheitern, werden sie nie etwas lernen. Eltern, die ihrem Kind das Fahrradfahren beibringen wollen, müssen früher oder später das Rad loslassen, mit der Gefahr, dass das Kind stürzt, bevor es das Gleichgewicht gefunden hat.

Diese beiden Funktionen müssen aufeinandertreffen, sich versöhnen und vereinen, wenn Führung befreiend und auferbauend funktionieren soll. Sind wir nur Priester und weigern uns, die Verantwortung als Trainer zu übernehmen, wird unsere Leitung die anderen in die Passivität drängen. Dann werden wir zu einem geistlichen Alibi – »Du kümmerst dich um das Geistliche« – und behindern damit die Entwicklung der anderen in der Nachfolge. Dann richtet sich unsere ganze Energie darauf, unsere eigene Position aufzubauen und zu verteidigen, was uns selbst an ein einseitiges Wirken fesselt und die anderen an ein ähnlich einseitiges Annehmen.

Sind wir nur Trainer und wollen oder wagen es nicht, die Priesterrolle einzunehmen, werden wir undurchsichtige Leiter, die Projektionen und Aggressionen freien Lauf lassen, die dann die falschen Gruppenmitglieder treffen (wie gesagt, oft die schwächsten). Dann gibt es nichts, woran wir uns anlehnen oder worauf wir uns in Krisen und Konflikten verlassen können, und dann überlassen wir das leere Haus den falschen Mächten.

Die Versuchung des Priesters ist es, sich hinter seiner Rolle zu verstecken, die des Trainers, sich hinter den anderen zu verstecken. In beiden Fällen geht es meist um ein schwaches Selbstwertgefühl. Vielleicht geht es auch um Verachtung von Wissen und Erfahrung – in beiden Fällen. Wer nur wagt, Priester zu sein, vertraut nicht auf das Wissen und die Erfahrung der anderen. Wer nicht wagt, Trainer zu sein, vertraut nicht auf eigenes Wissen und Erfahrung.

Hier stoßen wir oft auf eine gut gemeinte, aber naive Inklusivität: »Alle können gleich viel beitragen.« Diese Annahme stimmt natürlich nicht, aber weil sie oft mit der Tatsache verwechselt wird, dass alle gleich wertvoll sind, kann es schwer sein, dagegen zu argumentieren. Es will ja keiner behaupten, dass nicht alle gleich viel wert wären! Damit ermöglicht man den falschen Personen, Aufgaben zu übernehmen, für die andere besser qualifiziert wären, weil niemand einen anderen kränken will. Natürlich sind alle gleich viel wert, aber es haben nicht alle die gleiche Erfahrung und persönliche Eignung. Und das ist entscheidend dafür, wer was machen sollte.

DAS VERHÄLTNIS ZWISCHEN VERANTWORTUNG UND MACHT IST MANCHMAL EIN TRÜBES FELD.

Wenn es unmöglich scheint, Priester und Trainer in Einklang zu bringen, sollten wir wieder auf die Familie, die Wiege jeder Führung, schauen.

Gute Eltern müssen genau diese beiden Funktionen vereinen. Mama und Papa sollen für die Kinder in der Hinsicht »Priester« sein, dass sie die Familie führen, Grenzen setzen, Vorbilder und Projektionsflächen darstellen. Aber sie müssen auch »Trainer« sein, die den Kindern Neues beibringen, sie in die Erwachsenenwelt begleiten und zu größerer Selbstständigkeit führen.

Es ist nicht schwer zu sehen, wie ein einseitiges Festhalten an einer dieser Rollen der Entwicklung des Kindes schadet. »Priestereltern« binden die Kinder in passiver Abhängigkeit und lassen sie weder scheitern noch erfolgreich sein. »Trainereltern« berauben die Kinder eines klaren Vorbilds und guter Führung und werden vermutlich ihre eigene Unsicherheit auf sie übertragen.

Das Verhältnis zwischen Verantwortung und Macht ist manchmal ein trübes Feld und führt daher oft zu Problemen. Wenn ein Pastor oder Priester keine wirkliche Macht hat, weil diese bei den »unsichtbaren« Machthabern (Verwaltung, starke Persönlichkeiten, Verwandte, Verbindungen zu Unternehmen, Ämtern und Ähnlichem) liegt – sind es praktisch andere, die das Ruder in der Hand haben. Einerseits führt das zu Frust, wenn der Leiter keine wirkliche Chance bekommt, seine Ideen zu verwirklichen. Andererseits ist es vermutlich trotzdem der Pastor/Priester, der zur Verantwortung gezogen wird, wenn etwas nicht läuft, wie es soll, weil er/sie das sichtbare Gesicht der Macht ist – und somit auch Zielscheibe für Enttäuschungen.

Verantwortung und Macht müssen einander folgen, um keine Parallelsysteme zu entwickeln, die dauernd miteinander in Konflikt geraten. Die Führungsperson muss sich in dem Auftrag der anderen sicher fühlen und die anderen müssten sich mit dem, der bestimmt, sicher fühlen. Erst dann ist es auch möglich, den richtigen Leiter zur Verantwortung zu ziehen, wenn Dinge schiefgehen.

Niemand hat die beiden Rollen auf so befreiende Weise verkörpert wie Jesus. Er sendet seine Jünger mit deutlicher Macht und deutlicher Verantwortung aus, so wie er selbst vom Vater gesandt wurde:

> Am Abend dieses ersten Tages der Woche trafen die Jünger sich hinter verschlossenen Türen, weil sie Angst vor den Juden hatten. Plötzlich stand Jesus mitten unter ihnen! »Friede sei mit euch«, sagte er. Und nach diesen Worten zeigte er ihnen seine Hände und seine Seite. Freude erfüllte die Jünger, als sie ihren Herrn sahen. Wieder sprach er zu ihnen und sagte: »Friede sei mit euch. Wie der Vater mich gesandt hat, so sende ich euch.« Dann hauchte er sie an und sprach: »Empfangt den Heiligen Geist. Wem ihr die Sünden vergebt, dem sind sie vergeben. Wem ihr sie nicht vergebt, dem sind sie nicht vergeben.«
> *Johannes 20,19-23*

Es besteht kein Zweifel darüber, wer der Priester ist: Jesu zeigt ihnen seine Wunden, das Zeichen, dass er das geschlachtete Lamm ist. Der Hohepriester, der sich selbst als Opfer hingibt, Projektionsfläche für die Sünden der Welt, Leiter und Vorbild für alle, die Gott kennenlernen wollen. Und es besteht auch kein Zweifel über den Auftrag des Trainers: Nun sind es die Jünger, die seinen Geist auf der Erde verbreiten, in einer immer tieferen Vereinigung mit Jesu eigener Sendung in die Welt.

Mutig führen

Leiter sein heißt, weiter zu sehen. Weiter als auf die aktuellen Trends, widerspenstigen Umstände und schmerzhaften Konflikte.

Es heißt, Christus zu sehen, wo andere nur Hindernisse sehen, ihm zu folgen, wenn andere zweifeln, seine Nähe im Leben anderer Menschen zu sehen und zu entfesseln. Es heißt, maximalen Einsatz zu zeigen, um mit dem Lebendigen zusammenzuarbeiten und so wenig Energie wie möglich auf das Leblose zu verschwenden.

FÜHRUNG HEISST, IM GLAUBEN AN GOTTES MACHT TROTZ DER UMSTÄNDE ZU HANDELN – UND DANN ZU SEHEN, WIE SICH DIE UMSTÄNDE ÄNDERN.

Nie werde ich das Treffen mit Franciszek Blachnicki in Polen 1978 vergessen. Er war ein stiller katholischer Priester, der in Auschwitz gewesen und wundersamerweise überlebt hatte. Über seinem Bett hatte er ein Foto eines anderen Priesters hängen, der auch in Auschwitz gewesen war, aber nicht überlebt hatte. Der vierfache Vater hingegen, dessen Platz in der Hinrichtungsschlange Maximilian Kolbe freiwillig eingenommen hatte, hatte überlebte.

Nun führte Pater Blachnicki eine erstaunlich lebendige und kreative Erneuerungsbewegung im kommunistischen Polen. »Leben und Licht« war das Thema der Jugendlager, die die Kirche trotz aller Schwierigkeiten und Verordnungen in unauffälligen ländlichen Gebieten organisieren konnte. Tausende Jugendliche kamen in den Sommerlagern zusammen, um Christus kennenzulernen und sich gegenseitig zu stützen, so wie die Jünger es in einer Gesellschaft unter fremden Göttern getan hatten.

Ein Satz setzte sich nach dem Interview mit Pater Blachnicki in mir fest. Hätte jemand anders ihn geäußert, hätte er ziemlich unreif und aufmüpfig geklungen. Aber hier sahen wir mit eigenen Augen etwas, das den Worten eine Ruhe und unwiderstehliches Gewicht gab:

»Wir fragen nicht mehr, ob etwas gefährlich, erlaubt oder möglich ist, sondern ob es für die Bewegung notwendig ist.«

In diesem Licht handelt das elfte Kapitel des Hebräerbriefs genauso viel von Führung wie vom Glauben. Es beschreibt, wie Noah, Abraham und Mose ihre Führung, ohne an Gott zu zweifeln, ausübten, obwohl Umstände und andere Menschen scheinbar unüberwindbare Hindernisse darstellten. Ihr Gehorsam Gott gegenüber, nicht ihre Machtausübung, machte sie zu Positionslichtern, denen andere folgen konnten:

> Durch den Glauben baute Noah eine Arche, um seine Familie vor der Flut zu retten. Er gehorchte Gott, der ihn vor etwas warnte, das noch nicht zu sehen war [...]. Durch den Glauben gehorchte Abraham, als Gott ihn aufforderte, seine Heimat zu verlassen und in ein anderes Land zu ziehen, das Gott ihm als Erbe geben würde. Er ging, ohne zu wissen, wohin ihn sein Weg führen würde [...]. Durch den Glauben verließ Mose das Land Ägypten. Er hatte keine Angst vor dem König, sondern ging unerschütterlich weiter, weil er den Blick fest auf den richtete, der unsichtbar ist.
> *Hebräer 11,7-27*

Führung heißt, im Glauben an Gottes Macht trotz der Umstände zu handeln – und dann zu sehen, wie sich die Umstände ändern. Genau an dieser Stelle kann Führung einen kreativen Durchbruch auslösen, auch wenn das Risiko groß ist, dass es schiefgeht – dass nämlich die Überzeugung, den richtigen Weg zu gehen, den Leiter verblendet und die anderen zu Rohmaterial für seine Visionen reduziert werden. Jean Vanier beschreibt dazu:

> Ich sehe immer mehr, wie schwer es ist, Führung in einer Gemeinschaft auszuüben. Wir sind so bemüht, Autorität für Ehre, Prestige oder Bewunderung, die damit einhergeht, zu

suchen oder etwas beweisen zu wollen. In jedem von uns wohnt ein kleiner Tyrann, der Macht und das damit zusammenhängende Prestige haben will, der dominieren und der Größte sein will. Wir haben Angst vor Kritik, davor, gelenkt zu werden. Wir benehmen uns, als seien wir die Einzigen, die die Wahrheit sehen – manchmal im Namen Gottes.

Wir mischen uns in die Arbeit anderer ein, reißen alles an uns und bewachen eifersüchtig unsere Autorität. Die anderen werden darauf reduziert, einfach unsere Ideen umzusetzen, als ob sie nicht fähig wären, eigene Entscheidungen zu fällen. Wir lassen Freiheit nur zu, wenn sie nicht unsere eigene Autorität bedroht und wir sie kontrollieren können. Wir wollen, dass unsere Ideen verwirklicht werden, und zwar sofort. So wird die Gemeinschaft »unser« Projekt.[57]

Wahre Autorität

Wenn Klarheit zu Härte wird, wird das immer in den Untergang führen. Eine der großen Katastrophen des Alten Testaments war, als das Volk Gottes im 9. Jahrhundert zerbrach. Das Undenkbare geschah, als Salomos Sohn Rehabeam sich zum König hatte krönen lassen und das ganze versammelte Volk Israel ihn aufsuchte und sagte: »Dein Vater war ein sehr strenger Herrscher. Von dir hoffen wir, dass du unseren Dienst erleichterst und das schwere Joch, das dein Vater uns auferlegt hat. Dann werden wir dir treu dienen.«

Erst beriet sich Rehabeam mit »den erfahrenen Beratern, die schon seinem Vater Salomo zur Seite gestanden hatten«. Ihre Antwort war eindeutig: »Wenn du dich dem Volk gegenüber heute freundlich zeigst, ihnen dienst und ihnen gibst, worum sie dich bitten, werden sie dir treue Untertanen sein.« Aber Rehabeam hörte nicht auf ihren Rat, sondern ließ sich von seinem jungen und unerfahrenen Team beeinflussen, das er sich selbst aufgebaut hatte. Ihre Antwort war an Machoverhalten selbst nach alttestamentarischen Maßstäben kaum zu übertreffen und mündete in folgendem Rat: »Du solltest den Leuten antworten: ›Mein Vater hat euch schwere Lasten auferlegt, doch ich werde noch viel mehr von euch verlangen. Mein Vater hat euch mit der Peitsche gestraft, ich werde eine Peitsche mit Stacheln verwenden!‹«

Was dann passierte, klingt in unzähligen blutigen Konflikten durch die ganze Geschichte Israels nach: »Als die Israeliten erkannten, dass der König ihre Bitte ablehnte, riefen sie: ›Was haben wir mit David zu schaffen? Dieser Sohn Isais geht uns nichts an! Lass uns heimziehen, Israel!‹« Und die Erzählung schließt mit dem bleischweren Satz: »Bis heute weigern sich die nördlichen Stämme Israels, einen Nachkommen Davids als König anzuerkennen« (1. Könige 12,1-19).

Hier war Führung kein sicherer Stab mehr, an den man sich anlehnen kann, sondern hat sich in eine Schlange verwandelt, vor der man flieht. Es ist kaum Zufall, dass der weise Rat von den Älteren kam. Wie in der Erzählung von der Ehebrecherin, in der die Ältesten als Erste ihre Steine fallen lassen, ist die Einsicht über die eigene Zerbrechlichkeit und Sünde etwas, in das wir hoffentlich hineinwachsen, wenn wir älter werden (Johannes 8,1-11). In entscheidenden Situationen sollte sie schwerer wiegen als die Selbstsicherheit der Jungen.

Jean Vanier schreibt über den richtigen Gebrauch von Autorität:

> Wahre Autorität wird im Hinblick auf Gerechtigkeit für alle ausgeübt, mit besonderer Aufmerksamkeit auf die Schwächsten, die sich nicht selbst verteidigen können und ein Teil der unterdrückten Minderheit sind. Es ist eine Autorität, die be-

> reit ist, ihr Leben zu geben, die keine Kompromisse mit dem Bösen, Verrat oder unterdrückerischen Mächten akzeptiert.[58]

Gute Führung gestaltet die Dynamik der Liebe zwischen Richtungsweisung und Behutsamkeit. Wie Jakob sagt: »Wenn die Tiere zu sehr getrieben werden, könnten sie sterben« (1. Mose 33,13). Die gegensätzliche Gefahr besteht darin, so viel Angst davor zu haben, jemandem zu schaden, dass man die Richtung verliert.

Als Leiter darf man nicht an der Richtung zweifeln, aber man darf sie auch nicht über die Vorsicht stellen. Die einäugige Fokussierung auf die Richtung macht hart und spaltet die Gemeinschaft. Die einäugige Fixierung darauf, niemandem zu schaden, führt dazu, dass man erstarrt, das Futter ausgeht und die Schafe sich einen anderen Hirten suchen. Wie soll man das schaffen? Niemand ist so sehr darauf angewiesen, sich nahe beim Guten Hirten aufzuhalten, wie der Leiter.

7 KLARE WORTE FINDEN

Die Predigt als deutliche Form von christlicher Führung

Ich erzähle Ihnen drei Situationen, persönliche Erlebnisse von geistlichen Leitern mit ihrer Predigt. Es sind Beispiel aus ganz verschiedenen Zusammenhängen, Zeiten und Orten. Sie zeigen, wie die Predigt eine der deutlichsten Formen christlicher Führung ausmacht. Seit der Predigt von Petrus am Pfingsttag ist das so. Damit fing es an. Seine Predigt endete so: »Was sie von Petrus hörten, traf sie ins Herz, und sie fragten ihn und die anderen Apostel: ›Brüder, was sollen wir tun?‹« (Apostelgeschichte 2,37).

Kein »Hauptsache, du fühlst dich gut«-Geplapper

Keine theoretische Vorlesung. Kein Feuerwerk der Gefühle. Kein gemütliches »Hauptsache, ihr fühlt euch gut«-Geplapper. Kein Öffentlichmachen privater Krisen. Stattdessen wird Christus so gemalt, dass andere ihn sehen und ihm folgen können. Es wird eine Richtung angegeben, die vom Status quo abweicht und die Hoffnung entzündet, dass eine andere Welt möglich ist.

»Blutrache war an diesem Ort normal!«

1549 kam ein Jesuit mit dem Namen Silvestro Landini nach Correggio in Italien. Ignatius' Sekretär Juan de Polaneo erzählt:

> Er kam dann in eine große Stadt, die Correggio heißt, wo er zuerst so schlecht empfangen wurde, dass während seiner Predigt einige die Kirche verließen und Steine an die Tür warfen und das Publikum störten. Aber er predigte acht Tage lang weiter, manchmal zweimal am Tag. Die Leute hörten

nicht nur auf Steine zu werfen, sondern kamen in der Dämmerung, um andächtig seinen Predigten zu lauschen.
Blutrache war an diesem Ort so normal, dass fünfundvierzig Menschen, darunter drei Priester, umgekommen waren. Bewaffnete Männer konnten sogar bis zum Altar vorkommen. Diese feindlichen Gruppierungen hatten zwei Anführer, die zu Pater Silvestro zur Beichte kamen. Etwas, dass sie jahrelang vermieden hatten. Sie deuteten an, dass sie bereit seien, Frieden zu schließen und zu tun, was immer er ihnen befehlen würde. Obwohl sie anderen Schrecken eingejagt hatten, kamen sie im Geist tiefer Demut, nachdem sie die täglichen Predigten gehört hatten […]
Die Anführer der feindlichen Gruppen unterwarfen schließlich ihre Auseinandersetzungen Pater Silvestros Urteilsvermögen und er hoffte, dass ein stabiler und lang andauernder Frieden das Ergebnis sein würde. So wurde Frieden geschlossen, der umso mehr willkommen war, da die Gruppierungen sich dreißig Jahre lang mit bitterem Hass und großer Grausamkeit bekämpft hatten. In dieser Zeit hatten sie nicht nur Beichte und Nachtwache den Rücken gekehrt, sondern durch die Blutrache auch zu enormen wirtschaftlichen Verlusten beigetragen.
So ging er vor: Erst predigte er vor einer großen Gemeinde. Nachdem Gottes Wort die Herzen der feindlichen Anführer erweicht hatte, rief er einen der Anführer beim Namen, er hieß Giovanni Corso. »Was soll ich tun, Pater?«, antwortete er. Silvestro antwortete von der Kanzel: »Dass du deinen Feinden vergibst und anschließend alle um Verzeihung bittest, die du beleidigt hast. Außerdem, dass du aus Liebe zu Gott ihnen allen Frieden gelobst.«

Der Mann warf augenblicklich all seine Waffen zu Boden, fiel nieder und fing an mit lauter Stimme zu rufen: »Friede! Friede!« Die übrigen Männer beider Fraktionen fingen an »Friede! Friede!« zu sagen. Da kam Silvestro von der Kanzel herab und sagte: »Tut, was ich nun tun will.« Mit diesen Worten begann er, die Männer zu umarmen und ihnen den Friedenskuss zu geben. Da begannen auch sie ihre Feinde zu umarmen und mit echten Zeichen der Liebe zu küssen. Und sie weinten vor Glück so viele Tränen, dass sie beinahe darin ertranken, während sie Friedensküsse austauschten. Alte und Junge, Männer und Frauen ließen die Kirche von Friedensrufen unter Tränen wiederhallen.
Jene Herzen, die nur wenige Tage zuvor wie Löwen nach nichts als Rache und Mord gehungert hatten, wurden wie Lämmer, als sie von einer zärtlichen und gegenseitigen Liebe berührt wurden. Von dieser Stunde an wetteiferten sie miteinander in Taten der Liebe …[59]

»Die Nerven liegen blank!«

1931 kam der Evangelikale Frank Mangs nach Jönköping und predigte mehrere Monate in den Kirchen der Stadt. Aus seinem Tagebuch[60]:

Mittwoch, 7. Januar: Fast »fertig« heute. Habe heute Nacht nicht vor kurz vor 3 geschlafen. Die Nerven liegen blank. Habe heute einen zweistündigen Spaziergang gemacht. Trotzdem glühen die Nerven noch.
Treffen in Filadelfia. Eins der merkwürdigsten, an denen ich teilgenommen habe. Schwer zu predigen. Mir fehlte der Kontakt nach oben und nach unten. So ist es an diesem Ort

jedes Mal gewesen. Hängt vielleicht damit zusammen, dass die Gemeinde dort geteilt ist, wenn es um Zusammenarbeit geht. Na ja, es ist nicht das erste Mal in meinem Leben, dass ich mich so fühle. – Sobald ich fertig war mit der Predigt über den Töpfer und den Lehm und wir ein Lied gesungen hatten, sprach ich darüber, was ich fühlte: »Warum soll Gott es so schwer haben hervorzutreten?« – So lautete die Frage und es wurde still. – Eine halbe Stunde still. Die Leute blieben sitzen. Dann kam eine Frau und wollte gesegnet werden. Dann noch einige. Dann kam ein halb betrunkener Jüngling, der in Not war. Er stand an meine Schulter gelehnt, als ich ganz plötzlich etwas Kaltes fühlte, das in meine Hand gedrückt wurde. Eine entkorkte Pilsflasche, die der Jüngling zurücklassen wollte, ehe er vor Gott niederkniete. Sie fand auf dem Träger der Bühne Platz. Dann kniete er nieder. Und danach ziemlich viele andere. Endlich gesegnet.

Dienstag, 31. Januar: Jetzt hat der Kampf in dieser Stadt begonnen. Habe mich vor dieser Arbeit gefürchtet. War mehrmals so weit, eine Absage zu erteilen. Oft schwer in alten Unistädten. Habe Örebro noch in Erinnerung.

Mittwoch, 14. Januar: Großes Treffen heute Abend. Volles Haus. Mehrere Kinder Gottes in Not. Glaube, sie werden erweckt. Ein wunderbar weicher Geist. Habe es zu Beginn selten an einem Ort als so weich erlebt. Vielleicht ist es sogar jetzt wie sonst oft, dass das Treffen eine Reflexion der eigenen Seelenstimmung des Sprechers und des Leiters wird. Gott helfe mir, immer weich zu sein. Vielleicht hat der Meister genau diesen Ton in meinem Herzen gewählt. Hat er mich deshalb zur Seite genommen und sein Angesicht verborgen? Ich fange an, das zu glauben. Ich bemerkte selbst einen neuen Ton in meinem Zeugnis: »Wir müssen selbst verwundet werden, um zu heilen. Und leiden, um die Sorgen anderer zu teilen.« Und es gibt ungemütlich viele leidende Herzen in dieser Welt. Gott helfe mir zu heilen!

Samstag, 24. Januar: Treffen, 11 Uhr in Betanien. Recht frisch. Ein Kollege hat mich auf einem Spaziergang nach dem Treffen begleitet – aber hat mir durch Missmut und Schwarzmalerei dauernd den Glauben geraubt. Schön, sich in diesen Zeiten absondern zu können – allein mit Gott zu sein. Viele Zweifler am Werk – nicht zuletzt die, die am meisten glauben sollten.

Dienstag, 10. Februar: Treffen, 19:30 Uhr in der Immanuelskirche für Gottes Volk. Alles geschmolzen. Alle wollten mehr von Gott haben. Ein intensives Sehnen bei Massen von Christen. Gott kam so lieblich, dass niemand Angst haben konnte. Erweckung.

Samstag, 14. Februar: Müde heute. Fürchte, dass ich gezwungen werde abzubrechen. Fast den ganzen Tag Menschen und Telefongespräche. Keine Ruhe – auch keine Entspannung in meinem Geist. Treffen in der »Großen«. Kraft – aber keine Ruhe. Suche nach Grund. Fürchte, dass es eine religiöse Bewegung wird und keine tief pflügende Gewissenserweckung. – Verschiedene Sünder beugten sich vor Gott.

»Erzähl ihnen von dem Traum!«

Am 28. August 1963 versammelten sich 250 000 Menschen in Washington, um gegen den Rassismus in den USA zu protestieren und gleiche Rechte für alle zu fordern. Der Hauptredner der großen Kundgebung am Lincoln Memorial war Martin Luther King. Sein Redenschreiber Clarence B. Jones erzählt:

Ich stehe auf der Plattform ungefähr hundert Meter hinter ihm. Er wird von A. Philip Randolph mit seiner sonoren Stimme vorgestellt: »Jetzt habe ich die Ehre, euch den moralischen Führer unseres Landes zu präsentieren. Ich habe die Freude, euch Dr. Martin Luther King Jr. vorzustellen.« Und das Volk rastete aus. Es war wie eine Beifallsexplosion. Ich sehe das Publikum aus dem gleichen Winkel wie er.
Während er seine Rede hält, unterbricht ihn seine Lieblingsgospelsängerin Mahalia Jackson, die zuvor im Programm gesungen hatte, und sagt: »Erzähl ihnen von dem Traum, Martin. Erzähl ihnen von dem Traum.«
Ich beobachte ihn von hinten. Er nimmt den Zettel mit der Rede, die er gehalten hat, und legt ihn am Rednerpult zur Seite. Dann umfasst er beide Seiten des Rednerpults und ich sage zu einer Person in meiner Nähe, keine Ahnung, wer es war, ich sage: »Diese Menschen wissen es nicht, aber jetzt gehen sie in die Kirche.«

Und dann folgen diese Worte:

Ich habe einen Traum: dass sich diese Nation eines Tages erheben wird und der wahren Bedeutung ihres Glaubensbekenntnisses, dass alle Menschen gleich geschaffen sind, gerecht wird. Ich habe einen Traum, dass sich eines Tages die Söhne von früheren Sklaven und die Söhne von früheren Sklavenbesitzern auf den roten Hügeln von Georgia am Tisch der Bruderschaft gemeinsam niedersetzen können.
Ich habe einen Traum, dass eines Tages selbst der Staat Mississippi, ein Staat, der in der Hitze der Ungerechtigkeit und Unterdrückung schmort, zu einer Oase der Freiheit und

> Gerechtigkeit umgestaltet wird. Ich habe einen Traum, dass meine vier kleinen Kinder eines Tages in einer Nation leben werden, in der sie nicht nach ihrer Hautfarbe, sondern nach dem Wesen ihres Charakters beurteilt werden.
> Ich habe einen Traum, dass eines Tages jedes Tal erhöht und jeder Hügel und Berg erniedrigt wird. Die unebenen Plätze werden flach und die gewundenen Plätze gerade, und die Herrlichkeit des Herrn soll offenbart werden und alles Fleisch miteinander wird es sehen. Dies ist unsere Hoffnung. Dies ist der Glaube, mit dem ich zurück in den Süden reise. Mit diesem Glauben werden wir einen Stein der Hoffnung aus dem Berg der Hoffnungslosigkeit schlagen können.

Robert Avery, ein schwarzer Mann, der fünfzehn Jahre alt war, als er in der Menge stand und die Rede hörte, erinnert sich heute: »Ich bekomme Gänsehaut, wenn ich daran denke. Er war der Beste hier. Als ich ihn reden hörte und an das zurückdachte, was ich in dem Sommer durchgemacht hatte, fühlte es sich an wie: ›Wow, er spricht von mir, er spricht zu mir.‹«

Und Bob Adelman, der an diesem Tag als Fotograf gearbeitet hatte, sagte: »Wenn ich die Rede nun fünfzig Jahre später höre, kommen mir immer noch die Tränen. Sie ist so besonders, aber als er aufhörte zu reden, hatte ich wirklich ein tiefes Gefühl, dass es nun unausweichlich war. Eine solche Kraft war entfesselt worden, dass die Geschichte sind in Bewegung gesetzt hatte. Er hatte vor der Lincoln Statue gesprochen und ich sagte: »Das wird Wirklichkeit werden.«[61]

Eine geschwächte Position

Die zentrale Stellung, die die Predigt in allen christlichen Bewegungen von der Urkirche am Pfingsttag an durch die ganze Kirchengeschichte hindurch innehatte, wurde aus verschiedenen Richtungen stark infrage gestellt. Zusammen mit anderen Kräften, die klarer Führung aus verschiedenen Gründen misstrauisch gegenüberstehen, hat das zu einer wachsenden Unsicherheit darüber geführt, wofür die Kirche steht, und damit anderen, wenig überzeugenden Einflüssen die Tür geöffnet.

Einige Gründe für die geschwächte Position der Predigt heute sind:

- **Wortmüdigkeit:** Wir werden von morgens bis abends mit Text und gesprochenem Wort bombardiert, von der Milchpackung beim Frühstück bis zur Tagesschau.
- **TV und Film:** Die Kraft bewegter Bilder führt dazu, dass wir nicht mehr daran glauben, dass eine gesprochene Botschaft noch attraktiv sein kann. Noch viel weniger glauben wir, dass sie Menschen wirklich beeinflussen kann.
- **Schule:** Frontalunterricht ist jahrzehntelang verachtet und verlacht worden, zum Vorteil von Gruppenarbeit und Selbststudium. Zum einen dient dies immer den Starken und vernachlässigt die Schwachen, zum anderen zeigen neue Studien, dass die beste Möglichkeit, einen Zusammenhang zu verstehen, noch immer eine zusammenhängende Erklärung ist.
- **Akademische Priesterausbildung:** Nach all den Jahren theoretischer Studien: Worüber sollen sie predigen? Den Anforderungen der Hochschulen zu folgen und die Theologie von Gebet und Glaubensleben zu trennen, veranlasst kaum

einen Prediger, die Menschen in Bewegung zu setzen und die Geschichte zu verändern.

- **Schwacher Selbstwert:** Hier reagiert unsere persönliche psychische Verfassung auf die ständigen Vergleiche, die wir anhand der sozialen Medien vornehmen und in denen das Ergebnis nicht unbedingt positiv für den eigenen Selbstwert ausfällt. Wer bin ich schon zu predigen?
- **Unterlegenheit gegen das Internet:** Ein Notruf von Amerikas Predigern erklingt auch hier immer öfter: »Ich habe sie eine Stunde am Sonntagvormittag. Den Rest des Tages hängen sie im Internet.« Dort finden sie eine endlose Menge cooler Prediger, die in die eigene theologische Filterblase hineinpassen und sie eher verstärken, als zu Überprüfung und Umkehr zu rufen.

Denn Überprüfung und Umkehr sind Ziel der Predigt. Zwei Worte in der Reaktion des Volkes am Pfingsttag sind der Schlüssel zum Verständnis der Funktionsweise von Predigten:

- **Herz***:* Wenn da steht, dass »das Wort sie ins Herz traf«, ist das Wort hier nicht in seiner sentimentalen oder romantischen Bedeutung gemeint. »Herz« steht in der Bibel für die Mitte der Persönlichkeit, das innerste Ich, das gesammelte Wissen, das wir »Gewissen« nennen. Die Predigt muss sicherlich den Intellekt ansprechen, sodass man die Zusammenhänge versteht und mit voller Vernunft zustimmen kann. Sie muss auch die Gefühlswelt rühren, sonst lässt sie einen buchstäblich unberührt zurück. Aber vor allem soll sie sich ans Herz richten, die Feste des Willens, an die tiefsten Züge.
- **Handeln:** Die Predigt weckt Fragen. Erst die neugierige Frage wie am Pfingsttag: »Was bedeutet das?« Dann die tiefere

Frage: »Was sollen wir tun?« Die Predigt handelt nicht vom Interessanten, sondern vom Notwendigen. Sie zielt auf die Prüfung des eigenen Lebens ab, der Beziehungen und Werte im Licht des Wortes Gottes. Sie geht weiter und tiefer, als nur ein paar neue Gedanken für den Tag zu geben. Der Gedanke wird Fleisch: Was soll ich tun? Welche Konsequenzen hat das für meine Art zu leben?

Umkehr, Befreiung und Heilung

Petrus' Antwort auf die Frage zeigt das Ziel der Predigt: »Kehrt euch ab von euren Sünden und wendet euch Gott zu. Lasst euch alle taufen im Namen von Jesus Christus zur Vergebung eurer Sünden. Dann werdet ihr die Gabe des Heiligen Geistes empfangen« (Apostelgeschichte 2,38). Dies war auch der ursprüngliche Auftrag an die Jünger, die Jesus aussandte: »Dann zogen die Jünger los und forderten die Menschen auf, sich von ihren Sünden abzukehren« (Markus 6,12).

Das Wort *Umkehr* wird oft auf das Zum-Glauben-Kommen reduziert, aber die drei einleitenden Beispiele zur Predigt führen auf eine Umkehr in einer Reihe unterschiedlicher Bereiche hin. Das griechische Wort für Umkehr, *metanoia,* bedeutet »die Richtung ändern, woanders hingehen«.

Es geht darum, das ganze Leben nach dem Evangelium auszurichten und Gottes Reich Stück für Stück zu gestatten, die Fahrtrichtung zu bestimmen. Auch eine Predigt, die politische oder wirtschaftliche Ungerechtigkeiten anspricht, ist keine Abkehr von der klassischen Umkehrverkündung – vielmehr ist sie klassische Umkehrverkündung in einer Linie mit den alttestamentlichen Propheten.

Wie wir oben gesehen haben, hat unsere Teilhabe an Jesu Sendung in der Welt folgende drei Dimensionen: **Umkehr** von der Lebensrichtung, die um uns selbst kreist, zu einem Leben in Jesu Nachfolge. **Befreiung** von Mächten, die uns fesseln, zu einem Leben in Freiheit, in dem wir unsere Antwort auf Gottes Güte geben. **Heilung** von Verletzungen und Schäden, die wir durch das Leben in einer kaputten Welt davongetragen haben. Alle drei Elemente gehen von der Predigt aus und bekommen in ihr ihre gemeinsame Richtung.

VON DER PREDIGT GEHEN UMKEHR, BEFREIUNG UND HEILUNG AUS.

Wie Jesus sagt: »Geht und verkündet ihnen, dass das Himmelreich unmittelbar bevorsteht« (Matthäus 10,7). Und weil Gottes Reich im Konflikt steht mit den Mächten dieser Welt, kann es in der Predigt nicht allein um Trost und Bestätigung der Menschen in ihrem momentanen Zustand gehen. Das wäre, als würde man Sklaven ermuntern, sich in ihren Ketten wohlzufühlen, statt sie aufzuschließen.

Vergleichen wir die Formulierung aus der jetzigen Ordnung der Schwedischen Kirche:

> Wie ein Verbi Divini Minister (Diener des Göttlichen Wortes) soll der Priester getreu seinem Auftrag das Evangelium rein und klar verkünden, durch die Taufe neue Menschen in die Gemeinschaft der Kirche führen, die Feier des heiligen Mahls leiten und *Vergebung, Trost* und *Hoffnung* vermitteln.[62]

… mit den alten Gebeten nach der Predigt in den Gottesdiensten der Schwedischen Kirche:

> Lob sei dir, Gott, der uns mit deinem Wort *tröstet, lehrt, ermahnt und warnt.* Lass deinen Heiligen Geist diese Worte

fest in unseren Herzen verankern, sodass wir nicht vergessliche Zuhörer werden, sondern in Glauben, Hoffnung und Liebe wachsen.

Die beiden kursiv gedruckten Stellen geben Hinweis darauf, warum heute so viele die Predigten mit einem Achselzucken hinnehmen. Wann haben Sie zuletzt eine Predigt gehört, die »ermahnte« und Ihre Art, zu denken und zu leben, herausforderte? Wie oft trauen Prediger sich, vor etwas zu »warnen«? Es ist wie bei den Helikopter-Eltern: Wenn es für nichts Grenzen gibt, verlieren schließlich sogar Trost und Bestätigung ihre Bedeutung und Relevanz.

»Wir wachsen an den Schnittpunkten zwischen Widerstand und Bestätigung«, hat der Jesuit Ulf Johnson einmal gesagt. Alle Eltern sollten dem zustimmen können. Gibt es nur Widerstand, fühlt sich das Kind abgewiesen. Gibt es nur Bestätigung, wird es in seiner Selbstgefälligkeit bestärkt. In beiden Fällen wird das Kind darin gehindert, die Reife zu entwickeln, die es für den Weg in die Erwachsenenwelt mit ihren Herausforderungen braucht.

Zwei Voraussetzungen

Wie für Eltern kann es auch für einen Prediger fruchtbar sein, sich eine einfache Frage zu stellen: »Sage ich das aus Sorge um die anderen oder um mich selbst beliebt zu machen?« Was ist wichtiger: der eigene Ruf als Verkündiger oder dass die Leute wirklich Lebenshilfe bekommen?

Ausgehend vom Zusammenspiel des Auftrags zwischen Umkehr, Befreiung und Heilung kann man sich vor dem Predigen drei Fragen stellen:

1. Welche **Richtung** haben diese Menschen ihn ihrem Leben? Wofür leben sie? Was gibt ihnen Energie? Wovon träumen sie? Was ist das Wichtigste für sie?
2. Welche **Mächte** nehmen sie gefangen? Was hindert sie daran, sie selbst zu sein?
3. Worin stecken sie fest? Was beeinflusst sie, etwas zu tun, was ihnen nicht guttut? Welche **Wunden** haben sie? Auf der ganzen Skala von physischen Erkrankungen bis zu seelischen Verletzungen: Was plagt sie und nimmt ihnen ihre Energie? Womit müssen sie sich in ihren Beziehungen versöhnen und was muss heilen?

Aus dieser Perspektive kann man die biblische Funktion des Predigens verstehen. Es geht nicht darum, dem Markenwert des Predigers eine Plattform zu bauen, sondern darum, »den Armen die gute Botschaft zu verkünden, den Gefangenen zu verkünden, dass sie freigelassen werden, Blinden, dass sie sehen werden, Unterdrückten, dass sie befreit werden und dass die Zeit der Gnade des Herrn gekommen ist« (Lukas 4,18-19).

Wer kann das tun? Welche Voraussetzungen gibt es für eine solche Predigt? Ein Abschnitt im Johannesevangelium fasst die beiden wichtigsten Punkte zusammen:

> Als das Fest zur Hälfte vorüber war, ging Jesus zum Tempel hinauf und begann zu lehren. Die Juden waren zutiefst erstaunt, als sie ihn hörten. »Woher weiß er das alles, ohne dass er die Schrift studiert hat?«, fragten sie. Da sagte Jesus zu ihnen: »Ich lehre nicht meine eigenen Gedanken, sondern die Gedanken Gottes, der mich gesandt hat. Wer den Willen Gottes tun will, wird erkennen, ob meine Lehre von Gott kommt oder ob ich aus mir selbst heraus rede. Wer nur seine

eigenen Anschauungen vertritt, sucht Anerkennung für sich selbst. Wer aber den ehren will, der ihn gesandt hat, der ist glaubwürdig und ohne falsche Absichten.«
Johannes 7,14-18

1. Erkennen und Verstehen

Jesus macht deutlich, dass seine Lehre nicht in erster Linie durch theoretische Studien zugänglich wird. Auch nicht durch eine besondere Art von spirituellen Erfahrungen oder einen besonders starken Glauben. Um seine Lehre zu verstehen, muss man grundlegend offen sein und den Willen Gottes tun wollen. Wir können uns der Bibel also nicht mit rein akademischem Interesse nähern und dann erwarten, dass wir verstehen, was dort gesagt wird. Auch die Erwartung, spirituelle Erfahrungen zu machen, wird zu nichts führen. Was uns das Bibelwort erschließt, ist eine einfache Bereitschaft, es die eigene Lebensweise beeinflussen zu lassen. Der Schlüssel ist eher Demut als Selbstsicherheit.

Frank Mangs benutzt im einleitenden Beispiel den alten Ausdruck »sich beugen«, um Umkehr zu beschreiben. Zuerst muss der Prediger selbst sich dem Wort beugen. Solange man das Wort als etwas begreift, das man kontrollieren und mit eigenen Deutungen steuern kann, und nicht als etwas Größeres als man selbst, vor dem man verantwortlich ist, wird man den Zuhörern die gleiche Einstellung vermitteln.

Natürlich interpretieren wir einen Text immer durch die Brille aus eigenen Erfahrungen und kulturellem Hintergrund, die jeder von uns trägt. Aber es gibt zwei grundlegend unterschiedliche Möglichkeiten, einen Text zu interpretieren: entweder wir lassen ihn das sagen, was wir wollen, oder wir versuchen, die ursprüngliche Intention herauszufiltern – auch wenn wir nicht der gleichen

Meinung sind. Eine »Theologie auf Bestellung« führt nicht zu Umkehr, weder zu der des Predigers noch der Zuhörer. Die Botschaft lautet dann eher: Wenn ein Konflikt mit dem Wort entsteht, muss das Wort sich beugen und nicht ich.

2. Glaubwürdig sein

Wer seine eigene Ehre sucht und darauf aus ist, sein eigenes Prestige aufzubauen, wird immer ein Interesse daran haben, die Wahrheit zu zensieren. Was nicht zur eigenen Bestätigung oder einem gesteigerten Prestige führt, wird abgesägt oder umgedeutet, um keine Konflikte zu schaffen. Hier wird die Wahrheit in Relation zu einem höheren Wert gemessen, der Bestätigung nämlich. Oder mit Jesu Worten: der eigenen Ehre. Bei einem Konflikt wird die eigene Ehre gewinnen und die Wahrheit verlieren.

»Aber wer die Ehre dessen sucht, der ihn gesandt hat, spricht die Wahrheit.« Oder, wie es im Grundtext heißt: Er ist wahr. Da gibt es keine eigene Agenda, die im Zusammentreffen mit der Wahrheit Deutungsvorrecht hat, kein Interesse daran, die Wahrheit auf ein verkäufliches Format zuzuschneiden. Es geht schließlich nicht um meine Ehre, sondern um Gottes Ehre. Deshalb ist ein solcher Verkündiger wahr. Sie müssen ihm nicht zustimmen. Sie können wunderbar uneinig mit dem sein, was gesagt wird. Aber Ehrlichkeit und Mut wecken dennoch Respekt.

JE MEHR WIR LERNEN, VOR GOTT ZU SAGEN, WAS SACHE IST, DESTO FESTER WIRD DER GRUND UNTER UNSEREN FÜSSEN SEIN, WENN WIR PREDIGEN.

Diese vollendete Integrität ist nichts, was man durch eine abgehobene Attitüde à la »Ich sage euch jetzt mal die Wahrheit« erreicht. Das wäre wieder eine harte Schale, die nur mangelndes Rückgrat verbirgt. Ich kenne keinen anderen Ort, an dem man diese Wahrheit erlangen kann, als vor Gottes Angesicht. Wenn wir im Gespräch mit Gott nicht die Wahrheit sagen können, werden wir das auch vor den Menschen nicht können. Und umgekehrt: Je mehr wir lernen, vor Gott zu sagen, was Sache ist, desto fester wird der Grund unter unseren Füßen sein, wenn wir predigen.

Der Prophet Jeremia ist allein unter den Propheten, als er die Sünde des Volkes beschreibt und davon spricht, dass Gott das Volk strafen wird. Er wird verfolgt und von den Machthabern in einen Brunnen geworfen, während die falschen Propheten zu Ruhm gelangen und für ihre aufmunternden Predigten gelobt werden. Der Schlüssel zu seiner unbestechlichen Integrität liegt in Jeremias Gesprächen mit Gott. So ungeschminkt und kompromisslos ehrlich, wie er Gottes Wort dem Volk und den Machthabern verkündet, genauso unzensiert spricht er mit Gott.

> Herr, du würdest immer recht behalten, wenn ich mit dir streiten wollte. Trotzdem will ich einige Rechtsfragen mit dir bereden: Warum geht es den Menschen, die gar nicht nach dir fragen, so gut? Wie kann es sein, dass ungerechte Menschen in Ruhe und Frieden leben können? [...] Nie nahm ich an den Festen teil, bei denen die Menschen ihre Scherze machen, ich saß stets allein für mich, niedergedrückt von der Last des Zorns, den du mir auferlegt hast. Warum muss ich endlos leiden? Warum sind meine Wunden unheilbar? Du hast mich im Stich gelassen wie ein Bach, der im Sommer austrocknet und kein Wasser mehr gibt.
>
> *Jeremia 12,1;15, 17-18*

Vielleicht beginnen Sie zu erahnen, welche tiefe Verbindung hinter der Mahnung der Apostel, »beim Gebet und beim Dienst des Wortes zu bleiben« (Apostelgeschichte 6,4; LUT), steckt. Achten

Sie auf die Wortfolge. Erst wenn wir im Gebet gelernt haben, mit der Wahrheit über unser eigenes Leben umzugehen, können wir sie loslassen, um andere zu berühren. Solange wir vor der Wahrheit in unserem eigenen Leben fliehen und sie nicht in unsere frommen Gebete einlassen, werden wir auch keinem anderen den Zugang dazu gewähren können.

Der lose Faden

Die ganze Zeit gilt es, den Blick unerschütterlich auf Jesus zu richten; im Dickicht aller Ansichten, in Debatten, Theologien, Trends und Rücksichtnahmen. Paulus muss reiche Erfahrungen mit diesen Böen und Stürmen gehabt haben, da er so oft darauf zu sprechen kommt, wenn er den jungen Timotheus lehrt. Die Versuchungen, auf Abwegen zu landen, stehen in Proportion zu den aufgezählten Ermahnungen:

> Das Ziel meiner Unterweisung ist, dass alle Christen von der Liebe erfüllt sind, die aus einem reinen Herzen kommt, aus einem guten Gewissen und aufrichtigem Glauben. Einige haben dieses Ziel jedoch völlig verfehlt und vertun ihre Zeit mit leerem Geschwätz.
> *1. Timotheus 1,5-6*

> Erinnere die Menschen daran und fordere sie im Namen Gottes auf, sich nicht mehr um Worte zu streiten. Solche Wortklaubereien sind nutzlos und schaden nur denen, die ihnen zuhören. Strebe danach, dich vor Gott als guter Arbeiter zu bewähren, der sich nicht zu schämen braucht und der das Wort der Wahrheit kompromisslos predigt. Meide alles gottlose,

> dumme Geschwätz, das nur zu noch mehr Gottlosigkeit führt. Solches Geschwätz verbreitet sich wie ein Krebsgeschwür [...]. Beteilige dich nicht an dummen, unreifen Auseinandersetzungen, die nur Streit auslösen. Ein Diener des Herrn darf nicht streiten, sondern er muss zu allen freundlich sein, überzeugend lehren und auch mit schwierigen Menschen Geduld haben können.
> *2. Timotheus 2,14-17.23-24*

> Ich bitte dich vor Gott und vor Christus Jesus, der eines Tages die Lebenden und die Toten richten wird, wenn er erscheinen wird, um sein Reich aufzurichten: Verkünde das Wort Gottes. Halte durch, ob die Zeit günstig ist oder nicht. In aller Geduld und mit guter Lehre sollst du die Menschen zurechtweisen, tadeln und ermutigen! Denn es kommt eine Zeit, in der die Menschen nicht mehr auf die gesunde Lehre hören werden. Sie werden sich von ihren eigenen Wünschen leiten lassen und immer wieder nach Lehrern Ausschau halten, die ihnen sagen, was sie gern hören wollen.
> *2. Timotheus 4,1-3*

Paulus ist nicht darauf aus, Menschen am eigenen Denken und gemeinsamen Reflektieren zu hindern. »Wo immer der Geist des Herrn ist, ist Freiheit« (2. Korinther 3,17), betont er, was selbstverständlich auch die Freiheit zu unterschiedlichem Denken mit einschließt. Aber er hat auch genügend dieser fruchtlosen Diskussionen miterlebt, die mit der ständig wiederkehrenden Parole »interessant« kaum merklich den Fokus der Menschen von der Nachfolge Jesu weg verschieben. Die Energie läuft in die falsche Richtung, die Kirche spaltet sich durch Polarisierung und die Debatten hinterlassen immer einen schlechten Nachgeschmack.

»Ihr seht, man erkennt sie an ihren Früchten«, sagt Jesus in der Bergpredigt (Matthäus 7,20). Wohin führt das? Was ist die Frucht? Wie werden einzelne Menschen beeinflusst? Was macht es mit den Beziehungen in der Gemeinde? Diese Fragen zu stellen, kann helfen, rechtzeitig den losen Faden zu entdecken: das zwanghafte Bedürfnis, »Stellung zu beziehen« oder »die Wahrheit zu sagen«. Setzen Sie stattdessen den Fokus auf die Suche nach der Wahrheit, beugen Sie sich vor der Wahrheit, handeln Sie wahr.

SETZEN SIE BEIM PREDIGEN DEN FOKUS AUF DIE SUCHE NACH DER WAHRHEIT.

Mitten im Sturm zwischen Katholiken und Protestanten versammelte sich das Konzil von Trient zwischen 1545 und 1563, wo die katholische Kirche versuchte, ihren Weg zu formulieren. Zu diesem Treffen wurden sogar einige Jesuiten geschickt. Der Brief, den Ignatius diesen Brüdern schickte, enthält eine zeitlose Strategie, ganz auf einer Linie mit Paulus' Ermahnungen an Timotheus:

> Ich würde erst spät sprechen, hellhörig und ruhig sein, sodass ich mich in die Auffassungen, Gefühle und Wünsche der anderen hineindenken und sie verstehen kann. Auf diese Art ist man besser imstande, entweder zu antworten oder zu schweigen …[63]

Wie immer ist Ignatius klar in Bezug auf das Ziel und lässt dieses darüber entscheiden, welcher Mittel man sich bedient.

> Unser Hauptziel – zur größeren Ehre unsers Herrn – beim Treffen in Trient ist, zu predigen, die Beichte zu hören, Vorlesungen zu halten, Kinder zu unterrichten, Übungen zu leiten, die Armen in den Krankenhäusern zu besuchen und unseren Nächsten zur Stütze zu sein. Jeder Einzelne sollte

> nach seinen Fähigkeiten so viele Personen wie möglich zu Andacht und Gebet ermutigen. Das alles, damit sie und wir Gott, unsern Herrn, bitten, dass es Seiner Göttlichen Majestät behage, seinen göttlichen Geist auszugießen …

Die gleiche klare Fokussierung gilt für alle Predigten:

> In den Predigten würde ich keinen Aspekt beleuchten, in dem Protestanten und Katholiken uneinig sind. Ich würde stattdessen schlichtweg Interesse für die guten Traditionen und Andachten der Kirche wecken. Ich würde die Seelen zu vollständiger Seelenkenntnis motivieren und zur Kenntnis von und Liebe zu ihrem Herrn und Schöpfer. Zum Ende der Predigten würde ich immer für das Konzil beten.
> Für die Vorlesungen gilt das Gleiche wie für die Predigten, nämlich aufopfernd danach zu streben, die Seelen der Liebe zu ihrem Schöpfer und Herrn zuzuführen. Dies erreicht man, indem man die Bedeutung dessen, worüber man die Vorlesung hält, erklärt wie auch durch das Gebet der Zuhörer …

Mitten in diesem theologischen Sturm bewahrt Ignatius einen ruhigen inneren Kompass, der zeigt, worum es geht:

> Was die Definition von Glaubenssätzen betrifft, ist es erleichternd, spät zu reden und wenig zu sprechen, so wie es gesagt wurde. Was den Erfolg von den geistlichen Fortschritten der Seelen betrifft, ist es hingegen hilfreicher, lange, methodisch, mild und gefühlvoll zu sprechen.

Zusammengefasst: Arbeitet mit dem Lebendigen zusammen, verschwendet so wenig Energie wie möglich auf das Leblose.

In unserem Zusammenhang ist die ignatianische Spiritualität vor allem durch Exerzitien und geistliche Wegbegleitung bekannt. Hier wird sie einem großen Bedürfnis gerecht, wo sie auf Menschen trifft, die »zugepredigt« sind, weil ihr Hauptkontakt mit der Bibel jahrzehntelang die Predigt war. Sich in der Stille der Exerzitien allein dem Bibelwort auszusetzen, ohne dass jemand erklärt oder predigt, hat eine entscheidende Bedeutung für die Gottesbeziehung. So wie Ignatius selbst sagt: »Denn es ist nicht das viele Wissen, sondern die Einfühlung und der Geschmack der inneren Dinge, die die Seele sättigen und zufriedenstellen.«[64]

Da könnte man glauben, dass die Predigt eine untergeordnete Rolle in der ignatianischen Spiritualität spielt. So ist es nicht. Das einleitende Beispiel aus Correggio ist typisch dafür, wie die Jesuiten überall kreativ mit der Predigt umgegangen sind, auf einer Linie mit Ignatius' Überzeugung, dass die Predigt an erster Stelle kommt und die Richtung für alles andere definiert. Ausgangspunkt sind die wiederkehrenden beiden Kriterien für alles, was man tut: 1. Was ist zur größeren Ehre Gottes? 2. Was ist der größte Nutzen für die Allgemeinheit? Deshalb schreibt er:

> Wenn es Aufgaben gibt, die zu größerem allgemeinen Nutzen führen und mehreren unserer Mitmenschen helfen, so wie die Predigten oder Vorlesungen, während andere sich eher an Individuen richten, wie die Beichte oder Teilnahme an geistlichen Übungen, und man nicht beides tun kann, so sollte man die Priorität auf Ersteres legen.[65]

Die eigene Bibellektüre

Fragt man einen Priester oder Pastor nach seinem persönlichen Verhältnis zur Bibel, lautet die Antwort recht oft: »Ja, das steht meist im Zusammenhang mit der Predigtvorbereitung.« Die Professionalisierung hat übernommen, das Bibelwort ist in erster Linie zu einem Arbeitswerkzeug geworden, die persönliche Bibellektüre läuft auf Sparflamme. Dies verstärkt die Tendenz zu einer »reaktiven« Führung, in der Sie ununterbrochen von Dingen verfolgt werden, die getan werden müssen oder zu denen Sie sich verhalten sollen, anstatt aus dem eigenen inneren Prozess heraus zu leiten.

Teilweise macht das Ihre Arbeit auf Dauer arm: Sie bekommt dadurch oberflächliche Wurzeln und trägt weniger Früchte. Teils vertrocknet auch Ihr eigenes Inneres, da Sie Ihre persönliche Beziehung zu Gott auf Diät setzen. Ihr Inneres wird eine immer mehr verschrumpelnde Frucht Ihrer Arbeit, statt dass Ihre Arbeit eine Frucht Ihres inneren Lebens ist.

Wenn Ihre Bibellektüre auf diese Art in den Predigtvorbereitungen festgefahren ist und damit Ihrer Gottesbeziehung die Luft nimmt, ist es Zeit, zu dem zurückzukehren, worum es letztendlich geht: »Folge mir nach.« Eine fruchtbringende christliche Führung basiert auf Beziehungen, nicht auf Begabungen. Wie finden Sie also zur Bibel zurück, ohne dass dies wieder ein »Müssen« im ohnehin schon vollen Kalender wird?

Stellen wir uns zwei Ebenen vor. Die *kurzwellige Bibellektüre* steht in Beziehung zur Arbeit. Sie beinhaltet Studium und Vorbereitung für die Predigt, Bibelstudien und Ähnliches. Sie ist auf die Bedürfnisse anderer ausgerichtet. Sie beinhaltet weniger Zeit für Vorbereitung und Vermittlung und bewegt sich deshalb in relativ schnellen Kreisen. Das heißt, dass sie auch mehr Texte behandelt, die ständig ausgetauscht werden.

Die *langweilige Bibellektüre* ist Ihr privates Verhältnis zur Bibel. Hier geht es mehr um Meditation als um Studium. Die wegweisende Frage ist nicht die der Studien: »Was bedeutet das?«, sondern die der Meditation: »Was berührt mich?« Hier ist die Lektüre auf Ihr eigenes Leben ausgerichtet, nicht auf die Bedürfnisse anderer. Sie ist langsam und wirkt langfristig. Bleiben Sie in dem Text, der Sie berührt, »solange er Geschmack gibt«, wie Ignatius sagt. Dies kann bedeuten, dass Sie bei ein und demselben Text bleiben und wochenlang zu ihm zurückkehren, vielleicht monatelang. Hier geht es also um wenig Texte, am besten immer nur einen zur Zeit. Es geht mehr darum, an einem Ort zu sein, als einen Text zu verstehen. Das hilft Ihnen zu wissen, wo Sie Ihre Mitte haben, was Gott in Ihrem Leben berührt.

BLEIBEN SIE IN DEM TEXT, DER SIE BERÜHRT, SOLANGE ER GESCHMACK GIBT.

In meinen fünfzehn Jahren als Journalist bei *Nytt Liv* legte ich meine Bibel immer auf den Schreibtisch, wenn ich morgens (na ja, vormittags) in die Redaktion kam. Ich schlug die Stelle auf, an der ich mich gerade befand, also nicht die Stelle, die wir für die nächste Themenausgabe diskutierten. Allein meine aufgeschlagene Bibel war ein wichtiges Augenmerk für mich im Alltagsgewimmel. Da … begegneten Gott und ich uns. Mich auf diese Weise immer von meinem öffentlichen Leben zurückziehen zu können, wenn auch nur für fünf Sekunden, um zur Mitte meines Lebens zurückzukehren, war mir eine unschätzbare Hilfe, um meine Seele nicht in der Arbeit zu verlieren.

Das Körperlose und Dämonische

Es geht auch darum, die Bibel rein physisch zurückzuerobern. Heute ist es nicht unüblich, das Smartphone für die Bibellektüre zu nutzen – wie auch als Uhr, Kamera, Kalender, Wetterbericht, für Überweisungen und die Kontakte zu Freunden. Das ist ja auch praktisch. Bis Sie entdecken, dass Sie wieder einmal von kurzsichtigen Vorteilen übers Ohr gehauen wurden, die Sie blind für das Ziel gemacht haben, auf das Sie sich zubewegen, ohne dass Sie sich bewusst dafür entschieden hätten.

»Das Körperlose und Dämonische«[66] – diese Beschreibung in einem Brief von Ignatius von Antiochien aus dem ersten Jahrhundert wird mit jedem Monat noch prophetischer. Wir sehen heute diese (zugegebenermaßen immer praktischen) Verschiebungen von dem Körperlichen zum Unkörperlichen in einem Bereich nach dem anderen:

- Wir gehen nicht mehr in Geschäfte und fassen die Waren an und sprechen mit einem quicklebendigen und vermutlich recht kompetenten Menschen. Wir klicken im Internet auf »In den Warenkorb legen«.
- Wir machen uns nicht mehr mit Hand und Stift Notizen auf einem physischen Blatt Papier, sondern tippen unsere Buchstaben in einen Bildschirm (obwohl mehrere Untersuchungen zeigen, dass wir besser verstehen und uns erinnern, wenn wir mit der Hand schreiben).
- Wir gehen nicht mehr zu einem Büro am anderen Ende des Flurs, um unsere Kollegen nach etwas zu fragen, sondern schicken ihnen eine Mail.
- Wir telefonieren nicht mehr miteinander und hören unsere physischen Stimmen, sondern schicken eine Textnachricht, weil es schneller geht.
- Wir sehen nicht mehr die physische Landschaft durch das Zugfenster, sondern schauen lieber den Film auf dem Bildschirm vor uns. Der hat auch Priorität vor den konkret körperlichen Personen um uns herum.

- Wir hören nicht mehr Musik von Schallplatten, die in abgegriffenen LP-Hüllen liegen, deren Berührung allein mit Tausenden Erinnerungen verbunden ist, sondern streamen unendliche Massen völlig unkörperlicher Musik im Internet.
- Wir halten nicht mehr ein zerschlissenes Gesangbuch in den Händen, wenn wir in der Kirche singen, sondern starren gehorsam auf die Leinwand, auf der gleich die Bankverbindung für die Kollekte angezeigt wird.

Und wie gesagt: Eine Bibel mitzunehmen ist doch nur mühsam, wenn es unzählige unterschiedliche Übersetzungen und Kommentare in meinem Telefon gibt.

Im Sommer nahmen meine Frau und ich am Korsveifestival in Seljord in Norwegen teil. An einem Abend fand ein Seminar zur Jesusbewegung in den 1970er-Jahren statt. Einige Veteranen in unserem Alter wurden von ihren Kindern dazu befragt, womit sie sich damals eigentlich beschäftigt hatten. Unter anderem erzählten sie davon, welche Liebe zur Bibel sie damals geprägt hatte:

> »Wir hatten die Bibel überall mit dabei. Eine zerschlissene Bibel war ein wichtiger Teil unserer Identität. Sogar wenn wir draußen im Wald Ski fuhren, war die Bibel mit dabei, in einer Extratasche. Und wir lasen ständig darin und hatten einen herrlichen Austausch durch unsere Gespräche über die Bibel. Wir haben in der Bibel unterstrichen, Anmerkungen gemacht, wir haben Bibelhüllen bestickt. Es war, als würde sie eins mit uns werden.«

Früher rechnete man das Leben eines Predigers in der Zahl der Bibeln, die er verschliss. Es geht hier nicht um Nostalgie oder Technikfeindlichkeit, es geht zutiefst darum, die Inkarnation ernst zu nehmen. Natürlich macht es einen Unterschied, ob man in der eigenen, zerschlissenen Bibel liest und über ihr meditiert oder auf einem eiskalten Glasbildschirm mit seinem unkörperlichen Text. Irgendwo geht der Symbolwert verloren, wenn wir per unkörperlicher Textoberfläche auf einem Telefon darüber sprechen, dass Gott Fleisch wurde.

Dies gilt auch für uns als Verkünder – wir sollten Menschen ermuntern, ihre eigene physische Bibel zum Gottesdienst oder Bibelstudium mitzunehmen. Wir müssen den Menschen auf tausendfache Weise helfen, wieder Fleisch zu werden, sich Stück für Stück ihre Körperlichkeit wieder zurückzuerobern, die wir viel zu unbedacht an die Kräfte des Marktes und der Praktikabilität abgetreten haben.

Erfüllt vom Geist

Zwischen Körper und Geist besteht eine tiefe Verbindung. Im Gegensatz zum schizophrenen Weltbild der Gnostiker, nach dem man versuchen soll, sich vom Körper zu befreien, um so geistlich wie möglich zu werden, beschreibt Paulus die Wirklichkeit so: »Wisst ihr nicht, dass euer Leib ein Tempel des Heiligen Geistes in euch ist, der in euch lebt und euch von Gott geschenkt wurde?« (1. Korinther 6,19).

Diese Verbindung ist für die Predigt von entscheidender Bedeutung. Als Jesus in der Synagoge von Nazareth sein Manifest für seinen Auftrag auf Erden vorträgt, geht er von der Anwesenheit des Heiligen Geistes aus: »Der Geist des Herrn ruht auf mir, denn er hat mich gesalbt, um den Armen die gute Botschaft zu verkünden« (Lukas 4,18). Diese Verbindung zwischen dem Heiligen Geist und der Predigt wird in einem weiteren Jesajatext über den Messias im

Matthäusevangelium wieder aufgegriffen: »Dies ist mein Diener, den ich auserwählt habe. Ich liebe ihn und habe meine Freude an ihm. Ich werde meinen Geist auf ihn legen, und er wird den Völkern Gerechtigkeit verkünden« (Matthäus 12,18).

Am Pfingsttag kommt der gleiche Geist über die Gemeinde, die somit eine fortgesetzte Inkarnation des Messias auf Erden ist. Jesus hatte die Jünger auf diese Erfahrung vorbereitet: »Aber wenn der Heilige Geist über euch gekommen ist, werdet ihr seine Kraft empfangen. Dann werdet ihr von mir berichten …« (Apostelgeschichte 1,8). So manifestiert sich auch das Ausgießen des Geistes durch die Verkündung: »Und alle Anwesenden wurden vom Heiligen Geist erfüllt und fingen an, in anderen Sprachen zu sprechen, wie der Heilige Geist es ihnen eingab« (Apostelgeschichte 2,4-11).

Als die Gemeinde dann von Widerstand und Verfolgung bedroht wird, betet sie zu Gott um Kraft, nicht zu schweigen: »Nach diesem Gebet bebte das Gebäude, in dem sie sich versammelt hatten, und sie wurden alle vom Heiligen Geist erfüllt. Und sie predigten mutig und unerschrocken die Botschaft Gottes« (Apostelgeschichte 4,31).

DIE DEUTLICHE KOPPLUNG VON GEIST UND VERKÜNDIGUNG HAT KONSEQUENZEN DAFÜR, WIE WIR UNSERE PREDIGT VORBEREITEN.

Diese deutliche Kopplung von Geist und Verkündigung hat Konsequenzen dafür, wie wir unsere Predigt vorbereiten. Ich habe dazu keine wissenschaftlichen Unterlagen, aber mein bestimmter Eindruck nach unzähligen Gesprächen mit nicht zuletzt jungen Priestern und Pastoren ist, dass viele von hohen Leistungsanforderungen geplagt werden und unverhältnismäßig viel Zeit und Energie darauf verwenden, die Predigt vorzubereiten. Dies trägt einerseits zu Ermüdung und Burn-out bei. Andererseits fehlt die Zeit für andere Aufgaben in der Gemeinde. Außerdem wird das Gefühl von Unzulänglichkeit das beeinflussen, was in der Predigt gesagt wird.

Dass das Predigen bei so vielen Verkrampfungen auslöst, hat vermutlich mehrere Gründe. Einer ist die allgemeine Skepsis gegenüber der Predigt, die zu Beginn des Kapitels angedeutet wurde und verschiedene Ursachen hat. Ein anderer ist die akademische Schulung, die uns ständig einschärft, wie wichtig es ist, alles, was man sagt, an theologischen Autoritäten zu verankern und abzusichern. Das kann an und für sich gut sein, verstärkt aber auch die Angst und den Unwillen, kreative Risiken einzugehen. Ein dritter Grund ist der Mangel an geistlichen Erfahrungen oder vielleicht eher die Tatsache, dass die eigenen geistlichen Erfahrungen nicht ernst genommen werden. Wir glauben nicht, dass unsere Erfahrungen mit Gott ausreichend sind und anderen helfen könnten, sondern müssen sie die ganze Zeit ausschmücken und mit glaubwürdigerem Material anderer auffüllen.

»Selig sind, die da geistlich arm sind; denn ihrer ist das Himmelreich« (Matthäus 5,3; LUT). Dies gilt auch für die, die predigen. Es ist nicht die theologische Brillanz, die Menschen zur Umkehr, Befreiung und Heilung verhilft. Viel hilfreicher ist, wenn der Diener seine radikale Offenheit zu und seine Abhängigkeit von Gott bekennt. Einer der russischen spirituellen Wegbegleiter des 19. Jahrhunderts war Serafim von Sarow. Er beschreibt, wie er vorging, wenn er denen, die Führung suchten, helfen sollte. Eine Beschreibung, die sich direkt auf Predigten übertragen lässt:

> Ich, der sündige Serafim, denke: Ich bin ein sündiger Diener Gottes. Was Gott mir mitteilt, berichte ich denen, die mich um einen guten Rat bitten. Den Gedanken, der meine Seele zuerst erreicht, betrachte ich als von Gott auserwählt und den gebe ich weiter, ohne zu wissen, was der andere in seiner Seele trägt. Ich glaube nur, dass Gott will, dass ich auf diese Art zum Nutzen des Fragenden rede. Aber es passiert

auch, dass jemand mir von einem Ereignis berichtet und ich es dann nicht Gottes Willen unterwerfe, sondern dass ich es meinem eigenen Verstand unterziehe und mir einbilde, ich könnte die Sache lösen, ohne mich an Gott zu halten. Dann passieren immer Fehler.[67]

Bedingungen loslassen

Wenn wir das eben Genannte in einer einfachen Gebrauchsanweisung zur Predigt zusammenfassen sollten, könnte das so aussehen:

1. Verschließen Sie Ihr Bewusstsein vor anderen Stimmen und Eindrücken. Beginnen Sie nie damit, zu lesen, was andere geschrieben haben, ob es nun Bibelkommentare oder andere Texte sind.
2. Lange und wortreiche Gebete vor der Predigtvorbereitung verstärken nur den Fokus auf die Arbeit. Der Fokus des Gebets soll indes auf Gott gerichtet sein und findet daher am besten zu anderen Gelegenheiten statt. Hier reicht ein kurzes Gebet von Herzen. Komm, Heiliger Geist!
3. Lesen Sie den Bibeltext langsam mehrere Male. Versuchen Sie nicht, etwas Neues oder Bahnbrechendes zu entdecken oder »drei Punkte, über die Sie predigen können«. Lesen Sie einfach nur den Text und lassen Sie ihn auf sich wirken. Legen Sie den Text auch gern zur Seite und lesen Sie ihn später noch einmal.
4. Nehmen Sie ernst, was Sie aus dem Text anspricht, auch wenn es anfangs unbedeutend erscheinen mag. Vertrauen Sie dem Heiligen Geist. Sprechen Sie mit Gott über Ihre Gedanken und vertrauen Sie darauf, dass er durch Ihre Erfahrungen wirkt.

5. Schreiben Sie Rahmenwörter und Stichworte auf, nicht Wort für Wort, sodass Sie frei sein können, auf den Geist und die Gemeinde zu hören, wenn Sie predigen.
6. Lassen Sie die Bedingung los, eine perfekte Predigt halten zu müssen.
7. Sagen Sie der Gemeinde das, was Sie auf dem Herzen haben.

Es ist nicht ausgeschlossen, dass jemand die gleichen Schlussfolgerungen zieht wie Marcus Garvey Wood, als er an jenem Augusttag 1963 Martin Luther King hörte. Kings Kommilitone kommentierte die Rede fünfzig Jahre später: »Ich hatte den Eindruck, dass der Geist Gottes über ihn kam.«[68]

SIE HABEN DEN AUFTRAG, DAS WORT DES HERRN ZU PREDIGEN – NICHT, IHRE ZUHÖRER ZU ÜBERZEUGEN.

Und die theologische Vertiefung? Wie beim Gebet braucht es auch hier einen größeren und langfristigeren Fokus als vorläufige Behelfsformulierungen im akuten Fall. Das Studienziel ist es, Christus kennenzulernen, nicht, eine gute Predigt abzuliefern. Bibel, geistliche Wegbegleitung, Theologie und Kirchengeschichte sind kontinuierliche Studienobjekte und verhalten sich zu der einzelnen Predigt ungefähr wie der Zweig zur Frucht.

Zum Schluss noch zwei Ratschläge:

- **Unterscheiden Sie zwischen Aufmerksamkeit und Anspannung.** Hören Sie auf die Signale Ihres Körpers. Aufmerksamkeit für Gott gibt sich durch Ruhe und Zuhören zu erkennen. Anspannung fühlen Sie auf den Schultern und im Magen. Sie deutet an, dass Sie sich vermutlich eines Predigtthemas angenommen haben, das nicht Ihres ist. Dann ist es angebracht, es David vor Goliath gleichzutun: »›Ich kann darin nicht gehen‹, protestierte er, ›ich bin nicht daran gewöhnt.‹ Und er legte die Rüstung wieder ab. Dann holte er fünf glatte Kiesel aus einem Bach und legte sie in seine Hirtentasche« (1. Samuel 17,38-40).

- **Unterscheiden Sie zwischen Ihrer und Gottes Verantwortung.** Die Propheten des Alten Testaments laden uns und unsere Zuhörer zu großartiger Freiheit ein. Sie erhalten nämlich den Auftrag, das Wort des Herrn zu predigen – nicht Ihre Zuhörer zu überzeugen. Das macht Sie als Prediger frei von Leistungsanforderungen, ergebnisorientiertem Denken und Enttäuschungen.

Und es befreit die Zuhörer von Manipulation und nervtötenden Überredungsversuchen, sodass sie selbst denken und eigene Beschlüsse fassen können. Was Gott in ihrem Leben bewirkt, liegt nicht in Ihrer Verantwortung als Prediger. So wie der Herr zu Hesekiel spricht: »Du sollst ihnen meine Botschaft verkünden, ganz gleich, ob sie zuhören oder nicht« (Hesekiel 2,7; vgl. die Auseinandersetzung in Hesekiel 3,16-21).

8

DIE KIRCHE

Mutter, Leib oder Projekt?

Paulus: ein starker, geistlicher Führer. Er nährt dieses Bild selbst, wenn er der Gemeinde in Korinth schreibt: »Das bedeutet, dass ich an niemanden gebunden bin. Dennoch habe ich mich zum Diener aller gemacht, um möglichst viele für Christus zu gewinnen« (1. Korinther 9,19). Wie imponierend stark und selbstständig! Was für eine Unbestechlichkeit! Er ist so tief in Gott verankert, dass er keine menschliche Bestätigung mehr braucht.

Wir müssen allerdings nicht lange in seinen Briefen lesen, bevor ein anderes Bild zutage tritt. Der gleichen Gemeinde schreibt er etwas später:

> Seit unserer Ankunft in Mazedonien kamen wir nicht mehr zur Ruhe. Von allen Seiten wurden wir bedrängt: Äußerlich gab es Streitereien, und innerlich plagten uns Ängste. Doch Gott, der die Entmutigten aufrichtet, hat uns durch die Ankunft von Titus getröstet. Schon seine Anwesenheit war eine Freude, noch mehr aber sein Bericht über die Ermutigung, die er durch euch erfahren hat. Als er mir erzählte, wie sehr ihr euch auf meinen Besuch freut, wie leid euch alles tut, was geschehen ist, und mit welcher Treue ihr mich liebt, habe ich mich noch mehr gefreut!
> *2. Korinther 7,5-7*

Paulus geht es nicht gut, als er nach Mazedonien kommt. Die Konflikte zehren an ihm, er hat Angst. Aber Gott tröstet ihn. Wie? Durch das Gebet? Sicherlich. Aber nicht allein durch die reine Geistlichkeit, sondern auch durch einen gewöhnlichen Menschen. Und nicht nur einen: Als Titus kam, überbrachte er Grüße der ganzen Gemeinde, die Paulus' Unruhe und Sorge teilte. Paulus ist von dieser menschlichen Freundschaft so abhängig, dass er sogar einer erfolgreichen Arbeit im Dienst des Evangeliums eine Absage erteilt.

> Als ich nach Troas kam, um die Botschaft von Christus zu verkünden, schenkte der Herr mir ein reiches Arbeitsfeld mit vielen Möglichkeiten. Doch ich fand keine Ruhe, weil mein lieber Bruder Titus noch nicht mit einem Bericht von euch eingetroffen war. Deshalb verabschiedete ich mich und reiste weiter nach Mazedonien, um ihn dort zu treffen.
> *2. Korinther 2,12-13*

Es braucht keine tiefere Menschenkenntnis, um sich vorzustellen, wie Paulus zumute war, als er am Ende seines Lebens schließlich als Gefangener nach Rom gebracht wurde. Die römische Rechtsprechung war nicht gerade für eine großzügige und humane Behandlung ihrer Gefangenen bekannt. Die Gemeinde in Rom hatte die Nachricht erhalten, dass Paulus auf dem Weg war, »und kamen uns beim Forum an der Appischen Straße entgegen. Andere schlossen sich uns bei den Drei Tavernen an. Als Paulus sie sah, dankte er Gott und gewann wieder Zuversicht« (Apostelgeschichte 28,15).

Der lange Römerbrief mit seinen schweren theologischen Analysen schließt mit einer langen Liste von Freunden in der Gemeinde, die Paulus grüßen lässt. Er grüßt unter anderem »unsere Schwester Phöbe«, die »vielen eine Hilfe gewesen [ist], mich eingeschlossen« (Römer 16,1-2). Hätte Paulus das so formuliert, wenn er keine menschliche Unterstützung gebraucht hätte? Und er fährt fort: »Grüßt Rufus, den der Herr sich erwählt hat, sowie seine Mutter, die auch mir eine Mutter gewesen ist« (Römer 16,13). Hätte Paulus das so geschrieben, wenn er keine Mutter gebraucht hätte?

Er richtet auch Grüße aus von »Gajus, bei dem ich zu Gast bin« (Römer 16,23).

Paulus ist keine Führungsperson *für* die Gemeinde, sondern eine Führungsperson *in* der Gemeinde. Er hat zur Gemeinschaft der Kirche kein professionelles Amtsinhaber-Verhältnis oder das eines angestellten Lohnarbeiters oder effektiven Management-Experten. Er ist Bruder unter Schwestern und Brüdern, Müttern und Vätern. Die Kirche ist für Paulus weder Arbeitgeber noch Freizeitinteresse, sondern eine lebensschenkende und verpflichtende Gemeinschaft, die er unmöglich von seiner Beziehung zu Gott trennen kann.

All das begann vermutlich schon auf dem Weg nach Damaskus, während seiner dramatischen Umkehr von der Verfolgung der christlichen Gemeinde bis zur Führung derselben. Das Wesen von Paulus' Beziehung zur Kirche wird schon in seinem ersten Wortwechsel mit Jesus deutlich:

> Während er nach Damaskus unterwegs war, umstrahlte ihn plötzlich vom Himmel her ein blendend helles Licht! Er fiel zu Boden und hörte eine Stimme: »Saul, Saul! Warum verfolgst du mich?« »Wer bist du, Herr?«, fragte er. Die Stimme antwortete: »Ich bin Jesus, den du verfolgst!«
> *Apostelgeschichte 9,3-5*

Aber ich verfolge doch nicht *dich*, sondern die Christen? Diese Trennung war von dieser Stunde an nicht mehr möglich. Jesus identifiziert sich mit der Gemeinschaft der Kirche so sehr, dass er selbst es ist, den Paulus verfolgt. Jesus ist nicht mit der Kirche identisch. Natürlich ist er viel größer als sie. Aber er identifiziert sich so sehr mit ihr, dass Paulus die Kirche »den Leib Christi« nennt (vgl. z. B. Römer 12,3-5 und 1. Korinther 12,12-17).

Die, die zuhörte

Das bedeutet, dass die Kirche auch kein Projekt sein kann, das Paulus zu verwirklichen versucht. Gegen diese Wand laufen wir häufig, wenn wir uns an unseren Visionen übernehmen und die Kirche in ein Spielbrett unserer eigenen Ambitionen verwandeln. Die lebloseste und kräftezehrendste Version dessen wäre, von einer theologischen Abstraktion unter dem Titel *Der christliche Gemeinschaftsgedanke* auszugehen und dann zu versuchen, diese umzusetzen. Fragen Sie sich, ob sie davon nicht völlig ausbrennen und anfangen würden, sich nach einem anderen Job umzusehen.

Wie jedes christliche Leben ist die Kirche eine *Antwort* auf Christus, kein Projekt, das Sie verwirklichen sollen. Diese Antwort begann, als ein Engel zu einem jungen Mädchen in der Stadt Nazareth kam und zu ihr sagte: »Der Heilige Geist wird über dich kommen, und die Macht des Allerhöchsten wird dich überschatten. Deshalb wird das Kind, das du gebären wirst, heilig und Sohn Gottes genannt werden […] Denn bei Gott ist nichts unmöglich.« Da gibt Maria die Antwort, die die Antwort der Kirche auf Christus ist: »Ich bin die Dienerin des Herrn. Möge alles, was du gesagt hast, wahr werden und mir geschehen« (Lukas 1,35-38).

WIE JEDES CHRISTLICHE LEBEN IST DIE KIRCHE EINE *ANTWORT* AUF CHRISTUS.

Eine Marienikone ist gewissermaßen eine Ikone der Kirche: Sie, die auf das Wort hörte, nahm es an, ließ es in ihrem Körper wachsen und brachte es zur Welt. Jesus selbst stellt diese Verbindung zwischen Maria und der Kirche her:

> Einmal wollten die Mutter von Jesus und seine Brüder ihn besuchen, doch sie konnten wegen der vielen Menschen nicht zu ihm durchdringen. Jemand sagte zu Jesus: »Deine Mutter und deine Brüder sind draußen und möchten dich sehen.« Jesus erwiderte: »Alle, die die Botschaft Gottes hören und sich nach ihr richten, sind meine Mutter und meine Brüder.«
> *Lukas 8,19-21*

Und er wiederholt die Botschaft, als eine enthusiastische Frau unter den Zuhörern ruft: »›Glücklich ist deine Mutter, die dich zur Welt brachte und an ihren Brüsten nährte!‹ Und Jesus antwortet: ›Ja, aber glücklich sind alle, die das Wort Gottes hören und danach leben‹« (Lukas 8,19-21).

Weder für die orthodoxen noch für die katholischen Christen ist die Kirche ausschließlich eine Institution, sondern hat immer auch eine persönliche Dimension. Die Kirche ist unsere Mutter. Ein Stiftsschüler in Skara sagte immer, dass »nur die geschlechtslose Kirche sich durch Teilung vermehrt«. Wäre die Kirche eine Organisation, ein Verein oder ein Unternehmen, gäbe es eigentlich keinen Grund, die Kirche nicht zu teilen. Aber man schneidet seine Mutter nicht entzwei.

Die Kirche hat den gleichen Auftrag wie Maria. Der englische Jesuit und Dichter Gerard Manley Hopkins hat dies in einem Zweizeiler zusammengefasst:

> Ihre Aufgabe war allein
> für Gottes Herrlichkeit durchlässig zu sein. [69]

Das hat direkte Konsequenzen darauf, wie wir auf unsere Führungsrolle schauen. Wenn wir beschreiben sollen, wie es ist, in der Kirche zu arbeiten, sagen wir oft, es sei ein ständiges Geben. Alles, was wir tun, fällt normalerweise unter diese Kategorie: predigen, Seelsorge, Kasualien vollziehen und Gottesdienste halten. Wir sehen uns als Priester/Pastor/Diakon/Jugendleiter … als Person, die die ganze Zeit gibt. Dies führt zu mindestens drei Problemen:

Das erste ist das offensichtliche Risiko für Burn-out. Die Anforderung, ständig derjenige sein zu müssen, der gibt, immer etwas zu haben, das man geben kann, die ganze Zeit seine Kompetenzen so zu steigern, dass sie die des Umfelds übersteigen … verbindet

Führungspersonen in der Kirche mit Sozialarbeitern, Pflegepersonal und allen anderen, die mit Menschen arbeiten und einem hohen Burn-out-Risiko ausgesetzt sind.

Das zweite Problem ist das gegenseitige Einschließen im Produzent-Konsument-Bild, das die Kirche so in einen Spiegel der sogenannten 20/80-Gesellschaft verwandelt: 20 Prozent professionelle Produzenten und 80 Prozent Konsumenten. Die einzige Aufgabe der kleinen Gruppe ist es, zu produzieren, die einzige Aufgabe der großen Gruppe, zu konsumieren.

Mit dieser Perspektive auf Führung arbeiten jene im Dienst des Wortes nur mit ihrer eigenen Verkündigung und nicht damit, »das Wort in Bewegung zu setzen«, wie es ein französischer katholischer Bischof ausdrückte. Dann führt der Diakon alle Hausbesuche und Dienste selbst durch, statt andere Menschen dazu zu bewegen, anderen Menschen zu helfen. Dann spielt und singt der Musiker selbst, statt in der ganzen Gemeinde die Gabe der Musik freizusetzen. Vergleichen Sie das mit der Montessori-Pädagogik: »Hilf mir, es selbst zu tun.«

EMPFANGEN IST UNSERE PRIMÄRE ANTWORT AUF GOTT. CHRISTUS IST DERJENIGE, DER GIBT.

Das dritte Problem ist vielleicht noch grundlegender und behandelt die Sicht auf die Kirche – und damit auf uns selbst. Wenn die Kirche in ihrem Wesen wie Maria empfangend vor Gott steht, wird eine Führungsperson, die sich selbst als ständigen Geber sieht, dem widersprechen, was die Kirche in ihrem Wesen ist. Ein solcher Leiter verdunkelt nicht nur das Wesen der Kirche, sondern trägt sogar dazu bei, dass andere Menschen in der Gemeinde in ein falsches Selbstbild gezwungen werden. Wie viel unserer Antriebsmüdigkeit ist ganz einfach eine logische Folge des Selbstbilds des Leiters: »Ja, aber Sie haben doch mit Ihrem Beispiel gezeigt, dass es in der Kirche immer um Geben und Leistung geht?«

Ja, natürlich, man muss zuerst empfangen, damit man geben kann. So lautet für gewöhnlich die Antwort, die zeigt, dass sich nichts geändert hat und dass selbst das Empfangen schließlich instrumentalisiert wurde. Aber Marias Botschaft an uns alle, Männer und Frauen, ist, dass das Empfangen unsere primäre Antwort auf Gott ist. Wenn Sie die Messe zelebrieren, sind nicht Sie der Gebende und die Gemeinde die Empfangende – Christus ist derjenige, der gibt, und Sie empfangen gemeinsam mit der Gemeinde. Wenn Sie in der Seelsorge sind, sind nicht Sie derjenige, der aufgrund größerer Kompetenz Kraft schenkt – gemeinsam mit der Ihnen anvertrauten Person stehen Sie empfangend vor Christus, der in Ihrem Gespräch anwesend ist. Wenn Sie mit Flüchtlingen oder Obdachlosen arbeiten, sind Sie nicht »aus Ihrem christlichen Glauben heraus« der Geber – Sie nehmen Christus in diesen Menschen an.

Marias Bedeutung für unser Selbstbild und unsere Sicht auf die Kirche kann kaum überschätzt werden. Die Berührungsängste, die viele Protestanten mit Maria haben, können vielleicht endlich heilen, wenn wir einsehen, dass es nicht darum geht, sie zu einer Heiligen zu stilisieren, die in Konkurrenz zu Gott selbst steht, sondern darum, sie ihren biblischen Platz als Vorbild für jede Nachfolge und als Urbild der Kirche einnehmen zu lassen.

Nur in Verbindung mit ihrer radikalen Armut und vertrauensvollen Antwort auf Gott können wir die revolutionäre und befreiende Kraft in dem Loblied ahnen, das zu allen Zeiten alle säkularen und kirchlichen Karriereschritte auf den Kopf stellt:

> Sein mächtiger Arm vollbringt Wunder! Wie er die Stolzen und Hochmütigen zerstreut! Er hat Fürsten vom Thron gestürzt und niedrig Stehende erhöht. Die Hungrigen hat er mit Gutem gesättigt und die Reichen mit leeren Händen fortgeschickt.
> *Lukas 1,51-53*

Maria zeigt uns, was der wirkliche Schatz der Kirche ist – und was nicht.

Der innere Kompass der Kirche

Diese radikale Empfänglichkeit vor Gott, dieses demütige Zuhören, ist der innerste Kompass der Kirche. Hier finden wir den Schlüssel zum Bekenntnis der Kirche – viel mehr als in aufgezwungenen Dogmen und »Anforderungen, auf bestimmte Weise zu glauben«. Jesus verleiht unserem Zuhören unerhörte Autorität, wenn er den guten Hirten beschreibt:

> Wenn er seine Herde versammelt hat, geht er vor ihnen her, und die Schafe folgen ihm, weil sie seine Stimme kennen. Einem Fremden aber folgen sie nicht, sondern laufen vor ihm weg, weil sie seine Stimme nicht kennen.
> *Johannes 10,4-5*

Der gute Hirte lässt seine Schafe frei laufen und lässt sie selbst entscheiden, was die Stimme des Hirten ist. Die falschen Hirten zwingen die Schafe in den Pferch, weil es ihre einzige Chance ist, auf sie einzuwirken.

Man stößt immer wieder auf Zerrbilder davon, wie das Bekenntnis der Kirche entstanden ist. Es wird als Ergebnis von Kontrollbedürfnis, patriarchaler Unterdrückung, Angst vor freiem Denken, kirchlicher Bonzenherrschaft und so weiter beschrieben. Natürlich gab es all das, aber es war letztlich nicht entscheidend. Entscheidend war die Fähigkeit der Schafe, auf die Stimme des guten Hirten zu hören, was manchmal als *sensus fidelium* (Sensibilität des Gläubigen) bezeichnet wird: ein langsamer Prozess kollektiven Urteilsvermögens, in dem unterschiedliche Theologien und Gottesbilder daraufhin geprüft wurden, was Leben gab beziehungsweise was Probleme aufwarf. Was sind falsche Fährten und Sackgassen, die im Laufe der Zeit Menschen verletzt und Gemeinden gespalten haben? Was führt zu Christus und hat eine befreiende und heilende Wirkung auf Menschen und Beziehungen?

Das ist etwas ganz anderes als die primitiven Codes, die in einer Gemeinschaft schnell aufkommen können und primär auf Angst aufbauen. Da lernt man schnell zu erkennen, ob jemand von bekannten Mustern abweicht, den Status quo herausfordert oder die Komfortzone stört. All das wird in einem solchen Fall direkt ohne größeres Nachdenken abgefertigt. Es wird an der Schwelle abgewiesen, gar nicht erst ins Haus gelassen und erhält nicht die Möglichkeit, die Absichten zu erklären.

An vielen Orten begegnete man Paulus und seinen Kollegen auf diese Art. Daher wurde auch der Kontrast so deutlich, wenn er auf einen anderen Geist stieß, wie beispielsweise in der Synagoge in Beröa: »Die Einwohner Beröas waren offener als die Leute in Thessalonich und hörten die Botschaft Gottes mit Interesse an. Tag für Tag forschten sie in den Schriften nach, um zu prüfen, ob Paulus und Silas tatsächlich die Wahrheit lehrten« (Apostelgeschichte 17,11). Der kluge und erfahrene Rabbi Gamaliel formuliert diese Einstellung auf zeitlose Art und Weise, als er seine Kollegen im Rat ermahnt:

> Männer Israels, überlegt euch gut, wie ihr mit diesen Männern verfahren wollt! [...] Wenn es ihre eigenen Lehren und Taten sind, wird das Ganze bald scheitern. Wenn es jedoch von Gott ist, werdet ihr sie nicht aufhalten können, und am Ende stellt ihr womöglich fest, dass ihr gegen Gott selbst kämpft.
> *Apostelgeschichte 5,35-39*

Für das richtige Zuhören sind drei Dinge notwendig:

1. Offenheit. Ignatius nennt es *magnanimitas*, was für gewöhnlich mit Großherzigkeit oder Generosität übersetzt wird. Nicht zu verwechseln mit Grenzenlosigkeit, das ist etwas ganz anderes. In einer postmodernen Kultur mit ihrem Wahrheitsrelativismus werden diese beiden Begriffe ständig vermischt, was nur zu Verwirrung führen kann. Offenheit im biblischen Sinne beinhaltet ein aufrichtiges Suchen nach der Wahrheit. Also ein Urteilen über das, was wahr ist, im Gegensatz zu dem, was falsch ist.

2. Zeit. Man muss die Frucht untersuchen, um den Baum beurteilen zu können.

3. Reflexion. Offen neue Fakten und Gesichtspunkte aufnehmen und sie mit den Informationen und Erfahrungen, die man schon gesammelt hat, in Verbindung bringen, vergleichen und Schlussfolgerungen ziehen.

»Raus mit den Konservativen!«

Hier stoßen wir auf eine Herausforderung, in vielerlei Hinsicht eines der größten Probleme der heutigen Welt: das Verhältnis zwischen Einheit und Vielfalt. Einfach ausgedrückt: Wie können so unterschiedliche Menschen eine Gemeinschaft bilden? In jeder Tageszeitung wimmelt es nur so von Beispielen dieses Problems, von Vorschulen über globale Flüchtlingsströme bis zu geopolitischen Konflikten.

Die christliche Kirche hat einen einzigartigen Ausgangspunkt, dieser Herausforderung zu begegnen, indem wir uns zum Dreieinigen bekennen. Eine orthodoxe Formulierung drückt es so aus: »Gott ist der Name einer Gemeinschaft, die sich in ewiger Liebe der Welt öffnet.« Die Dreieinigkeit stellt weniger ein Problem dar als vielmehr eine Lösung, einen Schlüssel, eine Einladung, diese Einheit in Vielfalt, die Gottes Wesen ausmacht, widerzuspiegeln. Drei verschiedene Personen und doch vollkommen eins in Wesen, Willen und Werk.

Ehe wir uns dazu verleiten lassen, Politikern Ratschläge zu erteilen, könnten wir doch damit beginnen, diese Vielfalt in der Kirche zu gestalten. »Wir müssen eine offene und tolerante Kirche werden. Raus mit den Konservativen!« Dieser Originalbeitrag einer norwegischen Debatte im Vorfeld einer Bischofswahl zeigt, womit wir es zu tun haben. Es ist bemerkenswert, wie oft Toleranz und Vielfalt nur bedeuten, dass man den eigenen offenen Raum an einen anderen Ort und zu einer anderen Gruppe verlegt, anstatt ihn zu erweitern.

Alles, was in einer Gruppe unausgesprochen ist, bringt Schwierigkeiten hervor. Besonders wenn es um Einheit und Vielfalt geht. Homogenität kann in einer Gruppe nämlich auf zweierlei Weise erreicht werden, je nachdem, wie offen und deutlich man damit umgeht:

1. Eine **unausgesprochene Homogenität**, in der alle gleich denken, aber dies nie offen sagen, sondern stattdessen ihren Zusammenhalt auf ungeschriebenen Gesetzen und Codes aufbauen, denen alle folgen. Die Unklarheit schafft zum einen Probleme innerhalb der Gruppe, da man sich nie sicher sein kann, dass man die Normen wirklich richtig deutet. Zum anderen schafft sie aber auch Probleme im Verhältnis der Gruppe zur übergeordneten Gemeinschaft durch die ständige Spannung zwischen dem exklusiven Ansehen innerhalb der Gruppe und der Angst vor Vorurteilen und Ausschluss durch die Umgebung. Diese Form der Homogenität ist immer eine Bedrohung für die Gemeinschaft der Kirche, un-

abhängig davon, um welches theologische oder geistliche Anliegen es geht.

2. Eine **ausgesprochene Homogenität**, in der eine offene und bewusste Übereinkunft darüber besteht, auf bestimmte Weise in der größeren Gemeinschaft der Kirche zu leben und zu wirken. Hier lohnt es sich, einen näheren Blick auf 1500 Jahre Ordensleben in der Westkirche zu werfen. Die katholische Kirche baut in hohem Maß auf die Dynamik zwischen Theologie und Spiritualität, wovon alle christlichen Gemeinschaften viel lernen können.

Theologie bedeutet in diesem Zusammenhang das Bekenntnis der Kirche, das allen Mitgliedern der Kirche gemein und nicht verhandelbar ist. Spiritualität ist die Art und Weise, wie eine spezifische Gruppe dieses Bekenntnis gestaltet. Diese Homogenität oder Eigenart kann bestehen, ohne eine Bedrohung oder Anklage für die größere Kirche zu sein. Viel eher trägt sie gerade durch ihre Eigenart zum großen Reichtum der Kirche bei.

Angst vor Unterschieden

Damit ist die Gruppe auch frei von dem Zwang, selbst die ganze Vielfalt der Kirche zu gestalten. Es ist in Ordnung, eine eigene spezifische Betonung des Evangeliums zu entwickeln, solange dies in verantwortungsvollem, demütigem und verbindlichem Verhältnis zur Ganzheit der Kirche geschieht. Dieses Verhältnis muss sich in konkreten Beziehungen und Zusammenarbeit äußern, damit es nicht zu Isolierung und Distanzierung kommt.

Hier liegt auch der Schlüssel zu dem Schloss, das wir in der Regel als Elitismus bezeichnen und das ständig kreative Initiativen in der Kirche verhindert. Wir haben so viel Angst vor einem Unterschied zwischen Team A und Team B, dass wir nie zulassen, dass jemand etwas tut, was nicht alle schon tun. Eine effektive Art, den Status quo zu bewahren und ihn doch als aufgeklärt und liebevoll darzustellen.

Aber die Sehnsucht oder die Kreativität der Menschen zurückzuhalten ist auf Dauer weder aufgeklärt noch liebevoll. Oftmals liegt unter der gut gemeinten Oberfläche ein gewisses Maß an Angst: »Was, wenn ihr Beispiel mich als blass und mittelmäßig erscheinen lässt?« Hier kann die profillose und inkludierende Kirche sich am Ende als fromm verkleidetes Gleichheitsprinzip erweisen: Glaub bloß nicht, dass du etwas Besonderes bist.

Wie geht man dann mit der Gefahr von Elitismus um, die radikalen Neubemühungen und alternativen Gemeinschaften ja immer wie ein Schatten zu folgen scheint? Als Erstes, indem man sich in der großen Perspektive der Kirche als Mutter mit vielen Kindern übt. Es gehört zum Reichtum der Kirche, nicht zu ihrem Problem, dass es verschiedene Gruppen gibt, die das Evangelium auf ihre Weise gestalten.

Als Zweites, indem die, die einen neuen Weg gewählt haben, ständig wachsam vor Hochmut, Selbstgerechtigkeit und Verachtung bleiben. Es ist kein Zufall, dass Franziskus in der zweiten Auflage seiner Ordensregel etwas einführte, das in der ersten Auflage offenbar nicht notwendig schien:

> Und alle Brüder sollen geringwertige Kleidung tragen und sollen sie mit grobem Tuch und anderen Tuchstücken verstärken können mit dem Segen Gottes.
> Ich warne und ermahne sie, jene Leute nicht zu verachten oder zu verurteilen, die weiche und farbenfrohe Kleider tragen (vgl. Mt 11,8) und sich auserlesener Speisen und Geträn-

> ke bedienen sehen, sondern vielmehr soll jeder sich selbst verurteilen und verachten.[70]

Dass wir diesen Weg eingeschlagen haben, heißt also nicht, dass wir jene verachten, die den anderen Weg gehen. Es bedeutet auch nicht, dass wir die ganze Zeit versuchen müssen, unsere Umgebung davon zu überzeugen, dass unser Weg der einzig richtige ist. Wir haben ganz einfach diesen Weg als unsere ganz eigene Antwort auf Jesu Ruf erkannt. Deshalb fühlen wir uns in unserer Eigenart auch nicht eingesperrt. Die Gemeinschaft mit der großen Kirche und deren Reichtum tragen dazu bei, dass wir freimütig unseren Beitrag zur Ganzheit bringen können. Wie Paulus an die Römer schreibt: »Nehmt einander an, wie Christus euch angenommen hat, denn dadurch wird Gott geehrt« (Römer 15,7).

Die Gefahr des Gruppendenkens

Was tun wir aber, wenn die Vielfalt keinen Platz bekommt? Wenn wir nicht mehr den Mut haben, unsere Unterschiedlichkeiten hervortreten zu lassen, sondern uns immer nervöser der Bewachung der kirchlichen Außenwirkung widmen – »Stellen wir Kirche gerade positiv dar?«; wenn abweichende Ansichten nicht mehr geäußert werden dürfen, weil sie die Einheit bedrohen?

In Unternehmen und Organisationen spricht man von *Gruppendenken*, um diesen Zustand zu beschreiben. Der Psychologe Jonas Mosskin erklärt:

> Dieses psychologische Phänomen entsteht in einer Gruppe, die zu sehr mit innerer Harmonie und Konformität beschäftigt ist, und führt dazu, dass man als Gruppe irrationelle und dys-

> funktionale Entscheidungen fällt. Das Streben nach Konformität und Konsens führt dazu, dass die Gruppe aktiv anderen Alternativen, Ansichten und Perspektiven entgegenarbeitet oder diese abweist und sich so von äußeren Informationen und Einflüssen isoliert …
> Ein anderes Merkmal für Gruppendenken ist Selbstzensur innerhalb der Gruppe. Ansichten, die abweichen, werden mundtot gemacht oder nie ausgesprochen. Der Anpassungsdruck auf die Mitglieder ist groß, genauso wie die Bedrohung, als illoyal abgestempelt zu werden, wenn man der Gruppennorm nicht folgt. Auch selbst ernannte Wächter, die kontrollieren, dass alle der Linie und den Beschlüssen der Gruppe folgen, sind nicht unüblich.[71]

Wenn eine Gruppe anfängt, auf diese Art zu funktionieren, ist das oft der Anfang vom Ende oder zumindest einer tiefen Krise. Wenn Mitglieder sich nicht mehr frei fühlen, sich frei zu äußern oder zu denken, schwindet die kreative Kraft der Gruppe. Mit der Zeit tritt das ein, was die Depression im persönlichen Leben ist: gefrorene Trauer oder Wut. Was der Umgebung eine geeinte und positive Fassade präsentieren soll, verfault unerbittlich von innen.

WENN MITGLIEDER SICH NICHT MEHR FREI FÜHLEN, SICH FREI ZU ÄUSSERN ODER ZU DENKEN, SCHWINDET DIE KREATIVE KRAFT DER GRUPPE.

In dieser Situation die Bibel zu öffnen, hat den gleichen Effekt, wie wenn man in einem muffigen Zimmer das Fenster öffnet. Sicher treten dann die falschen Propheten zutage, die in Gottes Namen das Gruppendenken vertreten und den Eindruck erwecken wollen, dass alles gut sei. Aber die wahren Propheten sagen trotzig, wie es ist, und letztlich scheinen sie den entscheidenden Einfluss auf die Geschichtsschreibung zu haben.

Wenn die Psalmen zu einem fleißigen Studium der Geschichte des Volkes ermahnen, um »der nächsten Generation von den wunderbaren Taten des Herrn [zu] erzählen, von seiner Macht und den großen Wundern, die er vollbrachte« (Psalm 78,4), erwartet man eine Aufzählung aller geistlichen Großtaten und aller Weisheiten, die die Väter hinterlassen haben. Aber der Zweck, die Geschichte des Volkes Gottes zu lernen, ist, dass die Kinder …

> … ihre Hoffnung von Neuem auf Gott setzen, seine herrlichen Wunder nicht vergessen und seine Gebote befolgen. Sie sollen *nicht* wie ihre Vorfahren werden – ungehorsam und untreu –, die sich gegen Gott auflehnten und sich weigerten, Gott ihr Herz zu schenken.
> *Psalm 78,7-8*

Die Kursivsetzung stammt von mir, um den kleinen Unterschied zu markieren. In einem anderen der historischen Psalmen betet der Verfasser wie folgt:

> Herr, denke auch an mich, wenn du deinem Volk gnädig bist, und hilf auch mir. Lass mich teilhaben am Glück deiner Auserwählten. Lass mich mit einstimmen in den Jubel deines Volkes und dich zusammen mit denen loben, die zu dir gehören.
> *Psalm 106,4-5*

Worauf man eine Aufzählung dessen erwartet, worauf man beim Erbe der Väter stolz sein kann. Stattdessen geht es so weiter: »Wie unsere Vorfahren, so haben auch wir gesündigt. Wir haben Unrecht begangen und gegen dich gehandelt.« Und es folgt ein detaillierter Durchlauf aller offenkundiger Fehler und Idiotien, derer sich Gottes Volk durch die Geschichte schuldig gemacht hat. Stolz? Worauf?

Nur die letzten Todeszuckungen des Gruppendenkens könnten dies als eine viel zu negative Schwarzmalerei der Kirche abweisen. Noch einmal C. G. Jung: »Man kann nichts ändern, das man nicht annimmt.« Erst wenn wir sagen können, wie es ist, können wir den Durchbruch erleben, mit dem der Psalm endet:

> Doch noch immer hatte er Mitleid mit ihnen und erhörte ihre Schreie. Er dachte an seinen Bund mit ihnen und bereute in seiner Gnade seinen Zorn. Er ließ sie Erbarmen finden bei allen, die sie gefangen hielten. Herr, unser Gott, rette uns! Sammle uns wieder aus den Völkern, damit wir deinen heiligen Namen preisen und uns freuen, dass wir dich loben können.
> *Psalm 106,44-47*

Der Weg zwischen Anpassung und Ausbruch

Die Wahrheit über die Kirche zu sagen, darf nicht mit den informellen »Iah-Gruppen« (Leseempfehlung: Winnie Puuh) verwechselt werden, die sich in diversen christlichen Kreisen versammeln, um negative Kraft zu schöpfen, indem sie darüber reden, wie schlecht alles in der Kirche ist. »Habt ihr schon das Neueste gehört? … Wisst ihr, was ich kürzlich gelesen habe? … Ich habe von einem Priester gehört, der … Und in einer Gemeinde hat man angefangen …« Das Ziel dieser Gruppen ist kaum, sich auf Veränderungen in der Kirche vorzubereiten oder dafür zu beten, sondern eher der Selbstgerechtigkeit der Mitglieder einen kurzfristigen Kick zu verpassen. »Ich bin jedenfalls nicht so.« Zynismus, Bitterkeit und eine sterile Landschaft, in der nichts wächst, sind die Früchte.

Wir können hier einen Vergleich zu Thomas Merton ziehen, der zeitlebens mit seiner Treue zu einer Kirche zu kämpfen hatte, die in seinen Augen zwischen dem Himmel auf Erden und dem größten Hindernis für den Himmel auf Erden pendelte. 1964 war die Lage angespannt, als seine Vorgesetzten ihm verboten, seine Artikel über Atomwaffen zu veröffentlichen. Am 3. März schrieb er in sein Tagebuch:

> Ich hatte erneut gehofft, einige Artikel über Atomkriege veröffentlichen zu dürfen, die Dom Gabriel zugelassen hat. Ich dachte, es reiche, dass er einmal seine Zustimmung gegeben hatte. Keineswegs. Der neue Generalvorsteher, Dom Ignace Gillet, pflügte durch meine Seiten, traf sich mit seinen Mitarbeitern und deklarierte, dass es keine Veröffentlichung dieser Artikel geben dürfe.
> Also bin ich noch immer nicht frei zu sagen, was Papst Johannes in *Pacem in Terris* sagte. Grund: »Dies ist keine Aufgabe für einen Mönch, sondern für Bischöfe.« Gewiss liegt dies in der monastischen Tradition begründet. »Die Aufgabe des Mönchs ist es zu weinen, nicht zu unterrichten.« Aber bei unserer Käseherstellung und all den anderen »weinenden« Aufgaben, derer wir uns angenommen haben, scheint es merkwürdig, dass einem Mönch verboten wird, für die Wahrheit aufzustehen. Besonders wenn die Wahrheit (wie in diesem Fall) katastrophal vernachlässigt wird.
> Eine finstere Einsicht, wie taub und gefühllos die Kirche ist. Trotz allem, was versucht wurde, trotz aller Anstrengungen, sie zu wecken! Alles passt zusammen. Papst Pius XII. und die Juden, die Kirche in Südamerika, die Behandlung der Schwarzen in den USA, die Katholiken bei den französischen Rechten in der Algerienkrise, die deutschen Katholiken unter Hitler. All das passt in ein großes Bild. Und unsere kontemplative Sammlung ist nicht besonders beeindruckend, wenn

wir sehen, wie sie nur ein weiteres kleines Teil ist, das in das Puzzle passt. Die ganze Geschichte ist viel zu traurig und viel zu ernst für Bitterkeit. Ich habe den Eindruck, dass meine Ausbildung erst begonnen hat und dass ich noch viel mehr schreckliche Dinge lernen muss, ehe ich wirklich verstehen kann, was Hoffnung heißt.

Es liegt kein Trost, nur Eitelkeit in der Vorstellung, dass man eine Art Märtyrer für die Sache sein soll. Ich bin für gar nichts Märtyrer. Leider. Ich möchte wie ein vernünftiger, zivilisierter, verantwortlicher Christ in der heutigen Welt handeln. Das darf ich nicht. Ich erfahre, dass ich mir das versagt habe – okay. Mit welchem Vorteil? Mit dem Vorteil einer Stille, die tief und voll im Zusammenspiel mit den Kräften ist, die Unterdrückung, Ungerechtigkeit, Aggression, Ausbeutung und Krieg vorantreiben.

Mit anderen Worten, stille Mittäterschaft wird als ein »größeres Gut« präsentiert, als ehrlicher, bewusster Protest. Das ist vermutlich ein Teil meines Lebens unter den Gelübden zur »Ehre Gottes«. Natürlich weigere ich mich Mittäter zu sein. Mein Schweigen ist in sich ein Protest, und wer mich kennt, weiß das. Ich habe zumindest genug geschrieben, um das klarzustellen. Ich kann auch nicht meinen Platz verlassen, um zu protestieren, da der Sinn eines jeden Protests davon abhängt, hierzubleiben.[72]

Der schmale Weg zwischen Anpassung und Ausbruch. Er war immer der Weg der Heiligen. So wurden sie die wahren Kirchenführer. Sie konnten mit Gottes Gnade den beiden Gräben entkommen, in denen sie Christus und ihre eigene Seele verraten hätten: in stumme Anpassung zu fallen oder in Bitterkeit auszubrechen. Sie weigerten sich, einer dysfunktionalen Kirche den Rücken zu kehren, und folgten stattdessen der Spur Jesu mitten in die Ruinen und Baustellen.

Sich zu weigern zu fliehen, in einer »unmöglichen« Situation zu bleiben, kann ungeahnte Möglichkeiten zu Einsicht und Veränderung im eigenen Leben eröffnen. In der geistlichen Wegbegleitung nach der ignatianischen Tradition arbeiten wir mit den beiden Bewegungen in unserem Inneren: Sehnsucht und Widerstand. Hier lernen wir, auf das zu hören, was wir sonst als Störung des inneren Lebens abweisen, weil wir »Gott in allem suchen und finden« wollen. Und wie C. S. Lewis sagt, wenn etwas unseren Widerstand weckt, steht es »zehn zu eins, dass in dieser Richtung der Hase im Pfeffer liegt«.

DER SCHMALE WEG ZWISCHEN ANPASSUNG UND AUSBRUCH WAR IMMER DER WEG DER HEILIGEN.

Wenn etwas in uns Widerstand weckt, ist das also keine Störung, die so schnell wie möglich behoben werden muss, sondern ein wichtiger Hinweis auf etwas, das ich in meinem Leben näher betrachten sollte.

Erst dann kann ich unterscheiden, ob es ein gesunder Widerstand gegen etwas ist, das wirklich falsch oder ungerecht ist (wie bei Merton oben), oder ob es ein Problem in meinem eigenen Leben anzeigt, das ich angehen sollte.

Wenn ein Mensch nicht zu diesem Vorgehen angeleitet wurde, wird er die Lösung immer außerhalb seiner selbst suchen: »Lass *diesen* Bibeltext weg … Distanziere dich von *dieser* Person … Ändere *diese* Theologie … Brich den Kontakt mit *dieser* Bewegung ab …«

Der »Frieden«, den wir auf diese Art erreichen (»Das habe ich zurückgelassen«), ist praktisch immer mit zunehmender Polarisierung in der Kirche und einer erkalteten Liebe verbunden. Gleichzeitig bleiben die Wunden im Inneren – die Wunden, die mich dazu brachten, so heftig zu reagieren. Sie sind immer noch unbearbeitet und unbehandelt und wir geben ihnen weiterhin viel Macht über unser Leben – vielleicht auch über die Menschen um uns herum.

Als Maria ihren kleinen Sohn gemeinsam mit Josef in den Tempel bringt, prophezeit der alte Simeon ihr:

> Dieses Kind wird von vielen in Israel abgelehnt werden, und das wird ihren Untergang bedeuten. – Doch auch durch deine Seele wird ein Schwert dringen.
> *Lukas 2,34-35*

In der Kirche Führungsperson zu sein, heißt, dieses Schwert auch durch unser eigenes Leben dringen zu lassen. Wenn wir es abwehren, schieben wir den Schmerz auf unsere Umgebung ab und übertragen unsere Wunden auf andere. Unser Auftrag ist es, zu bleiben und den Schmerz in unserem eigenen Leben ans Licht kommen zu lassen, sodass er in der Begegnung mit Gottes Gnade heil werden kann. Nur so können wir Christus im Dienst der Versöhnung treu sein und vermeiden, die Polarisierung der Welt fortzusetzen.

Widerstand und Sehnsucht

Langsam erkennen wir, dass Widerstand zwei ganz unterschiedliche Wesen haben kann. Sie unterscheiden zu können, ist von entscheidender Bedeutung, wenn wir den richtigen Weg finden wollen. Wir neigen nämlich dazu, beide zu verwechseln, was immer zu falschen Ergebnissen führt:

Der gute Widerstand: Hier befinden wir uns in guter Gesellschaft mit Jesus, der stets kraftvoll auf religiöse und säkulare Machtdemonstrationen reagiert, die letzten Endes immer antimenschlich ausarten. Er wendet sich besonders gegen die Form der Religionsausübung, die im Streben nach der perfekten Spiritualität sowohl Gott als auch den Menschen missachtet:

> Wieder ging Jesus in die Synagoge. Dort bemerkte er einen Mann mit einer verkrüppelten Hand. Seine Gegner beobachteten ihn ganz genau. Wenn er am Sabbat die Hand des Mannes heilen würde, dann könnten sie ihn anklagen. Jesus sagte zu dem Mann: »Komm her und tritt in die Mitte.« Dann wandte er sich an seine Gegner und fragte: »Ist es nach dem Gesetz erlaubt, am Sabbat Gutes zu tun, oder ist es ein Tag, um Böses zu tun? Ist dies ein Tag, um Leben zu retten oder zu vernichten?« Doch sie schwiegen. Zornig und erschüttert über ihre Hartherzigkeit sah er sie an. Dann forderte er den Mann auf: »Streck deine Hand aus.« Der Mann streckte seine Hand aus und sie wurde wieder gesund! Daraufhin zogen sich die Pharisäer zurück und trafen sich heimlich mit den Anhängern des Herodes, um zu planen, wie sie Jesus töten könnten.
> *Markus 3,1-6*

Von der Trauer und Wut über die verhärteten Herzen, die einer solchen Ungerechtigkeit Vorschub leisten, können wir uns nicht abwenden. Wir können Gott dafür auch nicht um Verzeihung bitten. Sie ist Teil von Jesu eigener Trauer und Wut, ein legitimer Schutz für unsere eigenen Herzen vor Erstarrung und ein Funke zur Veränderung der Situation.

Der schlechte Widerstand: Hier geht es meistens um Hochmut, die Grundsünde, die wir und die ganze Welt in uns tragen. Der frenetische Kampf des Egos, den Platz in der Mitte zu behalten, die Weigerung, sich etwas Größerem als dem eigenen Ich zu beugen, der Widerstand dagegen, Gott und anderen Menschen die Kontrolle zu überlassen. Hier geht es nicht um Wunden und andere

Erfahrungen, die Angst vor Gott machen, sondern um nackten Machtwillen und die Weigerung, sich unterzuordnen. Dieser Widerstand muss seine geistliche und psychologische Verkleidung ablegen, als Sünde vor Gott bekannt und unter das Kreuz gelegt werden. Erst dann kann man frische Luft atmen und Christus in die Freiheit folgen.

Dann kann man auch seine Sehnsucht, die positive Motivation, beurteilen. Wenn es beim Widerstand darum geht, wozu man Nein sagen will, geht es bei der Sehnsucht um das, wozu man Ja sagen will. Auch hier gibt es eine gute und eine schlechte Variante:

Die gute Sehnsucht treibt sachte und behutsam zu Jesus. Sie ist eine frische Quelle der Gottessehnsucht, ein Durst, der die ganze Zeit weiter- und tiefer suchen lässt.

Sie begnügt sich nicht mit sichtbaren Projekten und Visionen, sie sucht Gott selbst. So hält sie den Menschen am Leben und wird nicht zu einer Last für die Umgebung. Sie nimmt dankbar jeden kleinen Hinweis auf die richtige Richtung an, statt darüber zu klagen, dass er nicht größer war. Ihr Wittern nach mehr ist nicht von der stressigen Leistungsspiritualität geprägt, die niemals zufrieden ist. Sie ist wie Marias offenes Herz, das alles dem Geliebten geben will.

> DIE GUTE SEHNSUCHT BEGNÜGT SICH NICHT MIT SICHTBAREN PROJEKTEN UND VISIONEN, SIE SUCHT GOTT SELBST.

Die schlechte Sehnsucht ist streng genommen vielleicht gar keine Sehnsucht. Eher eine Fixierung, nämlich auf gewisse Bilder, wie man selbst, andere Menschen, Gott und die ganze Kirche sich verhalten sollten. Und weil keiner diesen Bildern jemals gerecht werden kann, ist diese Art der Sehnsucht eine ständige Ursache für Frust, Enttäuschung, Verurteilung und Bitterkeit. Solche Bilder machen uns blind. Wir sehen weder uns selbst noch Gott noch andere Menschen. Alles wird instrumentalisiert, um unsere »Visionen«

zu verwirklichen. Nichts wird aufgrund seiner inneren Werte respektiert, sondern alles wird als Werkzeug, Ressource und Baustein missbraucht.

Die gute Sehnsucht ist eine Gabe Gottes an die Kirche und ihre Führung, ein Kompass, der den rechten Weg durch die Wüstenzeiten der Kirche weist. Die schlechte Sehnsucht ist für die Kirche eine Last, ein Stressfaktor für ihre Leiter und eine Verleitung in die Irre.

Zusammenarbeit mit dem Lebendigen

Wie überleben Sie also in einer Kirche, die sich vielleicht in eine andere Richtung bewegt als die, nach der Sie sich sehnen? Grob gesagt können Sie drei unterschiedliche Wege einschlagen:

1. **Zieh dich von ihr zurück.** Der alte Ruf, die »Dirne« (die gefallene Kirche) zu verlassen, stammt aus der frühen Kirche und ist durch die ganze Kirchengeschichte hindurch immer wieder aufgetaucht. Ich weiß noch, wie es in den 1970er-Jahren klang: »Jetzt macht der Herr etwas ganz Neues. Die alten Strukturen sind lange tot und können nicht erneuert werden. Für die Kirche ist es Zeit für einen Neustart.« Über die Wunden, die diese Ausbrüche gerissen haben, lässt sich viel sagen. An dieser Stelle reicht es, das Fazit zu ziehen: Die neuen Gruppen sind größtenteils verschwunden, haben sich dem Mainstream angeschlossen oder sind in ihre alten Zusammenhänge zurückgekehrt.
2. **Verändere von innen.** Dieser Schlachtruf besagt, dass die bestehenden Strukturen von innen heraus verändert werden sollen. Oft baut diese Strategie auf einer Überschätzung der eigenen Fähigkeiten und einer Unterschätzung der Macht-

strukturen auf. Letztlich gibt es dann zwei mögliche Resultate: resignierte Anpassung oder Aufgabe und Verlassen der Situation.

3. **Arbeite mit dem Lebendigen zusammen.** Das ist der schmale Weg: Verlassen Sie die Kirche nicht, aber verschwenden Sie auch keine Kraft darauf, Strukturen zu verändern, die nicht leben. Konzentrieren Sie sich auf das, was lebendig ist: das Wort, die Messe, das Gebet, Menschen, Beziehungen. Das schwere Samenkorn bleibt, wenn alles Leichtgewichtige weggeblasen wird.

Beachten Sie hier den Unterschied zu der eher gnostischen Kirchensicht beim ersten Weg: »Wir werden eine geistliche Kirche bauen.« Dort stehen eher die körperlosen Strukturen im Vordergrund, die ohne Bodenkontakt und in ständigem Aberglauben an Gnosis (Wissen) leben und deshalb nicht bestehen können. Das Lebendige hat hingegen Wurzeln in der Erde und wächst von unten. Das Lebendige ist etwas, das uns gegeben ist, das wir entdecken und mit dem wir zusammenarbeiten.

Wenn Sie es schaffen wollen, diesen Weg zu gehen, müssen Sie zwei Dinge tun:

1. Grenzen Sie Ihre Verantwortung ab

Das Erste, was Jesus seinen Jüngern bei ihrer Aussendung sagt, ist, was sie nicht tun sollen: »Geht nicht zu den Menschen, die Gott nicht kennen, oder zu den Samaritanern« (Matthäus 10,5). Das heißt für Sie: Welche Bücher sollten Sie nicht lesen? Welche Kurse sollten Sie nicht besuchen? Welche Aufgaben sollten Sie sich nicht auflasten? Mit welchen Leuten sollten Sie keine tiefere Beziehung eingehen? Welche Konflikte liegen nicht in Ihrer Verantwortung?

Das gilt auch für die größere Perspektive: Für welche Beschlüsse oder Handlungen von unterschiedlichen Ebenen der Kirchenführung müssen Sie keine Verantwortung übernehmen? Über welche christlichen Bewegungen und Persönlichkeiten müssen Sie sich nicht aufregen?

Was Thomas Merton aus seinem Kloster schreibt, ist oft leicht auf das Leben in einer normalen Gemeinde übertragbar. Zum Beispiel, wenn er darüber schreibt, dass wir uns um unsere eigenen Angelegenheiten kümmern sollen:

> Eins der ersten Dinge, die wir lernen müssen, wenn wir besinnlich werden wollen, ist, uns um unsere eigenen Angelegenheiten zu kümmern. Nichts ist bei einem Menschen, der heilig zu sein scheint, verdächtiger als ein ungeduldiger Wunsch, andere Menschen zu reformieren. Es ist ein ernsthaftes Hindernis für die innere Sammlung, wenn man sich darauf fixiert, Menschen zu steuern, zu deren Leitung man nicht eingesetzt ist, diejenigen zu reformieren, um deren Reformierung man nicht gebeten wurde, die zu korrigieren, für die man nicht verantwortlich ist. Wie kannst du all das tun und deine innere Ruhe bewahren? Entsage diesen eitlen Sorgen um die Angelegenheiten anderer Menschen! Schenke den Fehlern anderer Menschen so wenig Aufmerksamkeit wie möglich, und ihren natürlichen Defiziten und Schwierigkeiten schenke überhaupt keine Aufmerksamkeit.[73]

2. Erweitern Sie Ihr Wurzelwerk

Um in der Wüste zu überleben, sind Pflanzen darauf ausgelegt, dass in der Hitze keine wertvolle Flüssigkeit verdunstet (siehe Punkt 1). Aber sie müssen auch ihre Wurzeln tiefer und weiter ausstrecken.

Sie brauchen Nahrung von der größeren Kirche, wenn Sie überleben wollen. Sie müssen den Blick über Ihre lokalen Zusammenhänge hinaus erheben und Ihre Brüder und Schwestern in zwei Richtungen entdecken:

- historisch, indem Sie Überlieferungen kennenlernen und lernen, sich als Teil der größeren Kirche zu sehen, die sich nicht von zeitlichen Begrenzungen aufhalten lässt, sondern ihre Schatzkammern öffnet und Ihnen ihre Geheimnisse aus allen Epochen zuflüstert;
- geografisch, indem Sie Ihre Brüder und Schwestern in anderen Ländern kennenlernen und ihr Beispiel, Fürbittgebet und ihre Freundschaft Ihnen Luft zum Atmen schenkt.

Die Kirche kann eine schwere Last sein – und ein starker Schoß zum Ausruhen. Auf dieses Paradox antworten diesen beiden Strategien: auf der einen Seite bewusst die Tür zu verschließen vor Einfluss- und Verantwortungsübernahme, die Ihnen nur Energie nimmt und Ihren Fokus von Christus ablenkt. Auf der anderen Seite der lebensspendenden Zusammengehörigkeit mit der lebendigen Kirche bewusst die Tür zu öffnen. Sich von der Kirche zu isolieren und zu glauben, dass Sie Christus auf eigene Faust folgen können, ist nie die Lösung.

DIE KIRCHE KANN EINE SCHWERE LAST SEIN – UND EIN STARKER SCHOSS ZUM AUSRUHEN.

Als meine Frau Lisa wieder einmal eines der Schädel-Hirn-Traumata erlitt, die ihr Leben in den 1990er-Jahren veränderten, kamen einige der Sacré-Coeur-Schwestern zu uns nach Hause, um für sie zu beten. Mit dieser Ordensschwestern-Kommunität hatte uns in Johannesgården in Göteborg zu Beginn unserer Exerzitienarbeit eine tiefe Gemeinschaft verbunden. Sie begleiteten sowohl unsere Arbeit als auch unsere persönlichen Krisen mit einer Zuneigung und Treue, die uns ein unauslöschliches Bild von der Kirche als Mutter einprägten. An jenem Tag, nach allem, was wir durchgemacht hatten, sagten sie: »Wenn ihr nicht mehr könnt, glauben wir für euch.«

Danke, guter Gott, dass wir nicht alleine sind.

9

WAS EINE FÜHRUNGSPERSON FORMT

Zwischen dem Ich, Gott und der geistlichen Ausbildung

Bei einer christlichen Führungsperson lassen sich aus meiner Sicht drei Ebenen unterscheiden:

1. das menschliche »Rohmaterial« – die physische und psychische Ausrüstung;
2. die Gnade, die Gott gibt, um diese Ausrüstung zu Gottes größerer Ehre weiterzuentwickeln;
3. die Bemühungen, die die Kirche unternimmt, um Leiter auszubilden und zu schulen.

Damit Führung gelingt, müssen diese drei Faktoren gut zusammenspielen. Es reicht nicht, wenn nur einer oder zwei vorhanden sind, alle drei Faktoren müssen zur Stelle sein. Wenn einem Leiter die notwendigen menschlichen Voraussetzungen fehlen, helfen ihm seine geistlichen Erfahrungen und theologischen Kenntnisse nichts. Ebenso kann niemand als Führungsperson funktionieren, dem geistliche Erfahrung oder ausreichende Kenntnisse fehlen. In der Kirchengeschichte finden wir viele Beispiele dafür, wie schlimm es ausgehen kann, wenn in dieser Dynamik ein Ungleichgewicht herrscht. Das fängt schon in der Bibel an.

Als der Prophet Samuel sich nach großem Widerstand und vielen Warnungen auf die Forderung des Volkes einlässt, einen König zu wählen (»Den haben alle anderen Völker ja auch«), führt der Herr ihn zu Saul. »Er war ein stattlicher junger Mann, der am besten aussehende Mann in ganz Israel – er war einen Kopf größer als alle anderen im Volk« (1. Samuel 9,2).

Aber Saul hatte auch andere Eigenschaften. Unter anderem ein schwaches Selbstwertgefühl, das vermutlich schon von Beginn an vorhanden war und den Grund für eine Entwicklung legte, die in eine klassische griechische Tragödie passen würde. Alles beginnt damit, dass Saul und ein Diener sich auf den Weg machen, um nach ein paar Eseln zu suchen, die seinem Vater abhandengekommen sind. Als sie mit leeren Händen scheinbar am Ende des Weges angekommen sind, schlägt der Diener vor, dass sie den »Seher Samuel« um Rat fragen sollen. Sauls Antwort ist eine sogenannte »subliminale Botschaft«, die in Seelsorge und Therapie auf das Grundproblem hindeutet: »Aber wenn wir zu ihm gehen, was sollen wir ihm anbieten?«, überlegte Saul. »Wir haben nicht einmal mehr etwas zu essen in unseren Taschen, und schon gar nichts, was wir dem Mann Gottes geben könnten. Was haben wir also?« (1. Samuel 9,7).

Dass nicht nur Brot und andere Gaben fehlten, zeigt sich bald, als Samuel andeutet, dass Saul vor einem größeren Auftrag steht: »Aber ich stamme doch nur aus Benjamin, dem kleinsten Stamm in Israel, und meine Familie ist die unbedeutendste von allen Familien dieses Stammes! Warum sagst du so etwas zu mir?« (1. Samuel 9,21).

Doch Samuel ignoriert die Warnhinweise und salbt Saul zum König, als sie allein am Rand der Stadt sind. Als Saul nach Hause kommt und seinen Onkel trifft, spricht er nur von den Eseln, sagt aber nichts von dem, was sonst passiert ist. Samuel versammelt alsbald die Israeliten, um die Königswahl zu bestätigen. Das Los fällt Stück für Stück zwischen den Stämmen und Familien und trifft schließlich Saul: »Doch als sie nach ihm suchten, war er verschwunden. Da fragten sie den Herrn: ›Wo ist er?‹ Und der Herr antwortete: ›Er versteckt sich beim Gepäck des Lagers‹« (1. Samuel 10,21-22)

Weiter hinten in der Erzählung, als Samuel langsam einsieht, welche Kräfte in diesem Anführer wirken, fasst er das Problem für Saul zusammen: »Obwohl du vielleicht selbst gering von dir dachtest, bist du aber der Anführer der Stämme Israels geworden. Der Herr hat dich zum König über Israel gesalbt« (1. Samuel 15,17). Da war bereits offensichtlich, wie verhängnisvoll die Kombination aus schwachem Selbstwertgefühl und großer geistlicher Ausrüstung sein kann.

Dass eine drastische spirituelle Erfahrung ein schwaches Selbstbild nicht unbedingt aufwiegt, geht aus Sauls Treffen mit den Propheten nach seiner Salbung zum König hervor:

> Als Saul und sein Knecht Gibea erreichten, kamen ihnen die Propheten entgegen. Da kam der Geist Gottes über Saul und auch er begann mitten unter ihnen prophetisch zu reden. Seine Freunde sahen, wie er mit den Propheten weissagte und riefen sich gegenseitig zu: »Was ist passiert? Gehört Saul denn auch zu den Propheten? Wie ist der Sohn von Kisch zum Propheten geworden?«
> *1. Samuel 10,10-13*

Man kann sicherlich davon ausgehen, dass Gott ihm in diesem Moment Herz und Sinn verwandelte, aber Sauls Führung in den kommenden Jahren zeigt, dass der zugrunde liegende Selbsthass von dieser charismatischen Erfahrung absolut unberührt blieb. Sein schwaches Selbstwertgefühl machte ihn zu einer schwachen Führungsperson und führte zu einer verhängnisvollen Abfolge falscher Beschlüsse, die ihn unnachgiebig in die letztendliche Katastrophe führten.

SAULS SCHWACHES SELBSTWERTGEFÜHL MACHTE IHN ZU EINER SCHWACHEN FÜHRUNGSPERSON.

Während des Krieges gegen die Philister soll Saul für das rituelle Opfer auf Samuel warten. Aber als Samuels Ankunft sich verzögert, wird Samuel davon angesteckt, dass »seine Männer vor Angst zitterten«, und beginnt auf eigene Faust mit dem Opfer (1. Samuel 13,7). Dieses Muster – launenhafte und undurchdachte Entscheidungen zu treffen, wenn er vor dem Volk steht – taucht in Sauls Führung immer wieder auf. Als Samuel ihn damit konfrontiert, gibt Saul zu: »Ja, ich habe gesündigt. Ich habe deine Anweisungen und den Befehl des Herrn nicht befolgt, denn ich hatte Angst vor dem Volk und tat, was es verlangte« (1. Samuel 15,24).

Als David sich im Krieg als unheimlich erfolgreich erweist, ist Saul nicht sicher genug, um sich über die Stärke seines Mitarbeiters zu freuen. Er fühlt sich von Davids Popularität bedroht. »Saul wurde sehr zornig, weil ihm das Lied ganz und gar nicht gefiel. Er dachte: ›Sie sagen, David habe Zehntausende getötet, und ich nur Tausende. Als nächstes werden sie ihn zu ihrem König machen!‹ Und von da an war Saul eifersüchtig auf David« (1. Samuel 18,8-9).

Sauls Psyche wird immer labiler: »Am nächsten Tag wurde Saul von einem bösen Geist Gottes befallen, sodass er wie ein Wahnsinniger in seinem Haus tobte. David begann, auf der Harfe zu spielen, wie er es immer tat. Doch Saul hatte einen Speer in der Hand und schleuderte ihn nach David in der Absicht, ihn an die Wand zu spießen. David aber konnte dem Speer zweimal ausweichen. Da fürchtete sich Saul vor David« (1. Samuel 18,10-12).

Durch das Zusammenspiel von Angst und Aggression wird Saul, der mehr und mehr die Kontrolle über seine Impulse verliert, immer gewalttätiger. Als er bemerkt, dass sein Sohn Jonathan und David gute Freunde sind, bekommt er einen neuen Tobsuchtsanfall: »Du Sohn einer verdorbenen Mutter! Glaubst du etwa, ich weiß nicht, dass du zu dem Sohn Isais hältst, dir und deiner Mutter, die dich geboren hat, zur Schande?« (1. Samuel 20,30).

Saul wird hilflos von seiner eigenen paranoiden Vorstellungswelt aufgesogen. Je einsamer er wird, desto mehr verliert er den Kontakt zur Wirklichkeit und vertraut schließlich niemandem mehr. »Der König saß gerade unter einer Tamariske auf dem Hügel bei Gibea, den Speer in der Hand und umgeben von seinen Männern.« Was hat er ihnen zu sagen? »Habt ihr euch gegen mich verschworen? Keiner von euch hat mir gesagt, dass sich sogar mein eigener Sohn mit dem Sohn Isais verbündet hat.« Auch die Priester werden dorthin gerufen und bekommen eine Abreibung: »Warum habt ihr euch verschworen gegen mich?« (vgl. 1. Samuel 22,6-13).

Irgendwo unterwegs verliert Saul die Fähigkeit, die Wahrheit zu sagen. Als er David unterliegt, verspricht er, seine Feindseligkeiten zu beenden. Sobald er sich wieder stärker fühlt, bricht er sein Wort. Der endgültige Kollaps seines Urteilsvermögens folgt, als er seine Herrschaft zusammenbrechen sieht und verzweifelt versucht, eine »Lösung« zu finden, indem er auf das Verbotenste zurückgreift. Als der Herr schweigt, wendet Saul sich an ein spirituelles Medium, obwohl »Saul alle Totenbeschwörer und Wahrsager aus dem Land Israel verbannt hatte«. Die Totenbeschwörerin ruft den toten Samuel hervor, der das Urteil über Saul nur bestätigt. Saul hat Todesangst und fällt zu Boden (1. Samuel 28). Das Ende der Geschichte ist, dass er Selbstmord begeht.

Inneres Tauwetter

Was formt eine christliche Führungsperson? Welche Rolle spielen spirituelle Erfahrungen in diesem Prozess? Was können Sie von einer charismatischen Erfahrung erwarten, wenn es um tiefer gehende Heilung der Persönlichkeit geht?

Meine eigene Erfahrung bestätigt, dass in diesem Bereich jede Menge passieren kann. Die durchschlagende charismatische Erfahrung, die ich im Frühjahr 1972 erleben durfte, machte einen schüchternen und sozial isolierten Jungen zu einem offenen Menschen mit der Fähigkeit, andere zu sammeln und in christlicher Jüngerschaft anzuleiten. Ich hätte mir niemals vorstellen können, welches innere Tauwetter diese Erfahrung des Heiligen Geistes in mir auslöste. Hätte mir jemand vor diesem Ereignis erklärt, dass ich in Zukunft persönliche Gespräche führen und große Gruppen lehren würde, hätte ich über diesen Scherz gelacht.

Und dennoch litten viele meiner engen Beziehungen auch danach unter meinen heftigen inneren Steinschlägen, die von dieser geistlichen Erfahrung scheinbar nicht beeinflusst worden waren. So große Mängel in meinem Selbstwertgefühl, so starke Abwehrkräfte, so zählebige, aber doch so falsche Bilder von Gott, mir selbst und anderen. Unzählige Seelsorgegespräche und Exerzitien waren Gottes geduldige Werkstatt, um in der Tiefe den Heilungsprozess weiterzuführen, der im spirituellen Frühjahr 72 so wunderbar begonnen hatte.

Die charismatische Erfahrung veränderte weder Sauls noch mein Grundproblem – das schwache Selbstwertgefühl. Das macht die spirituelle Erfahrung aber nicht falsch oder unnötig. Für mich war sie buchstäblich lebenswichtig. Sie taute mein tiefgefrorenes Sozialleben auf, sie eröffnete in meiner Beziehung zu Gott eine ganz neue Dimension des Lebens und der Nähe und führte mich zu einem Leben im vollzeitlichen Dienst für Gott. Dennoch bietet die Bilanz einen Schutz vor der Illusion, dass eine spirituelle Erfahrung alles verändert. Das tut sie nicht.

Vielleicht können wir das mit Sex vergleichen. Er ist ein unerhört wichtiger und lebensspendender Teil einer Paarbeziehung. Auch in der sexuellen Vereinigung kommen wir in »Ekstase«, was rein sprachlich »aus uns selbst herauskommen« heißt, und geben uns dem anderen hin. Gleichzeitig können zwei wichtige Einsichten über Sex uns helfen, sowohl die Möglichkeiten als auch die Grenzen spiritueller Erfahrungen zu verstehen:

1. Eine tiefe und innige Paarbeziehung ist ohne Sex möglich.
2. Es ist möglich, Sex zu haben, ohne sich selbst oder den anderen kennenzulernen.

Sex kann auf diese Weise ein Beziehungsersatz werden, besonders für diejenigen, die sich aus unterschiedlichen Gründen mit engen Beziehungen schwertun. Die Analogie zur Spiritualität wird besonders dort deutlich, wo man die ganze Zeit neue spirituelle Kicks sucht, aber deutliche Schwierigkeiten hat, in einer echten, persönlichen Beziehung mit Gott zu leben.

SPIRITUELLE ERFAHRUNGEN KÖNNEN MENSCHEN IN GANZ UNTERSCHIEDLICHE RICHTUNGEN BEEINFLUSSEN.

Fest steht: Spirituelle Erfahrungen können Menschen in ganz unterschiedliche Richtungen beeinflussen. Frank Mangs beschreibt seinen Frust und seine Fragen zu diesem Mysterium:

> Außerdem hatte ich zuvor schon entdeckt, dass das, was wir Geistestaufe nennen, so erschreckend unterschiedlich »nimmt«. Scheinbar ist der Ausgangspunkt gleich. Aber dann geht es in ganz und gar unterschiedliche Richtungen los – und zwar in viele. Manche werden so sehr von der Herrlichkeit des Herrn ergriffen, dass sie sich durch und durch zu heiligengleichen Wesen entwickeln, während andere urteilend und kritisch werden.
> Ja, Fakt ist, dass einige Menschen durch ihre »Geistestaufe« weniger fromm und gottesfürchtig werden, als sie vorher waren. Solange sie suchten und sich sehnten, waren sie wirkliche Menschen. Zurückhaltend. Demütig. Und freundlich. Aber seit sie diese Erfahrung gemacht haben, sind sie selbstsicher und kritisch geworden. Und ich habe viele Male gefragt: Kann das Ganze nur ein seelisches Phänomen gewesen sein oder war die Erfahrung echt? Ob Satan wohl schon erfolgreich den, der das Wunder erlebt hat, gefällt hat?

> Ich weiß es nicht. Ich weiß nur, dass schon wenige Wochen nach der Taufe im Wasser und der Taufe im Geist Jesus, Gottes Sohn, vom Satan wie nie zuvor bedrängt wurde. Und noch etwas weiß ich. Hinter der religiösen Egozentriertheit und Hochmütigkeit und Prahlerei über spirituelle Erfahrungen liegt der gleiche Sinn und das gleiche Ziel, von dem Satan beherrscht wird, wenn er sich in einen Engel des Lichts verwandelt: das Ziel, Vertrauen und Bewunderung zu gewinnen.[74]

Wenn spirituelle Erfahrungen also keine Garantie für Festigkeit in der Führung geben, was kann uns dann wirklich verändern? Zwei Punkte: enge Beziehungen und Zeit.

Ausgerechnet diese zwei fürchtet unsere postmoderne Kultur am meisten. Wenn es etwas gibt, wovor die »Lass-uns-das-offenhalten-Generation« panisch flieht, dann davor, in einem wirklich engen Abhängigkeitsverhältnis zu jemandem zu landen und sich langfristigen Beschlüssen und zeitfordernden Prozessen auszusetzen. Deshalb ist genau diese Kultur, die mehr als eine andere von Veränderung und Flexibilität spricht, paradoxerweise die resistenteste gegen wirklich tief gehende Veränderung. Es passiert sehr wenig in der Tiefe dieser Menschen, die ständig neue Kicks suchen, kurzfristige Beziehungen haben und Langfristigkeit verabscheuen.

Das wusste schon Benedikt im 6. Jahrhundert, als er vor »Gyrovagen« warnte – Wandermönchen, die von Kloster zu Kloster zogen, aber nie irgendwo Wurzeln schlugen und somit nie reiften.[75] Was die frühe Klosterbewegung auf die harte Tour lernte, ist heute hundertmal gültiger. Wollen Sie eine Veränderung in Ihrem Leben sehen? Bleiben Sie in Ihrer Zelle.

Wo unsere Flucht endet

Das bedeutet natürlich nicht, dass wir ins Kloster gehen müssen, um weiterzukommen. Aber das Kloster ist ein Zeichen, ein Sichtbarmachen der Möglichkeiten und Risiken des geistlichen Lebens. So ist die Zelle ein Bild der frei gewählten oder vielleicht auch aufgezwungenen, aber zum Schluss akzeptierten und einverleibten Begrenzung, durch die unsere Flucht gestoppt wird und Gottes Geist uns einholt und beginnen kann, in die Tiefe zu gehen.

Im heißen Ofen der »Zelle« zeigt sich, was auf Dauer Bestand hat und was nur kurzlebig ist. Thomas Merton erzählt in seiner Autobiografie, wie sein Kloster nach dem Zweiten Weltkrieg mit jungen Männern gefüllt war, die nach dem Chaos des Krieges auf der Suche nach einem Fixpunkt in ihrem Leben waren. Im Gewimmel neuer Novizen lernte er mit der Zeit zwischen Schein und Wirklichkeit zu unterscheiden. Was er feststellte, kann ohne größere Schwierigkeiten auf andere christliche Milieus übertragen werden:

> Als allgemeine Regel kann man sagen, dass die größten Heiligen selten diejenigen sind, deren Frömmigkeit am sichtbarsten ist, wenn sie die Knie beugen, um zu beten. Die Heiligsten in einem Kloster sind fast nie diejenigen, die jenen begeisterten Blick bekommen, wenn sie an Hochtagen im Chor sitzen. Die, die mit funkelnden Augen zur Marienstatue aufsehen, sind sehr oft die, die den schlechtesten Humor haben [...] Man fühlte, dass die Besten die Einfachsten waren, die Anspruchslosesten, die, die unter der allgemeinen Norm ohne Schwierigkeiten und ohne besonders auffällig zu sein, liefen. Sie zogen keine Aufmerksamkeit auf sich selbst, sie taten nur, was ihnen gesagt wurde. Aber sie waren immer die Zufriedensten.

Sie lebten mitten zwischen zwei Extremen. Auf der einen Seite hatten wir ein oder zwei, die mit allem, was sie taten, übertrieben und versuchten, jeder Regel mit banger Genauigkeit gerecht zu werden, was zu einer Parodie des Beabsichtigten wurde. Sie schienen darum zu kämpfen, sich durch reine und pure Anstrengung und Konzentration zu Heiligen zu machen – als ob alles von ihnen abhängig wäre und nicht einmal Gott ihnen helfen könnte.
Und dann gab es die, die wenig oder nichts taten, um sich zu weihen, als ob nichts von ihnen abhinge – als ob Gott eines Tages kommen und einen Heiligenschein über ihre Köpfe setzen würde und damit alles erledigt wäre. Sie machten, was alle anderen auch machten, und folgten den Regeln bis zu einem gewissen Grad. Aber sobald sie krank wurden, fingen sie an, all die mildernden Ausnahmen zu fordern, die sie noch nicht hatten. Die übrige Zeit pendelten sie zwischen einer lauten und störenden Munterkeit und einer griesgrämigen Rechtschaffenheit, die sich wie ein klammes Tuch über das ganze Noviziat legte. Wenn jemand das Kloster verließ und in die Welt zurückkehrte, war es meistens jemand aus einem dieser zwei Lager. Die, die blieben, waren im Allgemeinen die Normalen, freundlich Gesinnten, Geduldigen und Gehorsamen, die nichts Außergewöhnliches getan hatten, sondern ganz einfach den allgemeinen Regeln folgten.[76]

KRISEN SIND KEINE STÖRUNGEN IM STUNDENPLAN, SONDERN ENTSCHEIDENDE WENDEPUNKTE.

In Jesu Unterweisungen besteht »die Zelle« vor allem aus Beziehungen. Ein intensives Alltagsleben mit Gebet, Arbeit und Studium, in dem die Jünger mitten im Schnittpunkt zwischen ihrer eigenen Gemeinschaft und der umgebenden Gesellschaft leben. Jesu theologische Unterweisung und geistliche Wegführung verläuft als fortlaufender Kommentar zu den Erfahrungen der Jünger, nicht als frei schwebende Vorlesungen, die sie dann später umzusetzen versuchen müssen. Krisen sind keine Störungen im Stundenplan, sondern entscheidende Wendepunkte für vertiefte Einsicht und deutlichere Fokussierung.

Ihm in Krisen und trotz eigener Defizite folgen

Während der auserwählte Anführer Saul mit seinen Problemen sich immer tiefer in qualvolle Einsamkeit begab, sehen wir in den Evangelien, wie Jesus dem auserwählten Petrus in all seinen Krisen auf den Fuß folgt. Sicherlich ist Petrus keine voll entwickelte Führungsperson, als er beginnt, Jesus zu folgen.

Wir erahnen große Defizite in seiner Persönlichkeit und Jesus bringt diese Defizite immer wieder an die Oberfläche, sodass Petrus sehen und lernen kann. Gleichzeitig muss Jesus in Petrus' innerstem Kern etwas gesehen haben, das ihn dazu brachte, Petrus zu erwählen – und nicht aufzugeben, als die Probleme sichtbar wurden. Einige Wegstationen sind:

Sündeneinsicht

Alles beginnt mit einem missglückten Fischfang. Jesus fordert Petrus heraus, es noch einmal zu versuchen, und das Boot wird von Fischen überschwemmt. Petrus wird von Jesu Güte und Großzügigkeit so überwältigt, dass sich ein Gedanke aus seinem Innersten heraus Bahn bricht: »Herr, geh weg von mir! Ich bin ein sündiger Mensch.«

Es ist unklar, wie tief seine Sündeneinsicht in dieser Situation war. Vielleicht war es mehr ein Gefühl der Unwürdigkeit. Vielleicht ging es mehr um Scham als um Schuld. Wie auch immer: Indem er ihm vergibt, bestätigt Jesus mit seiner Antwort Petrus nicht nur dort, wo er ist. Jesus setzt ihn in Bewegung, indem er zeigt, dass er ihm vertraut: »Hab keine Angst! Von jetzt an wirst du Menschen fischen!« (Lukas 5,10).

Angst

Es begann aus einer Laune und vielleicht einer Verrücktheit heraus. Als Jesus über das Wasser auf das Boot zugelaufen kommt, hat Petrus die Idee, ihm dort zu begegnen. Er weiß, dass das nicht nur aus eigener Initiative heraus passieren kann. Allein Gottes Wort trägt in einer solchen Situation: »Herr, wenn du es wirklich bist, befiehl mir, auf dem Wasser zu dir zu kommen.« Doch dann … als er sich umsah und die hohen Wellen erblickte, bekam er Angst und begann zu sinken. »Herr, rette mich!« Dies war nur der erste von vielen Stürmen in Petrus' Leben als Leiter. Jesus begegnet seiner Angst mit ausgestreckter Hand und einer Frage: »Warum hast du gezweifelt?« (Matthäus 14,22-33).

Widerstand gegen das Leiden

Petrus hat gerade einen theologischen Durchbruch formuliert, als er vor seinen Brüdern bekennt, dass Jesus der Messias, Sohn des lebendigen Gottes, ist. Da fängt Jesus an zu erklären, welcher Weg den Messias erwartet: Leiden, Tod und Auferstehung. Das stimmt nicht mit Petrus' Theologie überein und er will Jesus darlegen, dass sein Weg keineswegs mit Leiden verbunden sein muss.

Daraufhin erhält er die schärfste Zurechtweisung, die jemals ein Mensch in der Bibel bekommt: »Fort von mir, Satan! Du betrachtest alles nur aus menschlicher Sicht und nicht aus der Sicht Gottes« (Markus 8,27-33). Dass Petrus sich nach diesem Schlag wieder aufrichten konnte, zeigt, aus welchem Holz er geschnitzt war. Verstand er, dass ein Christentum ohne Leiden und Kreuz teuflisch war? Welche Bedeutung hatte dieses Erlebnis für seine späteren Erfahrungen?

Projektgier

Die hartnäckige Eigenschaft vieler Leiter, Monumente zu bauen, Projekte zu leiten und zu starten, stellt sich als peinlicher Fehler heraus, als Petrus, Jakobus und Johannes Jesus auf einen hohen Berg folgen dürfen, wo dieser vor ihren Augen von der göttlichen Herrlichkeit erleuchtet wird. Und nicht nur Jesus ist dort: Mose und Elia reden mit ihm und zeigen, dass dieser Ort wahrlich das ist, was die alten Kelten als »durchlässigen Ort« (im Englischen: *thin place*) bezeichneten: Die Membran zwischen Himmel und Erde ist vorübergehend verschwunden. Hier hat Petrus eine großartige Idee: »Herr, wie wunderbar ist das! Wenn du willst, baue ich drei Hütten, eine für dich, eine für Mose und eine für Elia.« Da wird alles in einer Wolke hinweggefegt und die Sicht wird klarer: »Dies ist mein geliebter Sohn, an dem ich meine Freude habe. Hört auf ihn« (Matthäus 17,1-13).

Kontrollbedürfnis

Ein Leiter hilft anderen. Ein Leiter hat selbst nicht massiv eigene Bedürfnisse nach Hilfe. Wie oft ist diese Haltung ein unzureichend verstecktes Kontrollbedürfnis? Jesus wäscht am letzten Abend vor der Kreuzigung seinen Jüngern die Füße. Als er zu Petrus kommt, trifft er erneut auf Widerstand: »Herr, warum willst du mir die Füße waschen?« Jesus erklärt geduldig, dass Petrus es später verstehen wird, aber das hilft nicht: »Du sollst mir niemals die Füße waschen!« (Johannes 13,1-8). Was für ein eingerosteter Stopfen hat sich hier gelöst? Welche Bedeutung hatte es für Petrus' Selbstbild als Führungsperson, dass alles damit beginnen muss, dass er selbst bedient wird?

Hochmut

Diese so weitverbreitete Sünde tritt hervor, als sie an diesem Abend darüber sprechen, dass jemand aus der Gruppe Jesus verraten wird. Einer nach dem anderen fängt an sich selbst zu prüfen und zu fragen: »Das bin doch nicht ich, oder?« Hat Petrus diese Frage gestellt? Es scheint nicht so. Tatsächlich sagt er: »Auch wenn alle anderen sich von dir abwenden, ich werde es nicht tun.« Hat Petrus wirklich geglaubt, dass man solche Krisen meistert, wenn man als Führungsperson auserwählt wurde? Dass man dann nicht solche charakterlichen Defizite hat? Dass man dann von Gott garantiert vor solch groben Sünden beschützt wird?

Hochmut treibt uns an, der oder die Beste sein zu wollen. Wenn uns das nicht gelingt, treibt er uns zum Schlimmsten. Das Einzige, womit Hochmut nicht klarkommt, ist genau das: so zu sein wie alle andern. Petrus' Verrat ist eine brutale Lektion in dem alten Prinzip, dass Hochmut vor dem Fall kommt. Und dass die Basis für eine glaubwürdige Führung nicht in der Einzigartigkeit im Verhältnis zu allen anderen liegt, sondern in der Zusammengehörigkeit mit ihnen (Markus 14,17-31.66-72).

Liebe

Petrus hätte gut und gerne den Rest seines Lebens damit zubringen können, sich selbst zu hassen. Dass dies nicht passierte, hing vermutlich mit einer diskreten Unterhaltung am Ufer des Sees von Tiberias zusammen. Jesus deutet mit keinem Wort an, wie Petrus ihn im Stich gelassen hat, indem er ihn dreimal verleugnete. Aber dreimal stellt er die entscheidende Frage: »Liebst du mich?« Das Entscheidende in Petrus' Führung ist nicht, dass er einen lückenlosen Lebenslauf präsentieren kann. Jesus fragt nicht nach seinen theologischen Kenntnissen, seinen Führungsqualitäten, seinen spirituellen Erfahrungen, nicht einmal nach seinem Glauben.

VON DIESEM PUNKT AN GEHT ES MEHR UM DIE BEDÜRFNISSE DER SCHAFE ALS DARUM, DER HIRTE SEIN ZU DÜRFEN.

Endlich ist Petrus am Ende seines Selbstbewusstseins, endlich steht er mit beiden Füßen auf dem Boden und ist in seiner Antwort absolut aufrichtig: »Herr, du weißt alles. Du weißt, dass ich dich lieb habe.« Von diesem Punkt an beginnt eine Führung, bei der es mehr um die Bedürfnisse der Schafe geht als darum, der Hirte sein zu dürfen (Johannes 21,15-19).

Der Heilige Geist

Während sie warteten, war er etwas unruhig. Konnte nicht richtig still sitzen, leise sein und warten, wie Maria, die dort im oberen Saal einfach da war, mit stiller Selbstverständlichkeit, weil sie alles über das Warten wusste. Ein kleines theologisches Projekt, um die Zeit zu vertreiben; einen Ersatz für Judas finden.

Aber dann kommt der Pfingsttag und Petrus wird von der gleichen himmlischen Frühlingsflut überströmt wie alle anderen. »Da trat Petrus mit den elf anderen Aposteln vor und rief der Menge zu…« Und der Rest ist Geschichte. An diesem Tag fügt sich alles. Weg ist die erste naive Selbstsicherheit. Weg ist die Unsicherheit der tiefen Krise. Jetzt steht Petrus da in schlichter Klarheit, erhellt von Gottes Geist, und lädt alle ein, an der gleichen Erfahrung teilzuhaben (Apostelgeschichte 1–2).

Konfliktscheue

Wie gesagt: Eine spirituelle Erfahrung löst nicht alle Probleme. Einige Jahre später war die Lage in der Gemeinde in Antiochia angespannt. Petrus hatte gemeinsam mit Nichtjuden gegessen, die zum Glauben gekommen waren. Aber als die Kritik von konservativeren jüdischen Gruppen wuchs, zog er sich zurück. Und dabei war es doch Petrus gewesen, der den historischen Durchbruch vollzogen hatte, das Evangelium den Heiden zu verkünden, als er vor dem römischen Offizier Cornelius und seinem ganzen Haus predigte. Nun musste Paulus den Konflikt mit Petrus aufnehmen. So beschreibt er es in einem seiner Briefe:

> Als ich sah, dass sie sich nicht an die Wahrheit der Botschaft Gottes hielten, sagte ich vor allen anderen zu Petrus: »Wenn du als gebürtiger Jude die jüdischen Gesetze hinter dir gelassen hast und wie ein Nichtjude lebst, warum verlangst du dann von diesen Nichtjuden, die jüdischen Gesetze zu befolgen, die du aufgegeben hast?«
> *Galater 2,14*

Zuletzt ein kleines, aber wichtiges Detail. Nach Jesu Tod, bevor er sich Petrus am Strand zeigte, war Petrus mit einigen der anderen Jünger zusammen. Wir können das bleischwere Gefühl der Leere, dass nun alles vorbei ist, nur erahnen. Und Petrus ist nicht mal das letzte bisschen seiner geistlichen Autorität geblieben. Da passiert etwas, das völlig unbedeutend erscheint: »Simon Petrus sagte: ›Ich gehe fischen.‹ Die anderen meinten: ›Wir kommen mit.‹ Also fuhren sie im Boot hinaus« (Johannes 21,3).

Petrus ergreift die Initiative. Die andern machen mit. Das geschieht, nachdem ihm all seine geistlichen und theologischen Attribute genommen wurden. Trotzdem führt er. Hier rühren wir scheinbar an den menschlichen Kern, der weder von charismatischen Gaben noch kirchlichen Ämtern abhängig war – das, was wir Führungsqualität oder natürliche Führungsbegabung nennen würden. War diese Eigenschaft einer der Schlüssel, die Jesus dazu bewogen, Petrus zu erwählen?

»Gnade setzt Natur voraus und vollendet sie«, so lautet ein Eckpfeiler der katholischen Theologie, den Thomas von Aquin im 13. Jahrhundert formulierte. Frank Mangs, der meines Wissens nie eine Zeile einer katholischen Theologie gelesen hat, sagt das Gleiche, wenn er die Evangelistengabe als eine natürliche Eigenschaft bestimmter Menschen beschreibt, die Gott in seine Hand nimmt und mit seinem Geist heiligt und entwickelt. In diesem Zusammenhang zitiert Mangs gerne Paulus: »Zuerst kam der irdische Körper; dann der geistliche« (1. Korinther 15,46). Dieses Zusammenspiel drückt Mangs so aus:

GNADE SETZT NATUR VORAUS UND VOLLENDET SIE. – THOMAS VON AQUIN

> Ich wusste ja nicht, wo die Grenze zwischen dem heiligen Zwang von Christi Geist und dem natürlichen Abdriften in mein eigenes Unterbewusstsein verlief. Für mich war beides zu der Zeit eins. Und nicht einmal jetzt – mehr als vier Jahrzehnte später – kann ich mit Gewissheit die Grenze zwischen ihnen ziehen.[77]

Und warum sollte er das? Das einzig Wesentliche ist, die Antwort des Herzens auf Christus zu lesen und diese Antwort sein Leben und seinen Dienst prägen zu lassen.

Ausbildung, nach welchem Modell?

Wie gehen wir also vor, wenn wir in der Gemeinde eine funktionierende Leitung formen wollen? Das völlig dominierende pädagogische Modell für die Priester-/Pastoren-/Diakonenausbildung in unserer Kultur ist seit Langem durchakademisiert. Vermutlich behauptet niemand, dass eine akademische Ausbildung einen Menschen zu einem geistlichen Führer macht. Aber da vermutlich 90 Prozent aller Zeit, Energie und Geld auf genau diese akademische Seite verwendet werden, müssen wir die Frage stellen, ob dieser Weg zum Ziel führt.

Zuerst müssen wir dazu festhalten, dass die akademische Welt heute wie nie zuvor infrage gestellt wird. Hier gibt es ein unerwartetes Zusammenspiel zwischen der akademischen Verliebtheit in das postmoderne Dekonstruieren und Relativieren aller Wahrheiten und Überzeugungen – und den mehr oder weniger braun gefärbten populistischen Bewegungen, die in einem Land nach dem anderen behaupten, dass »die Elite« »das Volk« mit der Wissenschaft als einem ihrer Werkzeuge unterdrückt. Aus völlig entgegengesetzten Richtungen werden wissenschaftliche Methoden und Ergebnisse als passé, unterdrückerisch und bewusst irreführend infrage gestellt und lächerlich gemacht.

Dies ist eine tödliche Bedrohung, nicht nur für die Wissenschaft, sondern auch für unsere ganze Gesellschaft. Vielleicht war es noch nie wichtiger, das Recht auf freie Forschung, nachhaltige Fakten und akademische Lehre, die frei von politischer, ökonomischer und religiöser Steuerung ist, zu schützen.

Das bedeutet, dass der akademischen Welt niemals der Bedarf der Kirche auf Führung aufgezwungen werden darf. Diese beiden Sphären in ein Ganzes zu zwingen, wäre eine Bedrohung für Wissenschaft und Kirche. Sowohl die Grundvoraussetzung der Wissenschaft, frei von Steuerung zu sein, als auch der Bedarf der Kirche nach funktionierender Führung zeigen die Notwendigkeit einer deutlichen Abgrenzung: Lasst die Wissenschaft Wissenschaft und die Kirche Kirche sein. Nur so können beide ihren Beitrag zu einer guten Gesellschaft leisten.

> LASST DIE WISSENSCHAFT WISSENSCHAFT UND DIE KIRCHE KIRCHE SEIN.

Die Schwächen der akademischen Ausbildung

Im Sommer 2014 quittierte Geir Otto Holmås seine Stelle als wissenschaftlicher Mitarbeiter am Lehrstuhl für Neutestamentliche Studien an der Hochschule für Theologie in Oslo. Dort werden die meisten Priester und viele andere Gemeindemitarbeiter in Norwegen ausgebildet. In einem beachtenswerten Artikel legte er seine Motive dar und schrieb unter anderem:

> Ich fand es immer schwerer, die Unterscheidung zwischen Wissenschaft und geistlichem Leben zu akzeptieren, die strukturell in der Herangehensweise der akademischen Theologie an die Wahrheitsfrage verankert ist. Meiner Meinung nach hat die westliche intellektuelle Theologie unserer Zeit, die man spätmodern nennen kann, uns an einen Punkt geführt, an dem wir einsehen müssen, wie untrennbar theologisches Denken mit einem Leben in Gebet und gläubigem Gehorsam zusammenhängt. Zum Wohl der Kirche müssen wir das, was in früheren Epochen eine Selbstverständlichkeit war, neu schaffen: dass es zwei Seiten einer Medaille sind, denkender Theologe und Mystiker (also ein Mensch, der im Gebet lebt) zu sein.
>
> Es liegt nichts Anti-Intellektuelles darin. Im Gegenteil: Unsere Zeit ruft nach lebendiger theologischer Reflexion und Wegführung. Aber diese entsteht, wenn jene, die ihre Denkkraft darauf verwenden, die Bibel und die christliche Glaubensvermittlung aktuell zu machen, in allem die Vereinigung mit dem dreieinigen Gott als Quelle des Lebens und der Wahrheit anstreben.
>
> Wenn die Theologie dem Zeugnis der Kirche dienen soll – dass das Evangelium die Kraft Gottes zum Heil ist –, müssen wir der fragmentierenden Herangehensweise an Wissen und Wahrheit, die die Wissenschaft anstrebt, aktiv entgegenwirken. Das gilt ganz besonders in unserer Zeit, in der intellektuelle Trends uns in den Strudel der Subjektivität und des Relativismus zu werfen drohen.[78]

Natürlich gibt es in der theologischen Ausbildung Ansätze, sie relevanter für das Gemeindeleben zu gestalten, gibt Holmås zu: »Das heißt nicht nur, dass Praktika in den ganzen Studiengang integriert werden, sondern auch, dass die theoretischen Disziplinen versuchen, Fragen, die für den Berufsalltag der Priester relevant sind, einen hohen Stellenwert einzuräumen und Unterrichtsformen anzuwenden, die Brücken zur Praxis und zum Alltagsleben schlagen. Offenbar ist man heute auch mehr darauf ausgerichtet, persönlich und geistlich zu formen, als noch vor ein paar Jahren.«

Und dennoch: Geir Otto Holmås arbeitet nicht länger an der theologischen Hochschule. Die strukturellen Hürden für die radikalen Veränderungen, die nötig wären, sind so hoch, dass er dort keine Zukunft mehr sieht.

Vom anderen Ende der Priester-/Pastorenausbildung aus kann ich seine Schlussfolgerung nur bestätigen. Nachdem ich fast dreißig Jahre mit Tausenden Priestern, Pastoren, Diakonen und anderen Gemeindemitarbeitern aus ganz Skandinavien und allen konfessionellen Milieus gesprochen habe, kann ich nur unterstreichen, was alle Gemeinden bereits aus Erfahrung wissen: Eine akademische Ausbildung bringt keine geistlichen Führer hervor. Im Gegenteil tendieren sie eher dazu, die Kirche in Richtung einer tieferen Säkularisierung zu beeinflussen.

1. Sie fördert Idealismus statt Realismus

Philosophisch gesehen bedeutet das, dass man von Gott als Idee oder gedanklicher Vorstellung ausgeht, statt davon auszugehen, dass Gott etwas tatsächlich Existierendes ist. Die Theologie hat als Ausgangspunkt die menschlichen Vorstellungen von Gott, nicht Gott als lebendige Wirklichkeit. Über die Frage, inwieweit Gott unabhängig von unseren Vorstellungen tatsächlich existiert, äußert sich diese Theologie nicht. Als Studienobjekt bleibt dann nur, wie sich die menschlichen Ideen über Gott in der Geschichte entwickelt haben. Diese Herangehensweise muss das Gottesbild der Studenten natürlich fundamental beeinflussen. Warum sollten sie zu etwas beten und sich etwas unterordnen, was nur eine gedankliche Vorstellung ist?

2. Sie ignoriert die Erfahrung als Wissensquelle über Gott

Hier bricht das Erbe der Aufklärung durch. Im 18. Jahrhundert versuchten vor allem französische und deutsche Philosophen, auf intellektuelle Weise »die Religion zu retten«, indem sie eine Vernunftreligion kreierten, die vollständig vom »Aberglauben« der Massen getrennt wurde. Auf diese Weise sollte die Religion im akademischen Milieu weiterleben können. Tatsächlich tauschte man so aber das biblische Verständnis von Erkenntnis gegen ein klassisch griechisches aus.

In der Bibel lernen Menschen, wer Gott ist (und übrigens auch alles andere im Leben), durch zwei Schritte: **Erfahrung und Reflexion.** Das ist auch die vorherrschende Erkenntnistheorie in den Teilen der Welt, in denen die christliche Kirche heute wächst und in denen die Aufklärung sich nie durchsetzte. Die intellektualisierende klassische griechische Kultur führte ein anderes Erkenntnismodell ein: **Theorie und Praxis.** Erst alle Bücher und Vorlesungen. Danach übt man, was man gelernt hat.

Ich habe im Lauf der Jahre einige Gemeindemitarbeiter getroffen, die nicht direkt nach der Schule mit dem Theologiestudium begonnen haben, also noch einen anderen Berufshintergrund haben. Ab und zu frage ich sie, ob ihre Erfahrungen aus den Unternehmen, Krankenhäusern oder was es nun war, im Theologiestudium zur Sprache kommen durften: »Gab es jemanden, der dich nach deinen Erfahrungen gefragt hat? Haben deine Erfahrungen dir selbst geholfen, wenn du theologisch reflektiert hast?« Das Problem war nicht nur, dass die Antwort immer nein lautete. Das Problem war, dass sie nicht einmal die Frage verstanden. Was hatte das mit Theologie zu tun?

Auf diese Weise trägt die wissenschaftliche Theologie in hohem Grad zur Vorstellung von zwei getrennten Welten bei, die Gott und Kirche sorgfältig von Arbeitsleben, Politik und Wirtschaft getrennt hält. Und die dazu führt, dass Christen ohne größere Probleme politische Entscheidungen treffen und einen Lebensstil praktizieren können, die gänzlich unbeeinflusst vom Jesus der Evangelien sind.

Vergangenen Sommer traf ich einen jungen Mann, der im Ausland mehrere Jahre auf hohem Niveau Theologie studiert hatte. Als ich fragte, ob er darüber nachdenke, Priester zu werden, antwortete er: »Nein, das setzt ein Interesse an den Problemen anderer Menschen voraus, und das habe ich nicht.«

Dies war eine ungewöhnlich ehrliche und deutliche Selbsterkenntnis. Und es war auch ein gutes Verständnis dessen, was es heißt, Priester zu sein. Und ich fragte mich: Was ist »Theologie« eigentlich, wenn man sich mehrere Jahre lang in Vollzeit damit beschäftigen kann, ohne an den Problemen anderer Menschen interessiert zu sein? Wie funktioniert ein solches Theologiestudium? Wovon handelt die Theologie? Die einzig logisch erscheinende Schlussfolgerung ist, dass die Theologie wie eine Art intellektuelles Schachspiel funktioniert, klinisch sauber sowohl von Gefühlsleben und Lebenserfahrungen der Studenten als auch von den Bedürfnissen der Umwelt getrennt. Was passiert, wenn Priester und Pastoren mit dieser Ausbildung versuchen sollen, für gewöhnliche Menschen zu predigen?

3. Sie schafft brillante Individuen statt Gemeinschaft

Der Kampf um akademisches Prestige und Finanzmittel schafft eine unerhört auf Leistung ausgerichtete Kultur. Wer nicht ausgeschaltet werden will, muss nach oben klettern.

Dieses akademische Klima ist auf vielerlei Weise ein Gegenpol zur christlichen Gemeinde, wie sie im Neuen Testament gezeichnet wird. Was dort »sich gegenseitig helfen« genannt wird, kann in der akademischen Sprache ganz einfach schummeln genannt werden (Apostelgeschichte 2,44).

Dazu kommt, dass die Rekrutierung von Lehrkräften an unseren theologischen Hochschulen oft so geschieht, dass A-Studenten an der Tür kehrtmachen. Ohne irgendeine Erfahrung im säkulären Arbeitsleben oder langjährigen Gemeindedienst wechseln die klügsten (und am liebsten promovierten) Studenten von der Schulbank ans Lehrerpult. Auf diese Weise können weder Lebens- noch Arbeitserfahrungen die theologische Reflexion beeinflussen, die so ungestört ihren Rundgang durch unterschiedliche Theologien und Schulmeinungen fortsetzen kann. Dies schafft ein hermetisch abgeriegeltes System, in dem die »Parallelstrukturen« von Gemeinschaften, Studierendenexerzitien und anderen gut gemeinten Ideen im Vergleich zur auf Hochleistung getrimmten Hochschulumgebung einen äußert marginalen Einfluss haben.

Neues schaffen

Was sollen wir also tun? Zu erwarten, dass sich das akademische Milieu zu einer Schule für christliche Führungspersonen entwickelt, ist, wie gesagt, aus zwei Gründen völlig falsch. Einerseits, weil sich die Wissenschaft von jedweder Beeinflussung frei machen muss, um ihre Aufgabe erfüllen zu können. Andererseits, weil die Kirche allein die Voraussetzungen hat, Verantwortung für die Ausbildung ihrer Leiter zu übernehmen. Hier ist die Wissenschaft ein ebenso wichtiger Diener wie gefährlicher Herr.

Per Åkerlund, seit vielen Jahren mein Verleger, sagt immer: »Zuerst muss man den Mammon bändigen.« Selten ist dieser Satz so zutreffend wie hier. Hauptsächlich ist es die finanzielle Abhängigkeit, die Führungspersonen zur Ausbildung in den Schoß der Hochschule treiben. Ohne Studienunterstützung keine Vollzeitstudenten. Ohne Vollzeitstudenten keine Lehrer. Also steht die Frage, wie wir von den Hochschulen anerkannt werden, noch vor der Frage, wie die Leiter der Kirche der Zukunft am besten ausgebildet werden sollen. Wie Geir Otto Holmås schreibt:

> Wir kommen nicht umhin, eine Alternative zur öffentlichen Finanzierung zu finden, zumindest für Teile der Ausbildung. Die wichtigsten Neuerungen kommen bekanntlich kaum von den traditionellen Hauptakteuren – dafür sind sie viel zu sehr an Traditionen und durch komplexe Loyalitätsverschränkungen gebunden. Ich bin ziemlich sicher, dass eine neue Form der christlichen Leiterausbildung durch eine Mobilisierung von einer Seitenlinie zustande kommen müsste.

Vielleicht müssen wir den Gedanken des Vollzeitstudiums für christliche Führungspersonen aufgeben. Vielleicht müssen wir zu Paulus' »Zeltmachen« zurückkehren, uns mit anderer Arbeit versorgen, damit wir frei sind, diejenigen Curricula zu gestalten, die wir für die Leiterausbildung benötigen, und nicht die, die mit staatlichen Mitteln finanziert werden. Einfach dazu überzugehen, die Leiterausbildung in die Gemeinden zu verschieben und zu glauben, dass das Problem damit gelöst wäre, ist unrealistisch. Teils, weil die

Gemeinden nicht die Ressourcen haben, um diese Verantwortung zu übernehmen, aber auch, weil es keinesfalls gegeben ist, dass die Gemeinden Erfahrung mit geistlicher Wegbegleitung haben, die den Großteil einer tragfähigen theologischen Reflexion ausmachen muss. Dafür sind die Gemeinden selbst viel zu sehr ein Produkt akademischer Mängel.

> VIELLEICHT STEHEN WIR VOR DER AUFGABE, ETWAS NEUES ZU SCHAFFEN, DAS UNSEREN BEDÜRFNISSEN AN FÜHRUNGSPERSONEN GERECHT WIRD.

Vielleicht stehen wir genau wie Benedikt im 6. Jahrhundert und Ignatius im 16. Jahrhundert vor der Aufgabe, etwas Neues zu schaffen, das unseren Bedürfnissen an Führungspersonen gerecht wird. In einer seiner recht trostlosen theologischen Debatten mit Widerständlern sagt Jesus: »Ihr irrt euch, weil ihr die Schrift nicht kennt und auch nicht die Macht Gottes!« (Matthäus 22,29).

Hier fasst Jesus die beiden notwendigen Parameter für gute Theologie zusammen: das Bibelstudium und die Erfahrung von Gottes Macht. Wenn die beiden getrennt werden, wird das Bibelstudium leblos, und die Erfahrungen verirren sich. Dann »irren wir uns«.

Wie gesagt: Das Evangelium geht von zwei großen Paradoxen aus; von der Dreieinigkeit – Gott ist eins und drei Personen – und von Christi Natur: wahrer Gott und wahrer Mensch. Das ist die DNA des ganzen Evangeliums, das sich ständig in Paradoxen äußert:

Gnade und Werke, die von der Reformation zu Tode debattierte Dynamik. Die Kirche als Gemeinschaft der Heiligen und Gemeinschaft der Sünder. Gottes Reich, das schon jetzt und noch nicht hier ist. Was Gott offenbart hat und was verborgen ist. Jüngerschaft als heilsam und leidbringend. Jesus als Herr von allem und als machtloses Lamm. Schaffen, als ob alles an uns hinge, und beten, als ob alles von Gottes Güte abhinge. Und so weiter.

Ein Paradox kann nur in der Praxis »gelöst« werden. Sobald es von der praktischen Erfahrung getrennt und als theoretisches Problem formuliert wird, wird es unlösbar, frustrierend und spaltend, statt kreativ, lebensspendend und einend zu sein. Es ist buchstäblich unmöglich, das Evangelium zu verstehen, solange wir es unabhängig von der Jüngerschaft in der Kirche und der Welt studieren. Wie Jesus in der Bergpredigt sagt:

> Wer auf mich hört und danach handelt, ist klug und handelt wie ein Mann, der ein Haus auf massiven Fels baut. Auch wenn der Regen in Sturzbächen vom Himmel rauscht, das Wasser über die Ufer tritt und die Stürme an diesem Haus rütteln, wird es nicht einstürzen, weil es auf Fels gebaut ist. Doch wer auf mich hört und nicht danach handelt, ist ein Dummkopf; er ist wie ein Mann, der ein Haus auf Sand baut. Wenn der Regen und das Hochwasser kommen und die Stürme an diesem Haus rütteln, wird es mit Getöse einstürzen.
> *Matthäus 7,24-27*

Der Unterschied bestand nicht zwischen jenen, die Zugang zu Gottes Wort hatten, und jenen, die ihn nicht hatten. Auch nicht zwischen jenen, die Gottes Wort richtig deuten konnten, und jenen, die es nicht konnten. Nicht einmal zwischen jenen, die an Gottes Wort glaubten, und jenen, die nicht glaubten, lag der entscheidende Unterschied. Es waren jene, die Gottes Wort taten, die die Tragkraft erfahren durften, die den Stürmen standhielt.

Oder mit den Worten des Johannesevangeliums: »Das Leben selbst war in ihm, und dieses Leben schenkt allen Menschen Licht. Das Licht scheint in der Dunkelheit, und die Dunkelheit konnte es nicht auslöschen« (Johannes 1,4-5). Nicht Theorien werfen Licht ins Leben. Das Leben hilft uns zu verstehen.

Erfahrungen statt Theorien

Es ist nicht bestätigt, dass mehr Wissen uns zu besseren Wegbegleitern macht. C. S. Lewis, der selbst Akademiker war, beschreibt ein wohlbekanntes Dilemma, als er erklären soll, warum er als Nicht-Theologe ein Buch über die Psalmen herausbringt:

> Oft ist es so, dass zwei Schuljungen sich gegenseitig besser über die Schwierigkeiten bei ihren Hausaufgaben hinweghelfen können, als es der Lehrer könnte. Ging man mit einem Problem zum Lehrer, so geschah – wie wir uns alle erinnern – höchstwahrscheinlich Folgendes: Er erklärte einem, was man sowieso schon verstanden hatte, fügte dann einen Haufen Informationen hinzu, die man gar nicht brauchte, und verlor kein Wort über den Punkt, der einem zu schaffen machte.
> Ich habe dies von beiden Seiten des Netzes aus beobachtet. Denn wenn ich selbst als Lehrer versuchte, Fragen zu beantworten, mit denen meine Studenten zu mir kamen, habe ich manches Mal nach einer Minute sehen können, wie sich jene Miene über ihre Gesichter breitete, die mir zu verstehen gab, dass meine Bemühungen bei ihnen ebenso aussichtslos waren wie die meiner Lehrer bei mir.
> Ein Mitschüler kann besser helfen als ein Lehrer, weil er weniger weiß. Die Schwierigkeit, die wir uns von ihm erklären lassen wollen, ist ihm ja selbst erst vor Kurzem begegnet. Bei dem Fachmann ist das schon so lange her, dass er es längst vergessen hat.
> Er sieht das ganze Fachgebiet inzwischen in einem so gänzlich anderen Licht, dass er überhaupt nicht mehr nachvollziehen kann, was dem Schüler Schwierigkeiten macht. Ihm stehen ein Dutzend anderer Schwierigkeiten vor Augen, die

dem Schüler eigentlich zu schaffen machen müssten, es aber nicht tun.[79]

Genau diese Isolation von gewöhnlichen Alltagserfahrungen macht die Theologie so seltsam leblos. Unzählige Male habe ich genau das erlebt, was Lewis beschreibt, wenn ich einen Bibelkommentar zurate zog, um zu einer komplizierten Stelle Hilfe zu finden – nur um wieder einmal zu merken, dass Theologen sich die ganze Zeit damit beschäftigen, Fragen zu beantworten, die nur Theologen stellen. Mit leeren Händen ging ich davon.

Erst wenn die Erfahrung eines anderen Menschen meiner eigenen begegnet, erhalte ich Hilfe, mich in den Theorien zu orientieren. Und Gott begegnet uns primär in Erfahrungen, nicht in Theorien.

Christliche Leiterausbildung findet immer an Orten statt, die von drei Dingen dominiert werden: Büchern, Computern und Whiteboards. Das gilt für einfache Bibelschulen wie für Hochschulen. Schon bevor ein Lehrer auch nur ein Wort äußert, wird den Schülern schon überdeutlich demonstriert, dass Gott eine theoretische Vorstellung ist, die in der linken Gehirnhälfte verankert sein muss. Wo ist der Garten? Die Tiere? Die Werkstatt? Das Atelier? Der Gebetsraum? All das, was dem Evangelium einen Körper geben und zeigen könnte, dass Gott mit dem ganzen Leben zu tun hat? Nun braucht es keine einzige Lektion mehr, um den Glauben als ein Zwei-Welten-Denken zu konstruieren – das schulische Umfeld selbst hat es bereits gezeigt.

NICHT DIE THEORETISCHEN KENNTNISSE, SONDERN DAS ERFAHRUNGSWISSEN ENTSCHEIDET DARÜBER, WIE DIE FÜHRUNG GELEBT WIRD.

Wenn Petrus eine solche Ausbildung durchlaufen hätte, wäre vermutlich kein einziges seiner oben aufgelisteten Probleme davon berührt worden. Er hätte die Schule mit einer Menge theoretischen Wissens verlassen, aber wie alle Gemeinden wissen: Nicht die theoretischen Kenntnisse, sondern das Erfahrungswissen entscheidet darüber, wie die Führung gelebt wird. Und damit auch darüber, wie die Kirche gestaltet wird.

Dynamischer Dreiklang

Wie gesagt, vielleicht können die beiden historischen Beispiele von Benedikt und Ignatius uns helfen, einen zukünftigen Weg zu finden. Beide durften neue Formen der christlichen Leiterausbildung prägen, und das in einer Zeit, in der die Gesellschaft grundlegende Veränderungen durchlief und die Kirche nach neuem Halt suchte. Beide wurden nicht von der Ambition angetrieben, neue Formen zu schaffen, sondern von der Sehnsucht, Gott zu suchen und ihn zu verherrlichen. Dadurch standen Ziel und Mittel in einem richtigen Verhältnis zueinander.

Benedikt baute sein Kloster auf einer dreifachen Dynamik zwischen *Gebet, Arbeit und Studium* auf. Die römische Kultur, der er entstammte, hatte zu jeder Zeit körperliche Arbeit verachtet und sie Dienern und Sklaven überlassen. Es war ein Erkennungszeichen des Reiches Gottes, dass das Kloster die körperliche Arbeit rehabilitierte. So waren die mittelalterlichen Klöster auch unglaublich kreative Umgebungen für Anbau und Handwerk. In den wiederkehrenden Verfallsperioden haben die Klöster mitunter sogar die Arbeit theoretisiert. Aber wenn die Erneuerung kommt und wir zu den Quellen zurückkehren, kommen wir auch zu den Äckern und Werkstätten zurück.

Der Dreiklang Gebet, Arbeit und Studium kann auch als Herz, Hand und Hirn beschrieben werden. Das ganze Wesen des Menschen wird in Bewegung gebracht, um Berührungsfläche für das gesamte Evangelium zu werden. Und die drei stehen im ständigen Dialog miteinander, genau wie die Personen der Dreieinigkeit. Was wir im Gebet erfahren, wird durch das Studium erleuchtet. Das Studium wiederum wird von den Erfahrungen durchleuchtet, sowohl aus dem Gebet als auch aus der Arbeit. Die Arbeit erhält ihre Bedeutung und Richtung durch Gebet und Studium. Wenn wir gemeinsam körperlich arbeiten, entfalten sich Gespräche, die um einen Tisch herum nicht möglich sind. Woran man während des Studiums hängen bleibt, kann im Gebet gelöst werden. Und so weiter.

Ignatius befreite seinen Orden von den physischen Grenzen des Klosters. Aber der Dreiklang aus Gebet, Studium und Arbeit ist bei den Jesuiten mindestens genauso dynamisch. Für viele von ihnen sind Ackerbau und Handwerk in der apostolischen Sendung aufgegangen: Mission, Diakonie, Lehre und geistliche Wegbegleitung. Aber die Geschichte kennt auch genug Beispiele dafür, wie Jesuiten auf der ganzen Welt Ackerbau, Handwerk und andere körperliche Arbeit betrieben haben – als Teil einer Mission, die dem ganzen Menschen begegnet.

All dies erhält in der Ausbildung eine sehr bewusste Grundlage. Wer Jesuit werden möchte, nimmt zu Beginn seiner Ausbildung an 30-tägigen Exerzitien teil, die dann im Zusammenhang mit der Priesterweihe wiederholt werden. Dadurch macht er die unauslöschliche Erfahrung, dass das Gebet im Zentrum von allem steht und ein selbstverständlicher Referenzpunkt für die gesamte Ausbildung in Theologie und Philosophie ist. Auch das Sammeln neuer Erfahrungen ist Teil der Ausbildung. Dazu gehört, dass die Novizen unter den Armen leben und arbeiten, oft in einer anderen Kultur. Dies kann Unterricht in Slum-Schulen sein, landwirtschaftliche Arbeit, Aufbau sozialer Netzwerke und vieles mehr.

Die Ordensregel der Jesuiten besteht aus zwei einander ergänzenden Teilen: Ignatius' eigenem Text und den »Normen«, die über die Jahrhunderte hinweg formuliert wurden. In Letzteren finden wir unter anderem folgende Aussagen über die Ausrichtung der Ausbildung (achten Sie auf die Ähnlichkeit mit *Gebet-Studium-Arbeit*!):

> Der Prozess des apostolischen Formens muss die persönliche Hingabe zur christlichen Erfahrung fördern. Diese Erfahrung ist geistlich, persönlich, vital, im Glauben verwurzelt und wird durch tägliches Gebet und die Messe genährt. Diese Erfahrung versetzt uns in die Lage, mit Gott zusammenzuarbeiten, Glaubenden zu geistlichem Wachstum zu verhelfen und die Gabe des Glaubens jenen zu vermitteln, die nicht glauben. Während des ganzen Studiums muss eine organische Einheit in diesen Formen bestehen, sodass von Beginn des Noviziats und durch das ganze Studium hindurch eine dichte Integration von geistlicher Wegführung, Studium und apostolischer Tätigkeit stattfindet. Alle, die für die Ausbildung unserer Mitglieder Verantwortung tragen, sei es in der Verwaltung oder der Lehre, sollten ausdauernd und harmonisch für diese Integration zusammenarbeiten.[80]

Jesus sagte: »Das Himmelreich ist wie Sauerteig, den eine Frau zum Brotbacken gebrauchte. Obwohl sie eine große Menge Mehl nahm, durchdrang der Sauerteig doch den ganzen Teig« (Matthäus 13,33).

Ob er diesen Dreiklang meint, der »eine große Menge Mehl« durchdringt?

10

NICHT ZUM ERFOLG BERUFEN, SONDERN UM FRÜCHTE ZU TRAGEN

Orientierung zwischen Burn-out und Vision

»Viel von Schwedens Zukunft hängt davon ab, wie die Linke mit ihrer Enttäuschung umgeht.« Dieser Satz des Schriftstellers Karl Vennberg hat mich viele Jahre begleitet. Er prägte ihn, irgendwann nachdem der Glaube der 1970er an radikale Gesellschaftsveränderungen in das »Setze auf deine eigene Karriere« der 1980er-Jahre vorbei war.

Was sollte aus all den erloschenen Träumen werden? Sollten sie in Zynismus und Bitterkeit umschlagen? Oder konnten sich die, die so viel wollten, mit ihrem Misslingen versöhnen und neue Wege zur Veränderung finden?

Ich glaube, dass Vennbergs Satz sich nicht nur auf die Linke und Schweden bezieht. Die Zukunft eines jeden Menschen hängt in hohem Maß davon ab, wie er oder sie mit Enttäuschungen umgeht. Vielleicht ist es so: Wie ein Mensch seine Enttäuschungen verarbeitet, sagt mehr über ihn aus als seine Erfolge.

Eine Enttäuschung steht immer in Relation zu einer Erwartung. Was habe ich erwartet? Hier stoßen wir auf das, was ich den »Bildfaktor« nenne.

Der Bildfaktor und die Bedeutung von Enttäuschungen

Wir Menschen orientieren uns in hohem Maß an Bildern. Bilder von uns selbst, anderen Menschen, davon, wie das Leben aussehen wird, wie es aussehen sollte, wie unsere Kindheit aussah, wie andere Kulturen funktionieren und so weiter. Vermutlich würden wir verrückt werden, wenn wir diese Bilder nicht hätten und uns blindlings vortasten müssten. Sie helfen uns, durch die Wirklichkeit zu navigieren, ähnlich wie Landkarten.

Das Problem ist nur, dass unsere Bilder oft falsch sind und sich von der Wirklichkeit unterscheiden, manchmal an entscheidenden

Punkten. An diesen Punkten können wir enttäuscht werden. Eine solche Enttäuschung ist immer ein Scheideweg. Ich kann mich entscheiden, um jeden Preis an meinem Bild festzuhalten, und mich weigern zu akzeptieren, dass die Wirklichkeit eine andere Richtung eingeschlagen hat. Dann läuft die Erwartung Gefahr, in Zynismus und Bitterkeit umzuschlagen. Oder ich kann akzeptieren, dass die Wirklichkeit trotz allem nachhaltiger ist als mein Bild von ihr. Ich kann das Bild loslassen und versuchen, mich in der neuen Umgebung zu orientieren.

WIE EIN MENSCH SEINE ENTTÄUSCHUNGEN VERARBEITET, SAGT MEHR ÜBER IHN AUS ALS SEINE ERFOLGE.

Für einen Christen ist das Gottesbild das wichtigste Bild. Übrigens haben alle Menschen ein Gottesbild. Der Unterschied besteht darin, dass für einen Nichtgläubigen das Gottesbild entweder so diffus oder aber so abstoßend ist, dass er mit einem solchen Gott nichts zu tun haben will. Für einen Christen hat das Gottesbild, das in Jesus Christus geoffenbart wurde, ausreichend attraktive Züge, um mit ihm näher in Kontakt kommen zu wollen.

Bei christlichen Führungspersonen kommt noch eine Reihe weiterer Bilder hinzu. Viele beziehen sich auf die Berufsrolle: wie ein Priester, Pastor oder Diakon sein soll. Wie eine Pastorenehe funktionieren soll. Wie sich die Gemeinde entwickeln sollte. Wie ein guter Gottesdienst aussieht. Was Erfolg in der Arbeit definiert. Wie die Beziehungen zu Kollegen laufen sollen. Welche Rolle man in seiner Gemeinde spielen soll. Was eine wünschenswerte Karriere ist. Was in der Gemeinde passieren wird, wenn man selbst aufhört. Und so weiter.

Und hier tritt die Enttäuschung in mein Leben. Wir können nämlich mit hundertprozentiger Sicherheit sagen, dass die Bilder früher oder später in die eine und die Wirklichkeit, in die andere Richtung abbiegen werden. Manchmal in Form einer kleinen Abweichung, die man normalerweise als Erfolg verbuchen würde. Manchmal in Form einer brutalen Differenz, was man als tiefe Krise erlebt. Wir sind enttäuscht: von uns selbst, von der Gemeinde, von gewissen Personen. Und ziemlich oft sogar von Gott. Wie konnte er das nur zulassen? Man hat alles auf sich genommen, um ihm zu dienen, und dann das!

Mit das Schlimmste, das Sie in dieser Situation tun können, ist, die Enttäuschung zu unterdrücken, die Maske der Professionalität oder Geistlichkeit aufzubehalten und weiterzuarbeiten, als ob gar nichts passiert wäre. Denn es ist etwas passiert. Und es wird Sie nur umso schlimmer belasten, wenn Sie es einschließen, anstatt es loszulassen. Was es eigentlich nicht geben darf, neigt dazu, alles auszufüllen, und wird nur mit noch mehr negativer Energie geladen, wenn Sie es unterdrücken und so tun, als würde es nicht existieren. So schaffen wir übrigens die Grundlagen für zukünftige Depressionen (die nichts anderes als gefrorene Trauer oder Wut sind). Wie sollen Sie die Wahrheit über Gott sprechen können, wenn Sie nicht einmal die Wahrheit über Ihr Inneres sagen können?

FRÜHER ODER SPÄTER WERDEN ALLE IDEALBILDER IN DER REALITÄT ANKOMMEN MÜSSEN – UND UNS ENTTÄUSCHT ZURÜCKLASSEN.

Gebet und Seelsorge sind die beiden lebenswichtigen Kanäle, die auf Ihre Geschichte warten. Im unzensierten Gespräch mit Gott und einem zuhörenden Seelsorger können Sie Worte für Ihre Enttäuschung, Trauer und Wut finden. Erst wenn die schlechten Gefühle in Worte gefasst sind, kann Ihr inneres Chaos anfangen, Form und Struktur zu bekommen, und damit in einen inneren »Kosmos« übergehen: Sie können die Umgebung überblicken.

Erst dann können Sie Ihre Gefühle sortieren. Die Wut über das, was geschehen ist, muss heraus. Welch ein Glück, dass die Bibel im Orient entstand und die Menschen im Alten und Neuen Testament keine Angst hatten, ihre Aggressionen auszudrücken! Die Psalmen und das Buch Hiob sind eine nützliche Lektüre für alle, die noch immer glauben, dass Gott ein Problem damit hat, wenn wir ihm sagen, was wir fühlen.

Trauer ist eine Seite von Enttäuschung. Sie ist auch kein Problem, sondern eher notwendige Lösung eines Problems, nämlich des Verlusts. Dies kann auch der Verlust eines »Bildes« sein: Der Traum wurde mehr oder weniger brutal von dem zerstört, was tatsächlich passiert ist. Oder auch von dem, was nicht passiert ist. Manchmal reden wir von Trauerarbeit – eine Arbeit, die Zeit und Energie braucht. Je tiefer die Trauer, desto mehr Zeit und Energie. Aber diese Arbeit ist die Mühe immer wert. Wenn Sie versuchen wegzulaufen oder das Ganze abzukürzen, dauert es nur länger.

ERST WENN SIE IHRE TRAUER ERNSTHAFT VOR GOTT FORMULIEREN, KÖNNEN SIE DIE GIFTIGEN ZUSÄTZE DER TRAUER IDENTIFIZIEREN UND SICH VON IHNEN DISTANZIEREN.

Einmal unterhielt ich mich mit Brian O'Leary, einem irischen Jesuiten, der mich in mehreren Exerzitien führte. Wir kamen auf die karmelitische Spiritualität zu sprechen, wo der Begriff der »dunklen Nacht der Seele« eine zentrale Rolle einnimmt, um Perioden zu beschreiben, in der alle Gefühle von Gottes Nähe verschwunden sind und der Mensch sich vollkommen ausgetrocknet und alleingelassen fühlt. Brian stellte fest, dass es den Begriff nicht auf gleiche Weise in der ignatianischen Spiritualität gibt: »Vielleicht kommen wir dem am nächsten, wenn wir an die Dunkelheit und Verlassenheit denken, die ein Jesuit fühlen kann, wenn er viele Jahre gearbeitet hat und noch immer keine einzige Frucht seiner Arbeit sieht.«

Erst wenn Sie Ihre Trauer ernsthaft vor Gott formulieren, können Sie die giftigen Zusätze der Trauer identifizieren und sich von ihnen distanzieren. Von ganzem Herzen zu trauern, ist schmerzhaft, führt aber zur Heilung. Was nicht zur Heilung führt, sondern diese eher blockiert, sind die Geschmacksstoffe, die der »Feind der menschlichen Natur« so gerne in dieser Situation verteilt. Selbstmitleid. Verachtung, sowohl anderen als auch sich selbst gegenüber, »dass man so dumm sein konnte, daran zu glauben«. Zynismus, indem man über das, was passiert ist und damit zusammenhängt, spottet, statt die Trauer ernst zu nehmen. Bitterkeit, die den Garten der Seele immer in eine sterile Einöde verwandelt, in der nichts wachsen kann. Und die tiefste Wurzel der Bitterkeit: Hochmut, der sich weigert zu akzeptieren, wie das Leben wirklich aussieht.

War alles vergebens?

Wir können der Bibel auf jeden Fall nicht vorwerfen, dass sie uns unrealistische Bilder davon zeichnet, dass Führung immer zu großartigen Erfolgen führt. Beginnen wir mit Mose, der am Ende seines Lebens einen, gelinde gesagt, grimmigen Ausblick vom Herrn bezüglich der zukünftigen Entwicklung von Gottes Volk zugemutet bekommt:

> Der Herr sprach zu Mose: »Nach deinem Tod wird dieses Volk sich mit fremden Göttern einlassen, den Göttern des Landes, in das es zieht. Es wird mich verlassen und den Bund brechen, den ich mit ihm geschlossen habe. [...] Ich werde sie in das Land bringen, das ich ihren Vorfahren mit einem Eid versprochen habe – ein Land, in dem Milch und Honig überfließen. Aber wenn sie dann essen und satt und wohlgenährt sind, werden sie sich anderen Göttern zuwenden und sie verehren. Sie werden mich ablehnen und den Bund brechen, den ich mit ihnen geschlossen habe. Wenn daraufhin großes Unglück und

schreckliche Not über sie kommen werden, dann wird das Lied Zeuge gegen sie sein, denn ihre Nachkommen werden es nie vergessen. Ich weiß, was für eine Gesinnung dieses Volk schon jetzt hat, bevor ich es überhaupt in das Land gebracht habe, das ich ihm mit einem Eid versprochen habe.«
5. Mose 31,16-21

Mit dieser Zukunftsvision über Gottes Volk ging Mose auf seinen Tod zu. Was das mit ihm machte, nach allem, was er investiert hatte, um es richtig zu führen, kann man nur erahnen.

Viele Hundert Jahre später hält Paulus eine Abschiedsrede an die Führer der Gemeinde in Ephesus:

Und nun seht euch vor! Achtet darauf, die Herde Gottes – seine Gemeinde, die er durch das Blut seines eigenen Sohnes erkauft hat –, zu hüten und zu betreuen, über die der Heilige Geist euch als Älteste eingesetzt hat. Ich weiß genau, dass sich nach meinem Weggang falsche Lehrer wie böse Wölfe unter euch mischen und die Herde nicht verschonen werden. Ja, selbst einige von euch werden die Wahrheit verdrehen, um eine eigene Anhängerschaft an sich zu binden. Seid wachsam! Denkt an die drei Jahre, die ich bei euch gewesen bin – wie ich Tag und Nacht über euch gewacht und mich unter Tränen um euch gesorgt habe. Und nun vertraue ich euch Gott und dem Wort seiner Gnade an …
Apostelgeschichte 20,28-35

Auch auf sein eigenes Leben nimmt er in dieser Rede kurz Bezug:

Nun gehe ich nach Jerusalem, unwiderstehlich gezogen vom Heiligen Geist, ohne genau zu wissen, was mich dort erwar-

> tet, obwohl der Heilige Geist mir in jeder Stadt gesagt hat, dass mich Gefangenschaft und Leid erwarten.
> *Apostelgeschichte 20,22*

Die Gemeinde in Galatien hatte sich in eine ganz andere Richtung entwickelt, als Paulus gehofft hatte:

> Ich kann es nicht fassen, dass ihr euch so schnell von Gott abwendet, der euch in seiner Gnade zum ewigen Leben berufen hat, das er den Menschen durch Christus schenkt. [...] O ihr unverständigen Galater! Wer hat euch so durcheinandergebracht? Ihr habt doch so klar erkannt, was der Tod von Christus für uns bedeutet, als ich euch Jesus Christus, den Gekreuzigten, vor Augen malte! Sagt mir: Habt ihr den Heiligen Geist etwa durch das Befolgen des Gesetzes empfangen? Versteht ihr das denn wirklich nicht? Ihr habt begonnen, ein Leben mit dem Heiligen Geist zu führen. Warum wollt ihr jetzt auf einmal versuchen, es aus eigener Kraft zu vollenden? Sollte das etwa vergeblich gewesen sein?
> *Galater 1,6; 3,1-4*

Jesus bricht mit allen Vorstellungen darüber, dass christliche Führung eine stetige Erfolgskurve ist, als er seine Jünger aussendet:

> Ein Schüler steht nicht über seinem Lehrer. Ein Diener steht nicht über seinem Herrn. Der Schüler teilt das Schicksal seines Lehrers und der Diener das seines Herrn. Und wenn schon der Hausherr als Herr der Dämonen bezeichnet wird, wie viel mehr wird das denen geschehen, die zu seinem Haushalt gehören!
> *Matthäus 10,24-25*

Als Jesus Menschen von bösen Mächten befreit, wird er selbst als Teufel bezeichnet. Als er seine Heimatstadt besucht, hält das Volk ihn nur für merkwürdig und glaubt nicht an das, was er sagt. Als er zehn Aussätzige heilt, ist es nur einer (10 Prozent), der begreift, was eigentlich geschehen ist, und Jesus folgt. In einigen Städten, in denen er Menschen geheilt und befreit hat, ist der Widerstand gegen ihn so groß, dass er Sodom und Gomorra als Vorbilder nennt.

Als er sich schließlich gegen Ende seines Lebens nach Jerusalem begibt, weint er aus Verzweiflung darüber, dass die Stadt sich so verbissen weigert, auf sein Evangelium zu hören. Am letzten Abend vor seinem Tod mit seinen Jüngern konstatiert er ruhig und sachlich: »Jetzt glaubt ihr? Doch es kommt die Zeit – ja, sie ist schon angebrochen –, da werdet ihr zerstreut werden, und jeder wird seine eigenen Wege gehen und mich verlassen« (Johannes 16,31-32).

Wer nicht liefert

In der Ausbildung von Führungspersonen geht es heutzutage viel um Ergebnisse und Erfolge. Mitunter scheint das Ergebnis oder der Erfolg selbst eine gute Führungsperson zu definieren. Wer nicht nach messbaren Kategorien wie Verkaufsstatistiken und Umsatz »liefern« kann, ist ganz einfach kein guter Leiter. Diese Haltung spaltet Leiter in die Gruppe derer, denen es gelungen ist, die Wirklichkeit in ihre Visionen zu pressen, und jene, die gescheitert und tief enttäuscht sind. Die Schwankungen zwischen Hochmut und Missmut schlagen aus wie ein schweres Pendel. Sowohl im Leiter selbst als auch zwischen den verschiedenen Führungspersonen, die erfolgreich beziehungsweise erfolglos waren.

Diese Ergebnisfixierung bringt eine fundamentale Instrumentalisierung aller Beziehungen mit sich. Alles und jeder wird dann schnell zu einem Mittel zum Erfolg reduziert: Gott ist der, der Kraft, Inspiration und Freude für das Projekt liefern soll. Die Annehmenden werden genau darauf reduziert: zu Konsumenten von dem, was wir zu bieten haben, Objekte für unsere Strategien, Mittel für unser Bestätigungsbedürfnis. Und wir selbst werden zu Zähnen der Erfolgsmaschine gemacht, unserer Menschlichkeit beraubt und verbiegen Gott und alle anderen, um unsere Pläne zu verwirklichen. Was das für unsere Ehen und engen Beziehungen bedeutet, ist hinreichend bekannt.

»Wir sind nicht zum Erfolg berufen, sondern dazu, Früchte zu tragen«, sagt Henri Nouwen. Das ist ein bedeutender Unterschied, nicht nur ein Wortspiel. Im Resultatdenken zu verharren, ist verheerend. Stattdessen ist es notwendig, zu fragen, ob das, was wir tun, Früchte trägt. Der Unterschied zeigt sich oft im Nachgeschmack. Resultatdenken und starre Zielsetzungen führen zu instrumentalisierten Beziehungen, Stress, Burn-out, Enttäuschung und Zynismus. Die kritische Frage »Trägt das Früchte?« kann Freiheit schenken, Raum für Kreativität schaffen und unerwartete Wege eröffnen. Es war vermutlich kein Zufall, dass Jesus das Bild vom Weinstock wählte und keine Mühle, als er unsere Beziehung zu ihm beschrieb.

DIE KRITISCHE FRAGE »TRÄGT DAS FRÜCHTE?« KANN FREIHEIT SCHENKEN, RAUM FÜR KREATIVITÄT SCHAFFEN UND UNERWARTETE WEGE ERÖFFNEN.

Die Geschichte von Gottes Volk ist alles andere als eine geradlinige Erfolgsstory. Die alttestamentlichen Geschichten sind eine ständige Ebbe- und Flutbewegung zwischen Erweckung und Verfall, genau wie die 2000-jährige Kirchengeschichte. Mitten in diese verheerten Landschaften hat Gott ein ums andere Mal seine Propheten und Hirten gesandt, die aufs Neue den Weg der Nachfolge zeigten. Hätten sie ihre Führung als die Kunst definiert, ein Ergebnis zu liefern, hätten sie vermutlich nach einer Woche aufgegeben. Oder zumindest nach den großen Krisen, als alles, wofür sie gearbeitet hatten, kollabierte.

Lassen Sie uns ein Beispiel aus der reichhaltigen Geschichte der Kirche nehmen. Die Jesuitenmission im 16. und 17. Jahrhundert ist vermutlich beispiellos, was Pioniergeist, Kreativität und tatsächlich auch Ergebnisse betrifft. Zwei Faktoren erweitern die Erzählung von einem eindimensionalen Erfolgstraum hin zu einem biblischeren Realismus: 1. der unerhörte Preis für diese Mission; 2. die Tatsache, dass er im Widerstand des 18. Jahrhunderts gegen die Jesuiten vielerorts zusammenbrach.

Ein Historiker der Bewegung, William Bangert, beschreibt die Bedingungen, unter denen die Jesuiten von Europa aus nach Südamerika, Indien, China und Japan reisten:

> Diese Männer machten sich in voller Zusage zu dem, was sie erwarten konnte, auf den Weg: Einsamkeit, Unbequemlichkeit, Krankheiten, Armut, Erschöpfung. Die Briefe der Veteranen zeigten mit ihren lebendigen Beschreibungen alle wünschenswerten Erhellungen zu diesem Punkt. Die menschliche Natur konnte von selbst nicht diesen ständigen Strom von Männern aufrechterhalten, die so eifrig ihr Leben zu einer vollkommenen Kenosis zu Gottes größerer Ehre machen wollten.[81]

Viele kamen nicht einmal im vorgesehenen Einsatzgebiet an:

> Die Jesuiten liebten die China-Mission und ihre Vorsteher sandten einige ihrer begabtesten Männer, obwohl sie auf den gefährlichen Seereisen Verluste erlitten. 1673 kehrte zum Beispiel Prospero Intorcetta nach Europa zurück, um Kandidaten für China zu werben. Im März segelte er mit zwölf Begleitern

> von Lissabon los. Als sie Macao erreichten, war nur noch einer am Leben. Unter den Toten waren zwei vielversprechende Mathematiker, Adam Aigenler und Beatus Amrhym. Diese beiden Priester führten trotz ihrer letzten Krankheit bis zum Schluss genau Tagebuch über die vielen entsetzlichen Details der Reise: drückende Hitze über dem spiegelblanken Wasser unter der Äquatorsonne, nach Luft schnappen in den heißen Kojen, verfaultes Wasser trinken, zusehen, wie kranke Männer unter herzzerreißenden Qualen starben.

Und Bangert fasst zusammen: »Von den 600 Jesuiten, die in dem Jahrhundert, nachdem Matteo Ricci in das Land gereist war, für China ausgewählt wurden, kamen nur ungefähr 100 dort an. Diebe, Piraten, Krankheiten und Schiffbrüche forderten die anderen.«[82]

Zwei große Filme, *Mission*[83] und *Silence*[84], haben gezeigt, wie die Mission in Südamerika und Japan funktionierte – und welchem Schicksal sie unausweichlich entgegenging. Die Ursachen für den Zusammenbruch der Mission waren vielfältig:

das wenig feinfühlige und autoritäre Eingreifen des Vatikans gegen die kreative Inkulturation der Jesuiten, vor allem in China und in Indien. Konkurrierende Orden, die gegen die Jesuiten arbeiteten. Politische Veränderungen, die die alten Stützpfeiler der Jesuiten, Portugal und Spanien, marginalisierten. Die Aufklärung, die zu einem wahren Jesuitenhass in ganz Europa beitrug, mit der Folge, dass der Papst 1773 gezwungen war, den Jesuitenorden auf der ganzen Welt aufzuheben. Und nicht zuletzt: der Unwillen und das Unvermögen der Jesuiten, von Anfang an lokale Führungen auszubilden und zu schulen. Die Gemeinden in den Missionsländern waren von der Führung in Europa völlig abhängig gemacht worden. Bangert schreibt:

> Gegen Ende dieses gigantischen Einsatzes von Energie und heroischer Hingabe waren sehr wenige stabile, nicht gefährdete und selbstversorgende Kirchen geschaffen worden. Nach der Norm, die Theologen heute allgemein als Zielsetzung von Mission verstehen, war die Kirche gescheitert. Und die Gesellschaft Jesu war an diesem Scheitern beteiligt.[85]

War also alles umsonst? Hatten die Brüder ihr Leben vergeblich gegeben? Hier nähern wir uns dem Kern, dem Nerv der christlichen Führung. *Wofür tue ich das alles?*

Lassen Sie uns für einen Augenblick versuchen, eine völlig andere Perspektive als das resultatorientierte Denken einzunehmen. Am 27. Mai 1547 schreibt Ignatius einen Brief an die Jesuiten im portugiesischen Coimbra. Die Brüder dort tendierten in ihrer Hingabe zu Überreligiosität und am Ende des langen Briefes ermahnt Ignatius sie auf seine typisch sachliche Art, sich an den Weg zu halten und nicht im Dickicht zu landen. Aber er beginnt mit der Quelle des christlichen Lebens und der Führung, dem Ort, an dem alles beginnt:

> Mehr als irgendetwas sonst wünsche ich mir, dass ich in euch die reine Liebe zu Jesus Christus wecken könnte, die Hingabe für seine Ehre und die Rettung der Seelen, die er erlöst hat. [...] Sein Lohn ist alles, was ihr seid und in der natürlichen Ordnung besitzt. Denn er gibt und bewahrt euer ganzes Wesen und euer Leben und alle Vollkommenheit des Körpers und der Seele wie die ewigen Segnungen. Sein Lohn sind sogar die geistlichen Gaben seiner Gnade, mit denen er euch so großzügig und liebevoll begegnet und die er euch immer wieder anbietet, selbst wenn ihr Widerstand leistet und gegen ihn aufbegehrt.

> Sein Lohn sind auch die unvergleichlichen Segen in seiner Herrlichkeit, die er euch versprochen hat und für euch bereithält, ohne selbst einen Vorteil davon zu haben. Er teilt mit euch alle Reichtümer in seiner eigenen Freude, sodass ihr durch eine wunderbare Teilhabe in seiner göttlichen Vollkommenheit das sein könnt, was er in seinem Wesen und in seiner Natur ist. Schließlich ist sein Lohn das ganze Universum und alles, was darin an Geistlichem und Materiellem existiert. Denn er hat für euren Dienst nicht nur alles unter dem Himmel, sondern auch seine ganze himmlische Heerschar zur Verfügung gestellt, aus der niemand ausgeschlossen ist: »Sind die Engel nicht dienstbare Geister, ausgesandt zum Dienst um derer willen, die ererben sollen die Seligkeit?«[86]

Die Worte fließen nur so, als Ignatius darüber schreibt. Es lässt sich erahnen, wie oft er selbst an seinem Antrieb arbeiten musste, und nun, wie Paulus, aus eigener Erfahrung spricht. Er fährt fort:

> Als ob dieser Lohn nicht genug wäre, hat er sich uns selbst zum Lohn gegeben und ist Bruder unseres eigenen Fleisches geworden, als Preis für unser Heil am Kreuz, und in der Nachtwache ist er mit uns als unsere Stütze und unserer Begleiter. Welchen unwürdigen Soldaten würde ein solcher Lohn nicht zur Arbeit antreiben, um einen solchen Fürsten zu ehren!
> Wir wissen, wie er uns in seiner Gewaltigkeit begegnet, um uns anzuspornen, seine Ehre zu suchen und für sie zu arbeiten: Er hat auf seine Anteile verzichtet, um uns an ihnen teilhaben zu lassen. Er hat all unser Elend auf sich genommen, um uns davon zu befreien. Er hat sich willig für unsere Erlösung zum Preis angeboten, erniedrigt zu werden, um uns zu verherrlichen, arm zu werden, um uns reich zu machen, einen

> Tod in Schande und Leid zu ertragen, um uns ein gesegnetes und ewiges Leben zu geben. Wie extrem undankbar und hartherzig ist der, der nach alldem noch immer nicht seine Pflicht sieht, unserem Herrn Jesus Christus mit all seinem Eifer zu dienen und seine Ehre zu suchen!

Um zum Kern dieses Textes zu gelangen, müssen wir zunächst hinter die blumige Sprache schauen, die von dem spanischen Adelsmilieu geprägt ist, dem Ignatius entstammte. Zum anderen entdecken wir wie so oft, was der Text sagt, wenn wir auf das achten, was er nicht sagt.

Es wird kein Wort über Ergebnisse verloren. Kein Wort über Erfolge. Kein Wort darüber, berühmt zu werden, geschätzt oder die mindeste Bestätigung von anderen Menschen zu erfahren. Ignatius setzt ganz einfach voraus, dass ein christlicher Leiter vollständig getrennt von seinem Prestige sein muss. Er ist ganz und gar frei, seine Antwort auf Jesus Christus zu geben, unabhängig davon, wo er in der Welt landet und wie sein Auftrag enden wird.

EIN CHRISTLICHER LEITER IST GANZ UND GAR FREI, SEINE ANTWORT AUF JESUS CHRISTUS ZU GEBEN, UNABHÄNGIG DAVON, WO ER IN DER WELT LANDET UND WIE SEIN AUFTRAG ENDEN WIRD.

Das Mindeste, was wir darüber sagen können, ist, dass dies eine unerhörte Freiheit gibt: die Freiheit, das zu tun, was richtig ist, zur Hilfe der Menschen und zu Gottes Ehre. Es macht auch eine überdurchschnittliche Ausdauer möglich: nicht in Enttäuschung über ausgebliebene Resultate den Mut zu verlieren und aufzugeben.

Je schwerer die Zeiten, die auf uns zukommen, desto notwendiger ist es, zu dieser Quelle zurückzukehren. Alle anderen Quellen des Dienstes oder der Aufmunterung haben nämlich die Eigenschaft, früher oder später zu versiegen.

Am 21. Februar 1966 schreibt Thomas Merton seinem guten Freund, dem Friedensaktivisten Jim Forest:

> Und dann das: Sei nicht abhängig von der Hoffnung auf Resultate. Wenn man mit deiner Art von Arbeit beschäftigt ist, im Grunde genommen einer apostolischen Arbeit, kann es notwendig werden, einzusehen, dass deine Arbeit als wertlos betrachtet und vielleicht überhaupt keine Resultate bringen wird. Vielleicht eher Resultate, die das Gegenteil von dem sind, was du dir erwartet hast. Wenn du dich an diesen Gedanken gewöhnt hast, fängst du an, dich mehr und mehr zu konzentrieren – nicht auf das Ergebnis, sondern auf den Wert, die Gerechtigkeit und die Wahrheit der Arbeit selbst. Sogar darin liegt eine wichtige Veränderung; dass du schrittweise weniger und weniger für eine Idee kämpfst und mehr und mehr für Menschen. Die Perspektive neigt dazu, kleiner zu werden, aber sie wird viel wirklicher. Zum Schluss ist es, wie du selbst gesagt hast, die Wirklichkeit in unseren persönlichen Beziehungen, die alles rettet. […]
> Das Großartige ist, endlich zu leben und nicht dein Leben auszugießen, um einem Mythos zu dienen. Und wir haben die Eigenheit, das Beste in Mythen zu verwandeln. Wenn du frei davon werden kannst, von »der Sache« dominiert zu werden und nur Christi Wahrheit zu dienen, wirst du mehr tun können und von den unausweichlichen Enttäuschungen nicht so gebrochen werden. Denn ich sehe überhaupt nichts anderes als eine große Enttäuschung, Frustration und Verwirrung.[87]

Mit offenen Augen

Die Klimakrise rückt all das in unser Bewusstsein. Der Sommer 2018 war ein Weckruf für viele, die versucht hatten, die globale Erwärmung mit dem Hinweis auf eine »unsichere Forschungslage« von sich zu weisen, und zu postulieren, dass das »vor allem für die Polarregionen gilt« und »sich am Ende des Jahrhunderts zeigen wird«. Nun brachen die Hitze und Trockenheit mit Extremwetter, Landwirtschaftskrise und Waldbränden in unsere eigene Sommeridylle herein. Jetzt wurden nicht mehr nur wir selbst von der Sonne braun gebrannt: Bäume, Gras und Büsche im ganzen Land verkündeten leise, dass etwas sehr Unbehagliches vor sich ging.

Es wurden Untersuchungen durchgeführt, wie Naturkatastrophen sich auf Kinder in verschiedenen Ländern auswirken. Es verwundert nicht, dass das in hohem Maß mit dem Verhalten der Eltern zusammenhängt. Wenn die Eltern Panik bekamen, wurde das Erlebnis besonders traumatisch für die Kinder, die nachhaltig von dem Stress beeinträchtigt wurden. Wenn die Eltern mit der Krise ruhig und konstruktiv umgehen konnten, zeigte sich, dass die Kinder mit der gleichen Belastung viel besser zurechtkamen.

Wir scheinen vor historisch beispiellosen Herausforderungen zu stehen. Dass unser gesamtes Ökosystem vom Kollaps bedroht ist, wenn wir nicht schnell und entschieden auf alternative Energiequellen umstellen, lässt keine Parallelen in der für uns greifbaren Geschichte erkennen. Vielleicht wäre noch ein Vergleich mit Noah möglich?

Jesus spricht vom Ende der Zeit als der ultimativen Herausforderung für unser Bekenntnis. Hält das, an das wir glauben, der äußersten Belastung stand? Wenn die Führungspersonen es nicht wagen, den Entwicklungen offenen Auges entgegenzusehen, wer sollte es dann tun?

> An Sonne, Mond und Sternen werden Zeichen erscheinen. Und auf der Erde werden die Völker in Aufruhr und Entsetzen sein, den wilden Wellen der Meere hilflos ausgeliefert. Viele Menschen werden den Mut verlieren, wenn sie diese Schrecken über die Erde hereinbrechen sehen, denn selbst die Kräfte des Himmels werden aus dem Gleichgewicht geraten.
> *Lukas 21,25-26*

Die Menschen sterben nicht in erster Linie an dem, was passiert, sondern durch ihre Hilflosigkeit, während sie darauf warten, dass es passiert (Meer und Wellen sind in der Bibel wiederkehrende Bilder für Chaos). Und genau hier trägt Jesus seinen Jüngern auf, eine ganz andere Haltung einzunehmen:

> Und dann werden alle den Menschensohn mit Macht und großer Herrlichkeit in den Wolken des Himmels kommen sehen. Wenn all das anfängt, dann richtet euch auf und hebt den Blick, denn eure Erlösung ist ganz nahe!
> *Lukas 21,27-28*

Oder wie er etwas später in der gleichen Rede sagt: »Seid wachsam! Und betet darum, dass ihr, wenn es möglich ist, diesen Schrecken entkommen und vor dem Menschensohn stehen könnt« (Lukas 21,36). Es ist nicht sicher, ob wir vor der Klimakrise aufrecht werden stehen können. Der Mensch ist an sich nicht geschaffen für Herausforderungen dieser Größenordnung. Das erklärt vielleicht unsere persönliche und politische Neigung, den Kopf in den Sand zu stecken. Aber vor dem Menschensohn können wir aufrecht stehen.

Und das macht den ganzen Unterschied aus. Wie Thomas Merton schreibt: »Genau das heißt es, Christ zu sein. Denn die christliche Hoffnung fängt dort an, wo alle andere Hoffnung im Zusammentreffen mit dem Unaussprechlichen zu Eis gefriert.«[88]

> DER UNTERSCHIED IST, DASS DIE KIRCHE DEN GROSSEN DURCHBRUCH SIEHT, WO ANDERE DEN GROSSEN ZUSAMMENBRUCH SEHEN.

Wir sind so daran gewöhnt, in ungebrochener historischer Kontinuität vorwärts zu denken, von einer ständigen Entwicklung zum Besseren auszugehen, dass wir schwer begreifen können, dass das Neue Testament tatsächlich die gleiche Perspektive hat wie die Klimaforscher. Paulus schreibt: »Eines ist sicher, liebe Brüder: Die Zeit, die noch bleibt, ist kurz […] denn die Welt und alles, was zu ihr gehört, wird vergehen …« (1. Korinther 7,29.31). Und Petrus stimmt zu: »Das Ende der Welt kommt bald …« (1. Petrus 4,7).

Der Unterschied ist, dass die Kirche den großen Durchbruch sieht, wo andere nur den großen Zusammenbruch sehen. So drückt Petrus es aus: »Gelobt sei der Gott und Vater unseres Herrn Jesus Christus, denn er hat uns in seiner großen Barmherzigkeit wiedergeboren. Jetzt haben wir eine lebendige Hoffnung, weil Jesus Christus von den Toten auferstanden ist« (1. Petrus 1,3).

Der totale Zusammenbruch am Kreuz, als Petrus selbst in den Strudel der Hoffnungslosigkeit gezogen wurde und alles verleugnete, woran er geglaubt hatte, zeigte sich als Durchbruch zu einem Leben, das er sich selbst niemals hätte vorstellen können. Diese Erfahrung legte den Samen zu der Hoffnung auf eine neue Welt, der in der Wüste wächst und sich heute noch über die ganze Welt ausbreitet.

Was sollen wir also tun? Was erwartet Jesus von seinen Jüngern in dieser Situation? Welchen Weg soll eine christliche Führung in dieser apokalyptischen Landschaft einschlagen?

Zwei Gräben gilt es zu vermeiden: zum einen den Graben der Verleugnung und Lähmung, in dem wir der Angst erlauben, unsere

Hoffnung zu ersticken und uns zur Flucht in die Passivität und Betäubung zu drängen. Zum anderen den Graben des Messias-Komplexes, in dem wir uns die globale Verantwortung auflasten, alles zurechtbiegen zu müssen. Beide Gräben enden nur in Hoffnungslosigkeit und Verzweiflung vor den Mächten, mit denen wir es zu tun haben. Jesus beendet seine schwindelerregende kosmische Rede über die Endzeit mit einem sehr erdennahen und konkreten Bild: »Das Kommen des Menschensohnes lässt sich mit der Rückkehr eines Mannes vergleichen, der sein Haus verließ, um auf Reisen zu gehen. Er gab allen seinen Bediensteten Anweisungen, was sie arbeiten sollten, und wies den Türhüter an, in der Zwischenzeit nach ihm Ausschau zu halten« (Markus 13,34).

Was erwartet er von seinen Dienern? Dass sie die Welt retten? »Wenn der Herr zurückkommt und feststellt, dass der Diener seine Aufgabe zu seiner Zufriedenheit erfüllt, ist der Diener glücklich zu schätzen« (Matthäus 24,46).

Der gangbare Weg ist: Tu, was du kannst. Wie das Ergebnis aussieht, inwieweit du erfolgreich bist oder nicht, liegt außerhalb unseres Sichtfelds und unserer Reichweite. Unsere Verantwortung ist es, Jesus Christus zu folgen. Für Petrus und die anderen frühen Christen bedeutete dies eine Gegenkultur der Hoffnung, die sich im erlöschenden Römischen Reich als unwiderstehlich kreativ erwies. Die Antwort darauf, dass sich das Ende nähert, war das Gegenteil einer lähmenden Angst, die vor Fremden die Türen verschließt, zur eigenen Sicherheit Mauern baut und die Augen vor der Not der anderen verschließt:

> Das Ende der Welt kommt bald. Seid deshalb besonnen und klar in euren Gebeten! Das Wichtigste aber ist, dass ihr einander beständig liebt, denn die Liebe deckt viele Sünden zu! Teilt euer Zuhause gastfreundlich mit anderen, die Essen

oder einen Platz zum Schlafen brauchen. Gott hat jedem von euch Gaben geschenkt, mit denen ihr einander dienen sollt. Setzt sie gut ein, damit sichtbar wird, wie vielfältig Gottes Gnade ist.

1. Petrus 4,7-10

Das Gesetz des Weizenkorns

Durch die Klimakrise bekommt die Frage nach Ergebnis und Erfolg Hand und Fuß: Wir sind herausgefordert, in Treue zu Christus weiterzuhandeln, egal ob wir erfolgreich sind oder nicht. Aber die Begegnung mit ihm stellt uns früher oder später vor eine noch radikalere Auseinandersetzung mit unseren Vorstellungen von Erfolg und Ergebnis. Hier geht es um den Kern des Evangeliums: das Kreuz.

Nirgendwo sind die weltlichen Bilder von Effektivität und Macht so gründlich durchkreuzt worden wie in Jesu Weg zum Kreuz. Dieser war kein enttäuschendes Ende einer vielversprechenden Geschichte, sondern eine bewusste Entscheidung für einen Weg, den »keine Macht dieser Welt kannte«, wie Paulus schreibt. Wir begegnen der Spur dieser Entscheidung auf dem gesamten Weg Jesu, von seinem Kampf mit dem Teufel in der Wüste bis zur Hinrichtung auf Golgatha.

Eines der vielen Zeichen, die darauf hindeuten, was geschehen wird, ist die Frau, die eine Flasche kostbares Öl über Jesu Füße gießt – »reine Verschwendung« (Markus 14,3-9). Ihre Handlung verkörpert Jesu Kenosis: die völlige Ausleerung all dessen, was er ist, bis zur äußersten Entblößung am Kreuz. Damit provoziert sie genau jene verfluchte Instrumentalisierung, die unseren Planeten heutzutage in den Untergang treibt: »Was man damit nicht alles hätte machen können!« Was Jesus nicht alles hätte ausrichten können, wenn er nicht zugelassen hätte, dass man ihn kreuzigt!

Es geht hier also nicht um ein Missgeschick, durch das die ganze Unternehmung hätte scheitern können. Das Kreuz beinhaltet den bewussten Willen, von einem sichtbaren Erfolg Abstand zu nehmen, im festen Vertrauen auf den Gott, der die Toten auferweckt.

Kurz vor dem letzten gemeinsamen Passahfest erzählen seine Jünger, dass einige Griechen von Jesus gehört haben und ihn nun treffen wollen. Hier scheint Jesus endlich vor seinem großen internationalen Durchbruch zu stehen. Was für eine Chance, die Botschaft zu verbreiten! Was könnte nicht alles passieren, wenn diese Griechen nach Hause zurückkehren und berichten! Welche Erweckung jetzt bevorsteht!

Genau an diesem Punkt sieht Jesus die Versuchung und genau wie in der Wüste entscheidet er sich für den diametral entgegengesetzten Weg. Er erlangt einen unendlich größeren Sieg durch das, was er unterlässt:

> Jesus erwiderte: »Für den Menschensohn ist die Zeit gekommen, dass er verherrlicht wird. Ich versichere euch: Ein Weizenkorn muss in die Erde ausgesät werden. Wenn es dort nicht stirbt, wird es allein bleiben – ein einzelnes Samenkorn. Sein Tod aber wird viele neue Samenkörner hervorbringen – eine reiche Ernte neuen Lebens. Wer sein Leben in dieser Welt liebt, wird es verlieren. Wer sein Leben in dieser Welt gering achtet, wird es zum ewigen Leben bewahren. Wer mein Jünger sein will, muss sich aufmachen und mir nachfolgen, denn mein Diener wird da sein, wo ich bin. Wer mir nachfolgt, den wird der Vater ehren.«
> *Johannes 12,23-26*

Das Gesetz des Weizenkorns: Etwas muss sterben, um ein größeres Leben freizusetzen. Das ist ein sehr viel kraftvolleres Prinzip als alle berühmten Erfolgsmethoden. Im Unterschied zu vielen dieser Methoden, die nur die Welt widerspiegeln, führt das Gesetz des Weizenkorns zu einer tatsächlichen Veränderung der Welt – wenn auch in kleinen und kaum wahrnehmbaren Schritten.

DAS GESETZ DES WEIZENKORNS: ETWAS MUSS STERBEN, UM EIN GRÖSSERES LEBEN FREIZUSETZEN.

Eine kleine Anschauungslektion in diesem Prinzip erhielt ich, als wir 1990 nach 15 Jahren die Monatszeitung *Nytt Liv* einstellten, für die ich als Redakteur geschrieben hatte. Wir hatten rund 30 000 Leser in ganz Skandinavien, die abonnierte Auflage lag zwischen 12 000 und 16 000. »Ihr seid doch verrückt, eine so wichtige Zeitung aufzulösen!« war die Standardantwort, als wir den Gedanken zum ersten Mal äußerten. Doch wir merkten, dass unsere Versuche, die Zeitung zu erneuern, immer wieder im Sande verliefen. Schließlich konnten wir als Gesamtvorstand den Beschluss fassen und wussten zu diesem Zeitpunkt nicht, ob es eine Fortsetzung geben würde.

Aus der Ungewissheit wurden mit der Zeit die Zeitung *Trots Allt* (dt. Trotz Allem), der Verlag Cordia, der während vieler Jahre eine sehr kreative Buchauswahl herausgab, und die Zeitschrift *Pilgrim* geboren. Nichts davon wäre passiert, wenn wir uns geweigert hätten, *Nytt Liv* loszulassen.

Die Freiheit, loszulassen

Spätestens, wenn wir älter werden und anfangen, auf unser Lebenswerk zurückzublicken, ist das Weizenkorn ein zuverlässigeres Bild als das lineare Erfolgsrezept. Was zuerst nur wie traurige Verluste aussieht, offenbart nach einiger Zeit in der Höhle der Enttäuschung einen Keim, den wir selbst niemals hätten erträumen können. Diese Art von Erfahrung lehrt uns mehr über den Gott des Lebens als jedes gute Buch. Und vielleicht auch mehr als alle großen Erfolge.

Überhaupt bringt das Altern, dem unsere Kultur mit so großen Ängsten entgegensieht, große Möglichkeiten zu tief greifenden Führungserfahrungen. Spätestens wenn wir auf die Rente zugehen, offenbart sich oft, was uns dazu angetrieben hat, den Dienst anzutreten. Wenn man vielleicht nicht mehr so wirtschaftlich abhängig von seiner Arbeit ist, wenn man nicht mehr große Visionen hat, die einen vorwärtstreiben, wenn man merkt, dass man »sein Handwerk versteht« und nicht länger herausgefordert ist, Neues lernen zu müssen – dann steht man wieder an einer wichtigen Weggabelung des Lebens. Und wie immer kann es in Richtung Resignation und Bitterkeit gehen – oder in Richtung Versöhnung und Reife.

Ich habe die Frage schätzen gelernt, die ich oft von dem Jesuiten gestellt bekommen habe, der mich in schweren Zeiten in den Exerzitien begleitet hat: *Wo liegt die Einladung hierin?* Das ist so viel mehr als nur die Frage: »Was kannst du hieraus lernen?« Hinter dieser Frage steht ein Gott, der aktiv in meine Prozesse hineinkommt, um mich zu einer noch tieferen Teilhabe an seinem Leben und seiner Sichtweise auf das Leben einzuladen. Und an jeder Weggabelung stellt Jesus diese Frage aufs Neue.

Wie gesagt, die Zeit der Rente kann eine späte, schmerzhafte, aber notwendige Bloßlegung der Antriebe sein, die man so lange verstecken konnte, wie alles wie gewohnt lief. Zwei häufige Muster sind:

1. Man klammert sich so lange wie möglich an seinen Dienst und muss um jeden Preis weitermachen, weil man ohne diesen Dienst keine Existenzberechtigung hat. Die ganze

Identität liegt in der Priester-/Pastorenrolle und man kann sich nicht einmal theoretisch ein Leben ohne den Job vorstellen. Das sind klassischerweise die alten Pastoren, die ihrem Nachfolger das Leben schwer machen, weil sie nicht damit klarkommen zurückzutreten.

2. Man muss nicht länger im Mittelpunkt stehen und Bestätigung bekommen. Die Rente führt dazu, dass man auch aus wirtschaftlichen Gründen nicht mehr arbeiten muss. Also lässt man alles fallen, was christlicher Dienst oder Führung heißt, und widmet all seine Zeit den Enkelkindern, dem Garten und dem Wohnmobil.

Äußerlich gesehen unterscheiden sich diese beiden Alternativen grundlegend: Der eine hängt an seinem Dienst, der andere verabschiedet sich und geht. Aber sobald wir etwas tiefer graben, erkennen wir das gleiche Grundproblem: In beiden Fällen waren die eigenen Bedürfnisse die Antriebskräfte, noch vor der freien Antwort auf Jesus Christus.

Deshalb ist keiner der beiden frei, sich mit offenem Herzen und offenen Händen vor Christus zu stellen und zu fragen: »Jetzt bin ich frei von den Verpflichtungen des Dienstes. Auf welche Weise kann ich dir in dieser Phase des Lebens am besten mit ganzem Herzen und authentisch dienen? Wovon träume ich? Wovon träumst du?«

ES KANN EINE HERAUSFORDERUNG SEIN, SEIN TATSÄCHLICHES ALTER ZU LEBEN – ABER AUCH EINE CHANCE FÜR DEN DIENST.

In der Seelsorge spricht man von der Herausforderung, sein tatsächliches Alter zu leben. Nicht zu versuchen, so zu leben, als ob man dreißig wäre, wenn man sechzig ist. Aber auch nicht so zu leben, als wäre man neunzig, wenn man sechzig ist! Welche Möglichkeiten hat man gerade jetzt, Gott mit allem, was man ist und hat, zu dienen?

Wenn die physische und psychische Gesundheit einem noch hold ist, ist man in dieser Phase des Lebens normalerweise auf dem Höhepunkt seiner Erfahrungen. Ausgerechnet dann wegen einer abstrakten »Pensionsrichtlinie« zugunsten eines selbstgefälligeren Lebens zurückzutreten, ist schwer mit der biblischen Sicht auf ein Menschenleben zu vereinbaren. Abraham und Mose waren auch nicht gerade Teenager, als sie ihr großes Abenteuer begannen. Hier müssen wir uns wieder einmal gegenseitig helfen, die Bilder der Säkularisierung bezüglich einer »normalen Entwicklung« wegzuwischen.

Wenn wir älter werden, haben wir hoffentlich unsere Enttäuschungen verarbeitet und uns mit ihnen versöhnt, sodass sie uns nicht länger an die Vergangenheit binden. Die Bilder, wie das Leben oder die Kirche sein sollten, haben nicht mehr so viel Macht über uns und wir können etwas offener und neugieriger untersuchen, wie die Wirklichkeit tatsächlich aussieht. Und Gott gebe, dass wir auch uns selbst etwas besser kennengelernt haben, sodass wir wissen, auf was wir uns konzentrieren müssen und nicht mehr in allen Richtungen suchen müssen, wie damals, als wir jung waren.

Alte Sünden, die uns einholen, können uns in die Verzweiflung oder Selbstverachtung führen – oder zur Beichte und Befreiung. Die Sünden anderer gegen mich können mich in Selbstmitleid und Rachelust verstricken – oder mir helfen zu vergeben und damit sowohl mich als auch die anderen frei machen. So können wir genau wie mit unseren physischen Besitztümern entscheiden, was wir behalten und was wir frohen Herzens loslassen wollen, um mit etwas leichterem Gepäck weiterzugehen.

Jesus sagt: »Ich bin der wahre Weinstock und mein Vater ist der Weingärtner. Er schneidet jede Rebe ab, die keine Frucht bringt, und beschneidet auch die Reben, die bereits Früchte tragen, damit sie noch mehr Frucht bringen« (Johannes 15,1-2).

Wenn wir jung sind, wachsen die Zweige in alle Richtungen: Alles ist spannend, wir nehmen uns aller möglichen Aufgaben an und suchen Vertiefung und Inspiration in unendlich vielen verschiedenen Quellen. Wenn wir älter werden, haben wir hoffentlich gelernt, was Frucht bringt und was fruchtlos bleibt. Welche Quellen geistlicher Vertiefung Wasser führen und welche mit der Zeit versiegen. In welchen Aufgaben wir gut sind und womit wir Menschen wirklich helfen können zu wachsen – und was uns und anderen hauptsächlich Energie raubt.

WENN WIR ÄLTER WERDEN, HABEN WIR HOFFENTLICH GELERNT, WAS FRUCHT BRINGT UND WAS FRUCHTLOS BLEIBT.

Der Vater steht mit seiner Astschere da und wartet. Darf er? Wie immer geschieht Gottes Werk in freiem Zusammenspiel zwischen Gott und dem Menschen. Er erwartet meine Zustimmung, bevor er schneidet, meistens. Ab und zu erwartet er sie auch, nachdem er geschnitten hat – weil ich von alleine sonst vielleicht niemals zu dieser Freiheit gelangt wäre. »Ich war ja so unentbehrlich.«

Der Ort vor Gottes Angesicht

Eine andere Möglichkeit zu fragen, wozu Gott mich einlädt, ist: *Was ist mir gegeben?* Damit sind wir im Zentrum des Gebets. Auf Dauer kann man als christlicher Leiter nicht kreativ und fruchtbringend arbeiten, wenn man auf die nostalgische Erinnerung an eine »Berufung« zurückgreift, die man vor vielen Jahren erhielt. Es ist auch nicht nachhaltig, nur aus einer »theologischen Überzeugung« oder »christlichen Werten« heraus zu arbeiten. Führungsperson in Jesu Nachfolge zu sein, heißt, täglich mit dem Meister in Kontakt zu sein, genau wie die ersten Jünger. Im Gebet können wir am tiefsten und klarsten erkennen, was uns gegeben ist, im Unterschied zu allem, was wir unseren eigenen Ambitionen und den Erwartungen anderer Menschen nach tun sollten.

Wenn Führung mehr unsere Antwort auf Jesus Christus ist als unsere Antwort auf Bedürfnisse und Erwartungen um uns herum, können wir ständig wieder an den Ort vor seinem Angesicht zurückkehren. Auf die gleiche Art leitete Jesus selbst sein Leben und seine Führung aus dem Gebet vor dem Angesicht des Vaters her:

> Ganz früh, es war noch Nacht, ging Jesus allein an einen einsamen Ort, um zu beten. Später suchten ihn Simon und die anderen. Als sie ihn gefunden hatten, sagten sie zu ihm: »Alle fragen nach dir.« Doch er entgegnete: »Wir müssen auch in die anderen Städte gehen, damit ich auch dort predige; denn dazu bin ich gekommen.« Und so zog er durch das ganze Gebiet von Galiläa, predigte in den Synagogen und trieb bei vielen Menschen Dämonen aus.
> *Markus 1,35-36*

In der Abgeschiedenheit des Gebets gewann Jesus seine Freiheit von den Anforderungen und Erwartungen der Menschen zurück und konnte neu auf die Sendung seines Vaters in die Welt hören. Indem er sich zum Gebet zurückzog, wurde er kreativ und konnte »den anderen Weg nehmen«. Das Sichtbare wurde aus dem Verborgenen geboren.

> Nicht lange danach stieg Jesus auf einen Berg, um zu beten. Er betete die ganze Nacht hindurch zu Gott. Bei Tagesanbruch rief er alle seine Jünger zusammen und wählte zwölf von ihnen aus, die er Apostel nannte.
> *Lukas 6,12-13*

Vor so wichtigen Entscheidungen ist das Gebet der einzig mögliche Ort, um Klarheit zu gewinnen. Da die Wahl sogar Judas Iskariot mit einschloss, können wir nur ahnen, welcher Kampf in dieser Nacht ausgestanden wurde. Sehen wir uns die folgenden Situationen an, in denen es auf die eine oder andere Art brenzlig wurde. Immer reagiert Jesus damit, sich zurückzuziehen und seinen Vater zu suchen:

- Als Johannes der Täufer von Herodes enthauptet worden war, »erzählten sie Jesus, was geschehen war. Als Jesus die Nachricht erhalten hatte, fuhr er mit dem Boot in eine entfernte Gegend, denn er wollte allein sein« (Matthäus 14,12-13). Wieder wird das Gebet zu einer sicheren Burg, als das schwarze Loch sich öffnet und Jesus daran erinnert wird, was ihn selbst erwartet.
- Nach der großen Versammlung, während derer Tausende satt geworden waren, erst durch Jesu Lehre und dann durch Brot und Fisch aus Quellen weitab aller menschlichen Ressourcen, »schickte Jesus seine Jünger zum Boot zurück und befahl ihnen, ans andere Ufer überzusetzen, während er die Menschen nach Hause entließ. Dann stieg er allein in die Berge hinauf, um dort zu beten. Als es dunkel wurde, war er immer noch allein dort oben« (Matthäus 14,22-23). Was ist für eine Führungsperson am schwersten zu tragen: Erfolg oder Misserfolg? Wieder findet Jesus im Gebet seinen Mittelpunkt: den Ort vor dem Angesicht des Vaters. Dort, wo alles zurechtgerückt wird.
- Als die Jünger von ihren Predigteinsätzen zurückkommen und erzählen, wie Menschen frei geworden sind, bricht Jesus spontan in Freude aus. Aber nicht unbedingt aus dem Grund, den wir erwartet hätten: »Dann wurde Jesus von der Freude

des Heiligen Geistes erfüllt und sagte: ›Vater, Herr des Himmels und der Erde, ich danke dir, dass du die Wahrheit vor denen verbirgst, die sich selbst für so klug und weise halten. Ich danke dir, dass du sie stattdessen denen enthüllst, die ein kindliches Gemüt haben‹« (Lukas 10,21). Wieder stellt das Gebet die Welt auf den Kopf. Die Mächte werden ihrer pompösen Masken beraubt und das, was in den Augen der Welt nichts war, betritt die Bühne. Und wohin sollten wir unsere Freude und Dankbarkeit richten, wenn nicht zum Vater?

- »Einmal hatte Jesus Halt gemacht, um zu beten. Als er aufgehört hatte zu beten, kam einer seiner Jünger zu ihm und bat: ›Herr, lehre uns beten …‹« (Lukas 11,1). Die Lust am Beten wird von Menschen geweckt, die beten. Beachten Sie, dass es nicht damit beginnt, dass Jesus versucht, die anderen zum Beten zu bringen, sondern damit, dass er selbst betete. Die Neugier und Lust der anderen werden geweckt und sie bitten um geistliche Wegbegleitung. Was sagt uns das über geistliche Führung?
- Am letzten Abend vor seinem Tod hat Jesus seine Jünger zum Mahl versammelt. Es endet damit, dass er für sie betet: »Ich bitte dich nicht, dass du sie aus der Welt herausnimmst, sondern dass du sie vor dem Bösen bewahrst. Sie gehören genauso wenig zu dieser Welt wie ich. Reinige sie und heilige sie, indem du sie deine Worte der Wahrheit lehrst. Wie du mich in die Welt gesandt hast, so sende ich sie in die Welt« (Johannes 17,15-18). So wie die Hohepriester im Alten Testament immer die Namen aller Stämme Israels auf ihren Gewändern trugen, wenn sie im Tempel vor das Angesicht des Herrn traten (2. Mose 28,9-12), trägt Jesus in diesem Moment seine Jünger in ständiger Fürbitte vor den

DIE LUST AM BETEN WIRD VON MENSCHEN GEWECKT, DIE BETEN.

Vater. Wenn wir beten, werden wir in dieses Gebet integriert, was in der Dreieinigkeit ständig gebetet wird.

- Gethsemane, das letzte und entscheidende Gebet: »Abba, Vater, dir ist alles möglich. Lass diesen Leidenskelch an mir vorübergehen. Doch dein Wille geschehe, nicht meiner« (Markus 14,36). Jetzt ist die Stunde gekommen. Alle Hauptlinien der Geschichte laufen in diesem einen Punkt zusammen. Die Mächte des Bösen, die Selbstsucht der Menschen, Gottes unermüdliche Barmherzigkeit. Mitten im Schnittpunkt liegt Jesus, auf den Boden gedrückt vor dem Vater und der ganzen Welt. Die äußerste Hingabe im Gebet: Dein Wille geschehe.

Zum Abschluss

Im Schnittpunkt leben

Christliche Führung wird uns früher oder später an diesen Schnittpunkt führen. Nehmen wir Paulus ernst, leben wir sogar schon dort. Für ihn ist der Tod nicht nur ein Punkt am Ende des Lebens. Er ist eine allgegenwärtige Realität, die uns durch die Auferstehung Christi nicht nur bricht, sondern auch Kräfte freisetzt, von der diese Welt keine Ahnung hat:

> Doch diesen kostbaren Schatz tragen wir in zerbrechlichen Gefäßen. So kann jeder sehen, dass unsere Kraft ganz von Gott kommt und nicht unsere eigene ist. Von allen Seiten werden wir von Schwierigkeiten bedrängt, aber nicht erdrückt. Wir sind ratlos, aber wir verzweifeln nicht. Wir werden verfolgt, aber Gott lässt uns nie im Stich. Wir werden zu Boden geworfen, aber wir stehen wieder auf und machen weiter. Durch das Leiden erfahren wir am eigenen Leib ständig den Tod von Christus, damit auch sein Leben an unserem Körper sichtbar wird.
> *2. Korinther 4,7-10*

Wie der englische Literaturprofessor Terry Eagleton schreibt:

> Nur die, die gut darin geübt sind, sich selbst aufzugeben, sind wirklich bereit zu sterben. Gleichzeitig bedeutet ein solches Leben, dass der Mensch wirklich blüht. In diesem Sinne ist der Tod die innerste Struktur des guten Lebens. Hier sind Eros und Thanatos am engsten miteinander verwoben, und vor allem im Martyrium treffen sie sich.[89]

Die deutlichste Verdichtung dieses Mysteriums ist die Messe, in der Christus sich selbst in Brot und Wein hingibt, damit die Welt leben soll. Eagleton kommentiert:

> Das Abendmahl ist ein utopisches Bild einer Zukunft im Zeichen des Festes, aber auch Teil der Selbstentblößung, die notwendig für dessen Ankunft ist. Indem er in einer Welt stirbt, bezeugt der Märtyrer, dass eine andere Welt möglich ist.[90]

In einer Welt, die der Teufel auf vielfache Weise auseinanderzureißen sucht, christliche Führungsperson zu sein, heißt, trotzig an Jesus festzuhalten, der auf ebenso vielfache Weise die Welt wieder heil macht. Die Frontlinie ist für uns deshalb dort, wo wir im Schnittpunkt zwischen Gott und den Menschen leben, zwischen göttlich und menschlich, um zu bezeugen, wie beides miteinander versöhnt wird.

Das bedeutet, dass wir in unserem Leben immer mehr in der Überschneidung von Himmel und Erde, göttlich und menschlich, Stärke und Schwäche, geistlich und körperlich, Leiden und Herrlichkeit, Tod und Leben heimisch werden.

In der Mitte bleiben. In meinem eigenen Leben, in Christus, der die Mitte von allem ist, in der Mitte der Gemeinde. Dadurch, dass ich anderen helfe, nicht irgendwohin zu flüchten, sondern sich in der Mitte zu verankern, mit Göttlichem und Menschlichem zu versöhnen und damit immer mehr Christus gleich zu werden. Die Führungsperson ist wie ein Baum, der an der Quelle gepflanzt wird. Andere können dort Schatten suchen, sich begegnen und in seinen Früchten Leben, Heilung und Sättigung genießen.

Alles in der Freiheit, zu kommen und zu gehen.

Anmerkungen

Wenn keine deutschen Quellen angegeben sind, wurden die direkten Zitate frei nach den amerikanischen Original-Quellen übersetzt.

1 Frank Mangs, *Högst personligt*, Teil 1, Harriers 1977, S. 199.
2 Thomas Merton, *A life in Letters*, Lion Hudson 2009, S. 297-298.
3 Thomas Merton, *The Silent Life*, Farrar, Straus & Giroux 1999, S. 167.
4 In der Biografie über Benedikt, die Papst Gregor der Große verfasste, heißt es wörtlich: »solus in superni spectatoris occulis habitavit secum«, dt.: »Nur den ihm Blick habend, der ihn von oben betrachtete, wohnte er in sich selbst«.
5 Ignatius von Loyola, *Geistliche Übungen*, Punkt 351.
6 Ebd., Punkt 230.
7 Thomas Merton, *New Seeds of Contemplation*, New Directions 2007, S. 190.
8 Bonhoeffer, Dietrich: *Gemeinsames Leben*, Gütersloher Verlagshaus, 25. Aufl. 2001, S. 86.
9 William V. Bangert S. J., *A History of the Society of Jesus*, The Institute of Jesuit Sources 1986, S. 266.
10 Loyola, *Geistliche Übungen*, Punkt 233.
11 Thomas Merton, *Spiritual Direction & Mediation*, The Liturgical Press 1987, S. 39-40.
12 Ebd.
13 Kevin Madigan, *Medieval Christianity*, Yale University Press 2015, S. 79.
14 Vgl. z.B. Galater 3,27-28; 2. Korinther 5,17; Kolosser 1,28.
15 Vgl. Matthäus 12,43-45.
16 *Satzungen der Gesellschaft Jesu*, Punkt 1.
17 Loyola, *Letters*, ausgewählt und übersetzt von William J. Young S. J., Loyola University Press 1959, S. 235-236.
18 *Satzungen der Gesellschaft Jesu*, Punkt 816.
19 Ebd., Punkt 817.
20 Ebd., Punkt 695.
21 Zitiert in: Thomas Merton, *The Wisdom of the Desert*, New Directions 1970, S. 30.
22 Ebd., S. 44.
23 Dietrich Bonhoeffer, *Nachfolge*, Gütersloher Verlagshaus, 6. durchgesehene Aufl. 2015, S. 41-42.
24 Zitiert in: Louis Bouyer, *The Spirituality of the New Testament and the Fathers*, Burns & Oates 1960, S. 289.
25 Henri Nouwen, *The Wounded Healer*, Image Books Doubleday 1979, S. 87.

[26] *The Sayings of the Desert Fathers*, Mowbray 1983, S. 4.
[27] John Cassian, *Conferences. The Classics of Western Spirituality*, Paulist Press 1985, S. 84-85.
[28] Ebd., S. 64.
[29] Regel des Hl. Benedikt; URL: http://www.benediktiner.de/index.php/die-ordensregel-des-hl-benedikt/die-dienst-ordnung/einsetzung-und-dienst-des-abtes.html, abgerufen im Dezember 2019.
[30] Loyola, *Geistliche Übungen*, Punkt 18.
[31] Ebd., Punkt 313.
[32] *Satzungen der Gesellschaft Jesu*, Punkt 719.
[33] John W. O'Malley, *The First Jesuits*, Harvard University Press 2001, S. 214.
[34] Vgl. Matthäus 8,5-13; Markus 12,41-44; Lukas 10,25-37 und 7,36-50.
[35] Vgl. Cassian, *Conferences*, S. 62-63.
[36] Ebd., S. 67.
[37] Loyola, *Geistliche Übungen*, Punkt 32 ff. Vgl. auch: Cassian, *Conferences*, S. 92.
[38] Vgl. Loyola, *Geistliche Übungen*, Punkt 136 und 334.
[39] Cassian, *Conferences*, S. 149.
[40] TIME, 11. Dezember 2017.
[41] Vgl. 2. Mose 7,8-13.
[42] *Satzungen der Gesellschaft Jesu*, Punkt 623.
[43] Vgl. Jean Vanier, *In Gemeinschaft leben*, R.Brockhaus 2006 (nur antiquarisch erhältlich).
[44] Vgl. ebd.
[45] Vgl. ebd.
[46] Thomas Merton, *The Intimate Merton*, Harper 1999, S. 261.
[47] Ebd., S. 300.
[48] Vgl. z.B. Matthäus 12,15-21; 16,20; 17,9.
[49] Vgl. Vanier, *In Gemeinschaft leben*.
[50] TIME, 6. November 2017.
[51] TIME, 23. April 2018.
[52] TIME, 6. November 2017.
[53] TIME, 23. April 2018.
[54] *Ökenfädernas tänkespråk*, Artos 1982, S. 124.
[55] Loyola, *Pilgrimens berättelse*, Katoslka bokförlaget, 1981, S. 46.
[56] Loyola, *Geistliche Übungen*, Punkt 350.
[57] Vgl. Vanier, *In Gemeinschaft leben*.
[58] Vgl. ebd.
[59] Juan De Polanco, *Year by Year with the Early Jesuits*, The Institute of Jesuit Sources 2004, S. 97-98.
[60] *Frank Mangs i närbild*, Harriets 1984, S. 111, 115, 119, 125, 128.
[61] TIME, 26. August 2013.
[62] Kap. 31/7.

63 Loyola, *Geistliche Übungen*, Artos 2005 (die Ausgabe schließt mit zehn von Ignatius' Briefen, wovon dieser einer ist; S. 236-239).
64 Ebd., Punkt 2.
65 *Satzungen der Gesellschaft Jesu*, Punkt 623.
66 *De apostolika fäderna*, Verbum 1979, S. 93.
67 Justin Popovich, *Life of St. Seraphim of Sarov*.
68 TIME, 26. August 2013.
69 Original: *She had one work to do: let all God's glory through.*
70 *Die bullierte Regel*, Kapitel 2, URL: https://franziskaner.net/bullierte-regel/, abgerufen im Dezember 2019.
71 Dagens Nyheter, 13. April 2018.
72 Merton, *The Intimate Merton*, S. 215.
73 Merton, *New Seeds of Contemplation*, S. 225.
74 Mangs, *Högst personligt*, Teil 1, S. 178.
75 *Regel des Hl. Benedikt*, Kapitel 1.
76 Thomas Merton, *The Seven Storey Mountain*, Sheldon Press 1985, S. 382-383.
77 Mangs, *Högst personligt*, Teil 2, Harriers 1978, S. 106.
78 Strak, Nr. 2, 2015, »När teologien mister kontakten med Gud«.
79 C.S. Lewis, *Das Gespräch mit Gott*, Brunnen 2019, S. 11-12.
80 *Satzungen der Gesellschaft Jesu*, Punkt 65-66.
81 *A History of the Society of Jesus*, S. 326. »Kenosis« ist das griechische Wort, das in Philipper 2,7 beschreibt, wie Jesus »auf alles verzichtete«. Das Wort bedeutet eigentlich »Leerung«.
82 Bangert S. J., *A History of the Society of Jesus*, S. 345.
83 Britischer Spielfilm von Roland Joffé aus dem Jahr 1986, Originaltitel: The Mission.
84 Spielfilm von Martin Scorsese aus dem Jahr 2016, Originaltitel: Silence.
85 Bangert S. J., *A History of the Society of Jesus*, S. 412.
86 Loyola, *Letters*, S. 124-125.
87 Merton, *A Life in Letters*, S. 262-264.
88 Thomas Merton, *Raids on the Unspeakable*, New Directions, 23. Auflage, S. 5.
89 Terry Eagleton, *Radical Sacrifice*, Yale University 2018, S. 98. »Eros« und »thanatos« sind die griechischen Begriffe für Liebe bzw. Tod.
90 Ebd., S. 92.